Freizeitführer

REGION OSTWESTFALEN-LIPPE

Annerose Sieck

Wartberg Verlag

Anmerkung des Verlages
Die im nachfolgenden Text verwendeten Symbole haben folgende Bedeutung:
☏ = Telefon, 🖷 = Fax, ✉ = E-Mail-Adresse, 🌐 = Internet-Adresse,
☺ = Attraktionen für Kinder und Junggebliebene

Titelfoto: Detmold, Augustastraße

1. Auflage 2009

Lektorat: Claudia Kanz, Weimar
Layout: Jochen Ebert, Kassel
Druck: Thiele & Schwarz, Kassel

34281 Gudensberg-Gleichen, Im Wiesental 1
Telefon (0 56 03) 9 30 50
www.wartberg-verlag.de
ISBN: 978-3-8313-1959-6

Einige Worte vorweg

Liebe Leserin, lieber Leser,

entdecken Sie mit mir Ostwestfalen-Lippe! Mit dem Teutoburger Wald, dem Wiehen- und Eggegebirge, den Flusslandschaften von Weser, Ems und Lippe sowie naturbelassenen Refugien wie der Senne bietet die Region attraktive Erholungsräume. Doch nicht nur Wanderer und Radfahrer lockt es in diese Bilderbuchlandschaft, die mit ihren traditionsreichen Kurorten und kleinen Wellnessoasen zum Ausruhen und Entspannen einlädt. Wer sich für Kultur und Geschichte begeistert, wird in Ostwestfalen-Lippe den Reiz der Gegensätze entdecken: Mittelalterliche Klöster, historische Stadtkerne und prachtvolle Bauten der Weserrenaissance haben hier ihren Platz neben eindrucksvollen Industriedenkmälern und zukunftsweisender Architektur. Lebendige Städte locken mit ihrem beeindruckenden kulturellen Angebot, hervorragenden Shopping-Möglichkeiten, bunten Stadtfesten, Märkten und kulturellen Events. Die über 150 Museen und Sammlungen, Konzerte von Klassik bis Jazz und Theaterhighlights öffnen sich Kennern und Neugierigen. Nicht zuletzt verführen die über 200 Garten- und Parkanlagen und die zahlreichen Wind-, Wasser- und Rossmühlen der beliebten Westfälischen Mühlenstraße dazu, den nächsten Urlaub mit der ganzen Familie in Nordrhein-Westfalen zu verbringen. Bezaubernde Landschaften und Besucherattraktionen in Hülle und Fülle warten auf Sie.

Die Fußgängerzone in Lübbecke.

Egal ob Sie Ihre Reise erst planen oder schon in der Region unterwegs sind: Der vorliegende Freizeitführer Ostwestfalen-Lippe hilft Ihnen, das Beste aus Ihrer Freizeit zu machen. Er stellt die Orte in der Region in alphabetischer Reihenfolge vor und nennt die wichtigsten Sehenswürdigkeiten und Ausflugsziele. Ein umfangreiches Orts- und Stichwortregister sowie die Übersichtskarte am Ende des Buches helfen Ihnen, die Ziele schneller zu finden.

Danken möchte ich an dieser Stelle allen Städten, Gemeinden, Fremdenverkehrsverbänden und Tourist-Informationen, die mich nicht nur mit zahlreichen Informationen, sondern auch mit umfangreichem Fotomaterial unterstützt haben.

Ihnen wünsche ich schöne Tage in Ostwestfalen-Lippe!

Annerose Sieck

Altenbeken

(Kreis Paderborn)

Eingebettet in eine der schönsten Mittelgebirgslandschaften Deutschlands, in den Naturpark Eggegebirge/Südlicher Teutoburger Wald, liegt das rund 9500 Einwohner zählende Städtchen Altenbeken mit seinen Ortsteilen Buke und Schwaney. Durch das »Tor zur Egge« fließt malerisch die Beke. Der Name »Aldebekene« erschien erstmals in einer bischöflichen Urkunde aus dem Jahre 1211. Über die Region hinaus bekannt wurde der Ort durch die Eisenbahn. Fünf Bahnlinien laufen hier zusammen. Die schwierige topografische Lage im Eggegebirge ließ die Ingenieure vor 150 Jahren ein spektakuläres Bauwerk schaffen, um die Höhenunterschiede zu überwinden. Der mächtige steinerne Bekeviadukt ist noch heute die Attraktion in der Region. Das 482 m lange und 35 m hohe Bauwerk überspannt mit 24 Bögen das malerische Beketal.

Tourist-Info Altenbeken
Bahnhofstr. 5a, 33184 Altenbeken
05255/1200-0
05255/120033
info@altenbeken.de
www.altenbeken.de

Sehenswertes

Bekeviadukt
Eröffnet wurde die größte Kalksandsteinbrücke Europas, die heute unter Denkmalschutz steht, am 21. Juli 1853 durch den preußischen König Friedrich Wilhelm IV. Bei der Betrachtung des Bauwerks, dessen Bau Unsummen an Geld verschlang, soll der König gesagt haben: »Ich habe geglaubt, eine goldene Brücke vorzufinden, weil so schrecklich viele Taler verbraucht worden sind!« Dieses königliche Statement hat dazu geführt, dass im Altenbekener Wappen ein goldener Viadukt als Wahrzeichen aufgenommen wurde. Im Zweiten Weltkrieg erhielt der Viadukt schwere Bombentreffer, doch schon 1950 schmückte er wieder die

Die größte Kalksandsteinbrücke Europas, das Bekeviadukt, steht heute unter Denkmalschutz.

Landschaft. Als Teil der Bahnstrecke Hamm-Warburg zwischen Paderborn und Altenbeken ist der Viadukt heute noch in Betrieb.

Museen

▸ Eggemuseum mit Dampflok
Ein schönes Fachwerkhaus aus dem 18. Jh. beherbergt das Museum. Dort ausgestellt sind kunstvolle Öfen, die vorwiegend aus dem 16. bis 19. Jh. stammen und Zeugnis von der einstigen Eisenindustrie des Ortes ablegen. Direkt neben dem Museum zu bestaunen ist eine Dampflokomotive der Baureihe 044. Die 1941 erbaute Lok wiegt 128,5 t, ist 4,5 m hoch und 22,6 m lang. Heute ist sie ein beliebter Anlaufpunkt und bei Dunkelheit kann man die »alte Dame« sogar als Lichtkunstwerk sehen.

Freizeit und Natur

▸ Wandern und Rad fahren
Zahllose Wander- und Radfahrwege laden ein, unverfälschte Natur zu erleben und den hektischen Alltag hinter sich zu lassen – zwischendrin Grillplätze, Ruhebänke und Schutzhütten. Die Egge, mit den oft steil eingeschnittenen Tälern, Quellmooren und eingestreuten Wiesenflächen ist eine faszinierende Landschaft. Interessante Strecken führen etwa durch das Durbeketal, entlang des Sommerberges und des Winterberges oder über den Eggeweg als Teil des Europäischen Fernwanderweges E 1. Für Freunde der Eisenbahn ist der Viadukt-Wanderweg ein Muss: Der 29 km lange Weg ist eine gelungene Kombination aus Eisenbahn- und Naturerlebnis. Bei der Wanderung auf den gut markierten Wegen eröffnet er immer wieder einzigartige Ausblicke auf den mächtigen Eisenbahnviadukt.
Im Driburger Grund wurde vor rund 30 Jahren ein Arboretum auf einer Fläche von drei Hektar angelegt. Vom Gebirgsmammutbaum aus Nordamerika bis zum japanischen Lebensbaum können Wanderer hier 50 verschiedene Baumarten aus aller Welt bestaunen. Holzwegweiser informieren über Art und Herkunft.

▸ Wintersport
Gute Schneeverhältnisse vorausgesetzt, steht eine 40 km lange Loipe zur Verfügung.

Veranstaltungen und Feste

▸ Vivat Viadukt
Der Eisenbahnaktionstag findet in ungeraden Jahren am ersten Wochenende im Juli statt. Mit seiner lebendigen Bahntradition wird Altenbeken dann zur Pilgerstätte für Eisenbahnfans von nah und fern.

Bad Driburg

(Kreis Höxter)

Die rund 19 500 Einwohner zählende Stadt liegt am östlichen Steilabfall des Eggegebirges. Sie besteht aus zehn Ortschaften. Wahrzeichen und wohl auch Namensgeberin des anerkannten Mineral- und Moorheilbads ist die 380 m über der Stadt thronende Burgruine Iburg, die aus der Zeit der Sachsenkriege stammt (erstmalig 753 erwähnt). Im Jahr 1444 wurde sie durch den Herzog von Braunschweig weitgehend zerstört. Nicht nur das Glasblasen hat in Bad Driburg eine lange Tradition, auch das Kuren. Davon zeugt der 60 ha große Kurpark mit seinen historischen Bauten. Das medizinische Angebot der neun Kliniken und die Driburg-Therme sowie das vielfältige Sportangebot lassen den Alltagsstress schnell vergessen.

Bad Driburger Touristik GmbH
Lange Str. 140, 33014 Bad Driburg
05253/9894-0
05253/989424
info@bad-driburg.com
www.bad-driburg.com

Sehenswertes

Burgruine Iburg
Die Ruine liegt malerisch inmitten von dichtem Wald auf dem gleichnamigen Berg, der Teil des Eggegebirges ist. Das beliebte Ausflugsziel ist frei begehbar. In unmittelbarer Nachbarschaft befindet sich ein Ausflugslokal (Waldcafé Jäger) und der 1904 errichtete Kaiser-Karls-Aussichtsturm, von dem man einen fantastischen Blick auf Bad Driburg und die umgebenden Höhenzüge im Osten hat.

Burg Dringenberg
Mächtig erhebt sich über dem Tal der Öse die trutzige Höhenburg Dringenberg. Bis ins 19. Jh. diente sie als Sommerresidenz der Paderborner Bischöfe. Die Ringmaueranlage besitzt einen Wehrturm, eine Wehrmauer und einen großen Innenhof. Nach Osten und Süden umgibt sie ein breiter Burggraben. Im Innern sind ein Brauhaus, mehrere Heimatstuben mit Wohnungseinrichtungen aus der Zeit um die Jahrhundertwende und eine Amtsstube zu besichtigen. Weiterhin beherbergt die Burg ein naturkundliches Museum sowie wechselnde Kunstausstellungen.
Öffnungszeiten: Apr. bis Okt. Mi–Sa 10–17 Uhr, So 10–12 und 14–17.30 Uhr.

Pfarrkirche St. Peter und Paul
Die neugotische katholische Pfarrkirche an der oberen Langen Straße stammt aus dem Jahr 1897. Von der Ausstattung des Vorgängerbaus vorhanden sind noch der romanische Taufstein (um 1260), zwei Barockfiguren aus dem Jahr 1676 sowie der Grabstein des im Jahr 1463 verstorbenen Domherrn Heinrich von Driburg.

Gräflicher Park
2005 zum schönsten Park Nordrhein-Westfalens gekürt: Bei einem Spaziergang durch die 65 ha große Anlage entdeckt der Besucher Hinweise auf die berühmtesten Gäste Bad Driburgs – Friedrich Hölderlin und seine »Diotima« Susette Gontard, die 1796 mehrere Wochen in Bad Driburg verweilten, sowie Annette von Droste-Hülshoff, die 1813 und 1818 hier kurte. Reizvoll sind der große Teich mit Brücken und die »Diotima«-Insel, die dem Hölderlin-Hain gegenüberliegt, sowie die neu angelegte Waldbühne.

Aboretum
Auf einer Fläche von etwa zehn Hektar beheimatet das Arboretum auf dem Steinberg über 200 einheimische und exotische Baumarten wie Ginkgo, Pfaffenhütchen, Zaubernuss, Kaugummi-, Taschentuchbaum und den Federbuschbaum sowie wunderbare Eichen. Große Sichtachsen eröffnen herrliche Ausblicke auf das Eggegebirge, und bei guter Sicht kann man bis ins Weserbergland sehen. Eine weitere Besonderheit stellen ein geologischer Steinbruch und 20 Hügelgräber aus der Bronzezeit dar.

Kurpark
Nach Plänen des Gartenarchitekten Richard Hartnauer aus Leverkusen entstand 1924/25 der neobarocke Kurpark. Hauptgestaltungselemente der 18 ha großen Anlage sind die zentrale Auffahrt mit der Kastanienallee, das große Blumenrondell in der Mitte des Parks sowie die Torgebäude an der Einfahrt und das historische Hauptgebäude. Die westlichen und östlichen Bereiche des Kurparks sind landschaftlich gestaltet. Im Osten wird ein kleines Eichenwäldchen von einer Promenade erschlossen. Im unteren Abschnitt des Parks befinden sich einige Teiche und Wassertreppen.

Die alte Tradition des Glasblasens

Glasblasen hat in Bad Driburg eine lange Tradition: Bereits im Jahr 1420 entstand unweit der Stadt die erste Glashütte. Um 1900 vereinigte der Bad Driburger Handelsverein bereits mehr als 100 Glashandelsbetriebe. Die hergestellten Glasgüter wurden zunächst mit Kiepen, dann mit Ziegen-, Esels- und Hundekarren und später mit planbedeckten Pferdefuhrwerken auf monatelangen Reisen durch ganz Europa transportiert. Die Handelsrouten der Bad Driburger Glashändler reichten bereits damals von Dänemark bis nach Bayern sowie von den Beneluxländern bis weit nach Russland.

Auf dem Gebiet des Glashandels zählt Bad Driburg mit Marken wie »Leonardo« oder »Ritzenhoff & Breker« auch heute noch zu den bedeutenden Umschlagplätzen Europas. In der Langen Straße erinnert das Glasmacherdenkmal an die schweißtreibende Arbeit der alten Handwerkskunst.

Die Kristallglas-Manufaktur Franz Ruhland ist eine der Glashütten, in denen heute noch Glas von Mund geblasen und von Hand geformt wird. Besichtigungen sind möglich, und wer mag, kann an einem Glasbläserkurs für Anfänger teilnehmen.

Adresse: Kristallglas-Manufaktur, Lange Str. 127, 33014 Bad Driburg, ☎ 05253/3693, 📠 05253/9297

Öffnungszeiten: Mo–Sa 9.30–12, 13.30–18 Uhr (Glashütte bis 16.30 Uhr), So, Feiertag 13.30–16 Uhr (Laden bis 17 Uhr). ■

In der Glasbläserei Ruhland wird das Glas von Mund geblasen und von Hand geformt.

Museen

▸ Glasmuseum
Das Glasmuseum Bad Driburg zeigt die 500-jährige Geschichte der Glasproduktion und -veredelung in der Region. Gezeigt werden Werkzeuge, historisch typisches Gebrauchsglas und außergewöhnliche Glasmacherkunst.
Adresse: Schulstr. 7 (Heinz-Koch-Haus), 33014 Bad Driburg, ☏ 05253/974494, 🌐 www.glasmuseum-bad-driburg.de.
Öffnungszeiten: Di–So 10–14 Uhr.

▸ Waldglashütte Erbentrup
Der handwerklichen Tradition verpflichtet, stellt die Waldglashütte seit 1968 ihre Glasobjekte in überlieferter Form durch reine Handarbeit her. Ein Glasladen mit unzähligen in der Glashütte hergestellten Stücken und ein kleines Glasmuseum, das Geschichte des Glasmachens erlebbar macht, ergänzen das Angebot.
Adresse: Ringstr. 1, 33014 Bad Driburg, ☏ 05253/1265.
Öffnungszeiten: täglich 10–18 Uhr.

▸ Friedrich-Wilhelm-Weber-Museum
Das Geburtshaus des Arztes, Politikers und Dichters Friedrich-Wilhelm Weber (1813–1894), der durch das Epos »Dreizehnlinden« bekannt wurde. Das Vierständerhaus mit Deele stammt aus dem Jahr 1793.
Adresse: Weberplatz 1, 33014 Bad Driburg, ☏ 05253/98940, 🌐 www.friedrich-wilhelm-weber-gesellschaft.de.
Öffnungszeiten: Di, Mi, Sa, So 14–16, Fr 18–20 Uhr.

▸ Wasserschloss Neuenheerse
Auf einer Fläche von insgesamt 2500 m^2 erwartet den Besucher eine spannende Ausstellung naturkundlicher, völkerkundlicher und heimatkundlicher Themen. Bereits die Gestaltung der Außenanlagen lässt die Vielfalt dessen erahnen, was die Exponate im Innern zu bieten haben. Rehe, Hirsche und Kraniche – in Bronze gegossene Werke aus dem Goldenen Dreieck (Myanmar-Laos-Thailand) – prägen Wassergraben und Grünanlagen. Nach Voranmeldungen finden Führungen statt.
Adresse: Wasserschloss Neuenheerse, Stiftstr. 2, 33014 Bad Driburg-Neuenheerse, ☏ 05259/930333, 🌐 www.wasserschloss-neuenheerse.de.
Tägliche Führungen nach Anmeldung.

Freizeit und Natur

▸ Wandern und Rad fahren
Unter Kennern gilt Bad Driburg als echtes Wanderparadies. Der Ort liegt direkt am Eggeweg, der Kernstück der Wanderregion Hermannshöhe ist. Eine Vielzahl von ausgeschilderten Routen werden angeboten, u. a. jeden Mittwoch und Samstag geführte Wanderungen von acht bis zehn Kilometern Länge.
Infos: Eggegebirgsverein e. V., Auf dem Krähenhügel 7, 33014 Bad Driburg, ☏ 05253/931176, ✉ info@eggegebirgsverein.de, 🌐 www.eggegebigsverein.de.
Zwischen Teutoburger Wald und Weser bietet das Umland von Bad Driburg für Radfahrer Streckenführungen unterschiedlichster Schwierigkeitsstufen. Im Rad-Sportshop Elsheimer, Schulstr. 4, ☏ 05253/4380 kann man Fahrräder gegen eine geringe Gebühr ausleihen.

▸ Driburg-Therme
In den großzügigen Innen- und Außenbecken, gespeist aus einer staatlich anerkannten Heilquelle (32 °C), lässt sich wunderbar relaxen. Eine vielfältige Saunalandschaft mit mehreren finnischen Saunen, Biotopsauna, Blockhaus-Erdsauna, Tepidarium, verschiedenen Erlebnissaunen, römischem Dampfbad und ein belebender Whirlpool (36 °C) erwarten den Besucher.

Adresse: Driburg-Therme, Georg-Nave-Str. 24a, 33014 Bad Driburg, ✆ 05253/70116, 🌐 www.driburg-therme.de.
Öffnungszeiten: Mo 14–22 Uhr, Di–Fr 10–22 Uhr, Sa, So und Feiertag 10–20 Uhr.

▸ Freizeitbad

Mit 50-m-Sportbecken, Sprungbecken mit 3-m-Turm, Abenteuerbecken mit Riesenrutsche, Rutschberg mit Felsgrotte, Wasserfall, Tauchbalken, Strömungskanal, Whirlpool, Wasserkanonen und Lehrschwimmbereich, mit großzügigen Liegewiesen.
Adresse: Brunnenstr. 32, 33014 Bad Driburg, ✆ 05253/940705.
Öffnungszeiten: Mai bis Sept. täglich.

In der Therme von Bad Driburg lässt sich wunderbar neue Kraft tanken.

▸ Weitere Angebote

Der Gesundheits- und Fitness-Parcours lädt auf acht Strecken mit einer Gesamtlänge von über 70 km zum ausgiebigen Sportgenuss ein. Start- und Zielpunkt aller Strecken ist die Driburg-Therme. Der 18-Loch-Platz auf 70 ha im Anschluss an den Kurpark ist eine Herausforderung für Könner und ein besonderes Abenteuer für den interessierten Golfeinsteiger.
Adresse: Bad Driburger Golfclub e.V., Georg-Nave-Str. 24 a, 33014 Bad Driburg, ✆ 05253/7104, 🌐 www.bad-driburger-golf-club.de.
Es besteht die Möglichkeit, bei den Reitvereinen Pferde zu mieten und Reitunterricht zu nehmen. Weiterhin existieren zwei Reiterhöfe in den Ortsteilen Neuenheerse und Alhausen, die Ferienfreizeiten bzw. Reiterferien anbieten.
Infos: Reiterverein Bad Driburg e.V., ✆ 05253/1257, 🌐 www.rv-bad-driburg.de.
Bei guten Schneeverhältnissen gibt es auf der Egge 40 km gespurte Loipen, die sich für Ski-Langlauf eignen.

Veranstaltungen und Feste

▸ Glasbläser-Fest

Alljährlich im September findet das traditionelle Glasbläser-Fest statt. Glasmacher und Glasgestalter aus verschiedenen Regionen zeigen in der Innenstadt ihr Handwerk und demonstrieren, was man aus Feuer, Sand und Fantasie gestalten und formen kann. Die Besucher werden durch Vorführungen sowie verschiedene Ausstellungen an zahlreichen Ständen zum Thema Glas informiert.

Bad Lippspringe

(Kreis Paderborn)

Am Südrand des Teutoburger Waldes und an den Ausläufern des Eggegebirges gelegen, grenzt die Stadt Bad Lippspringe mit ihren rund 15 000 Einwohnern direkt an die trockene Heidelandschaft der Senne. Wald und Gebirge schützen den Ort vor rauen Nord- und Ostwinden und sorgen für das reizarme Heilklima, bei dem die Temperatur- und Feuchtigkeitswerte stets ausgeglichen sind. In Bad Lippspringe entspringen die Lippe und der Jordan, der aber noch im Stadtgebiet in die Lippe mündet. Es gibt vier weitere Heilquellen (Martinus-Quelle, Alte Arminiusquelle, Neue Arminiusquelle und Liborius-Quelle), die alle öffentlich zugänglich sind. Bereits um 780 wurde der Ort erstmals erwähnt. Um 1300 entstand die Burg Lippspringe durch das Paderborner Domkapitel, im Jahr 1445 bekam die inzwischen befestigte Siedlung die Stadtrechte. 1832 wurde die erste Heilquelle entdeckt, weitere folgten, und seit 1913 darf sich die Stadt »Bad« nennen. 1975 folgte die staatliche Anerkennung zum Heilbad.

Tourist-Information Bad Lippspringe Marketing, Lange Str. 6, 33175 Bad Lippspringe
☏ 05252/9770-0
📠 05252/9770-77
🌐 www.bad-lippspringe.com

Sehenswertes

▸ Burgruine
Sie ist das älteste Wahrzeichen der Badestadt. Das einst stolze Gemäuer bestand ursprünglich aus der als Wasserburg angelegten Hauptburg und der mit einer Palisadenwand umgebenen Vorburg. Die Burg, die der Stadt gehört, hat sich zu einem beliebten Veranstaltungsort gemausert. Besonderer Anziehungspunkt sind die mittelalterlichen Ritteressen. Einen Abend lang erlebt der Gast Unterhaltung und Spiel aus längst vergangenen Zeiten.
Infos: Tourist-Information, Stefan Berkemeier, ☏ 05252/977013.

Lippequelle
»Odinsauge« wird der tiefblaue Quellteich im Volksmund genannt. Die Sage will wissen, dass der allmächtige germanische Göttervater Odin sein Auge herausriss und in die trockene Sennelandschaft warf, um sie so mit Feuchtigkeit und blühendem Leben zu segnen. Die Lippequelle tritt aus ca. acht Meter Tiefe zutage. Mit einer Schüttung von etwa 740 Litern in der Sekunde zählt sie zu den stärksten Flussquellen in Deutschland.

Kurparks
Der weitläufige Arminiuspark mit seinem alten Baumbestand, der urwüchsige Jordanpark und der gärtnerisch sehr aufwendig gestaltete Kaiser-Karls-Park betonen das vielseitige Erscheinungsbild Bad Lippspringes. Im EXPO-Jahr 2000 wurde der Arminiuspark in einen »Allergologischen Kommunikationspark« umgestaltet. Ein Erlebnis für jeden Besucher ist die »Nebelwiese«. Hier steigt künstlich erzeugter Nebel auf. Der Beobachter soll sich so die Reduzierung des Pollenfluges bei feuchter Witterung vorstellen können. Der Jordanpark zeigt sich waldig, seine Wiesen schmückt im Frühjahr ein riesiges Blumenmeer. Der Kaiser-Karls-Park ist der dritte und jüngste Kurpark. Seine Entstehungsgeschichte ist eng mit den schwierigen Folgen des Zweiten Weltkriegs verbunden. Da der Arminiuspark bis Mitte der 1950er-Jahre von den Briten beschlagnahmt war, entschied sich die Stadt 1951, einen »Ersatzpark« anzulegen. Ein besonderer Anziehungspunkt im weitläufigen Gelände ist die große Wasserfontäne, die bei Einbruch der Dunkelheit bunt illuminiert wird.

Kurwald
Der am Nordwestrand der Stadt gelegene 200 ha große Kurwald wurde zu Beginn des 19. Jh. angelegt, um Lippspringe vor den durch Flugsand entstehenden Sandverwehungen zu schützen. Heute bietet der Kurwald mit seinen steigungsfreien Wanderwegen und zahlreichen Ruhebänken Erholung pur. Die mitten im Kurwald liegenden Mersmannteiche und der Strothesee sind beliebte Spazierziele. Zu einem besinnlich-beschaulichen Verweilen laden Friedenskapelle und Ehrenfriedhof ein.

Im Stadtgebiet Bad Lippspringes gibt es vier Heilquellen – hier die Arminiusquelle.

Museen

Heimatmuseum
Im Museum kann der Besucher entscheidende lokalhistorische Stationen an sich vorbeiziehen lassen.
Adresse: Haus Hartmann, Kirchplatz 1, 33175 Bad Lippspringe.
Öffnungszeiten: Sa 14–17 Uhr, So 10–13 Uhr.

Freizeit und Natur

Westfalen-Therme
Eine faszinierende Welt mit abenteuerlichen Wasserattraktionen: Super-Wasserrutschen, Innen- und Außenbecken, Hot-Whirlpools, Saunalandschaft und vieles mehr bieten Spaß und Wellness pur.
Adresse: Schwimmbadstr., 33175 Bad Lippspringe.
Öffnungszeiten: Mo–So 9–23 Uhr, Fr 9–24 Uhr, jeden 1. Freitag im Monat 9–1 Uhr.

Salzgrotte
Die Salzgrotte im Kaiser-Karls-Park besteht aus einem etwa 45 m^2 großen Raum. Wände und Böden sind ganz in Salz »gekleidet«. Zusätzlich wurde eine dicke Schicht mit Salz vom Roten Meer aufgebracht. Eine ausgefeilte Belüftungs- und Klimatechnik in Kombination mit einer Fußbodenheizung und einer Wasserkaskade sorgen für die entsprechende Luftfeuchtigkeit, angenehme Temperaturen und die notwendige Luftzirkulation.

Adresse: An der Martinusquelle 14, 33175 Bad Lippspringe.
Öffnungszeiten: Mo–So 9.45–13 und 13.45–18 Uhr.

kann mitmachen (Spielkugeln können gegen ein Pfand ausgeliehen werden).
Auf dem 9-Loch-Platz des Golfclubs Bad Lippspringe können Anfänger die ersten Schritte

Nur wenige Kilometer entfernt: der Lippsee bei Paderborn.

des Spiels üben, während es den Profis auf der 27-Loch-Anlage möglich ist, ihr Können unter Beweis zu stellen.
Adresse: Golfclub Bad Lippspringe, Senne 1, 33175 Bad Lippspringe, ✆ 05252/932308, 🌐 www.gc-badlippspringe.de.

▸ Wandern und Rad fahren

Die vom Eggegebirgsverein geführten, bei Besuchern sehr beliebten Wanderungen starten mittwochs und samstags jeweils um 13 Uhr ab Café Oberließ in der Detmolder Straße. Ein Abenteuer der besonderen Art ist es, Bad Lippspringe und seine Umgebung mit dem Fahrrad zu erkunden. Radrundwege sind ausgeschildert. Daneben gibt es eine Reihe von »Themenwegen« und längeren Strecken (Senne-Radweg, Paderborner Landroute) sowie familienfreundliche Touren, bei denen Groß und auch Klein mithalten können.

▸ Weitere Angebote

Jeden Freitag um 16 Uhr treffen sich im Arminiuspark passionierte Boulespieler. Jeder

Veranstaltungen

▸ Parkbeleuchtung

Jeweils am 2. Freitag im August findet die stimmungsvolle Parkbeleuchtung im Kaiser-Karls-Park statt. Mehr als 10 000 Lampions und 20 000 Hindenburg-Lichter verwandeln den Park in ein traumhaftes Lichtermeer.

Bad Oeynhausen

(Kreis Minden-Lübbecke)

Die Stadt mit ihren 50 000 Einwohnern liegt an den Ufern von Werre und Weser und wird vom Ravensberger Hügelland und dem Wiehengebirge eingerahmt. Entscheidend für die Gründung von Bad und Stadt waren die um 1745 von den Schweinen des Colons Sültemeyer entdeckten Solevorkommen. Der preußische Staat förderte großzügig die Anlage eines Salzwerkes, und von dieser »Königlichen Saline Neusalzwerk« leitete sich zunächst auch der Name der ersten Badeanstalt ab. Diese beruhte eigentlich auf einem Irrtum. Als der Berghauptmann Carl von Oeynhausen (1795–1865) auf dem Gelände des heutigen Kurparks mit Bohrungen begann, hoffte er eigentlich, Steinsalzvorkommen zu entdecken. Stattdessen stieß er aber auf eine Thermalsolequelle. Das war 1845. Schnell wurden die Möglichkeiten erkannt, mit denen sich diese Quelle für Heilzwecke nutzen ließ. Zunächst nannte sich das entstehende Heilbad »Neusalzwerk bei Rehme«. Friedrich Wilhelm IV. nannte es 1848 um in »Königliches Bad Oeynhausen«.

Staatsbad Bad Oeynhausen GmbH
Im Kurpark, 32545 Bad Oeynhausen
05731/1300
05731/131335
staatsbad@badoeynhausen.de
www.badoeynhausen.de

Sehenswertes

Kurpark

Der Kurpark wurde zwischen 1851 und 1853 nach Plänen des bedeutenden Gartenbaumeisters Peter Josef Lenné als Landschaftspark angelegt und beständig erweitert. Zahlreiche imposante Gebäude ergänzen die eindrucksvolle Gartenanlage. Vom klassizistischen Badehaus I, das 1852–1857 erbaut wurde, über das im Stile der Neorenaissance 1885 erbaute Badehaus II und das neobarocke Kurhaus aus den Jahren 1905–1908 bis hin zum Theater von 1915 und der neoklassizistischen Wandelhalle von 1926. Mehrere Kleinbauten und Tempel runden das Gesamtbild ab. Jeden Samstag startet um 15 Uhr am Gäste- und Informationscenter eine Stadtführung, die auch die historischen Badehäuser beinhaltet.

Jordansprudel

Der Jordansprudel, eine der größten kohlensäurehaltigen Thermalsolequellen der Welt, ist das Wahrzeichen der Stadt. Früher konnten ihn die Gäste nur einmal im Jahr erleben, wenn er zur jährlichen Kurparkillumination »Parklichter« aus seinem unterirdischen Gefängnis entlassen wurde und das Wasser aus rund 700 m Tiefe in die Höhe schoss. Dank ressourcenschonender Technik springt er nun ständig (außer in den Wintermonaten) und schießt zwischen 9 und 20 Uhr zu jeder vollen Stunde für fünf Minuten in voller Höhe in die Luft.

Museen

Deutsches Märchen- und Wesersagenmuseum

Das Museum bietet Einblicke in das weite Feld der alten Volkserzählungen und beschäftigt sich vornehmlich mit der bildlichen Umsetzung von Märchen und Sagenmotiven. Jeden 1. Freitag im Monat um 16 Uhr lädt das Museum zu einer Märchenerzählstunde für Jung und Alt ein.
Adresse: Am Kurpark 3, 32543 Bad Oeynhausen, 05731/143410, 05731/141980.
Öffnungszeiten: Mi–So 10–12 und 14–17 Uhr.

▸ Museumshof
Das kleine Freilichtmuseum zeigt eine für den Minden-Ravensberger Raum typische Hofanlage mit Haupthaus, Heuerlinghaus, Scheune, Speicher, Backhaus, Mühle und Bauerngarten. Das Gebäudeensemble stand ursprünglich nicht an diesem Platz. Alle Gebäude wurden von Höfen aus der Umgebung zu ihrem heutigen Standort gebracht und zum überwiegenden Teil in den originalen Bauzustand zurückversetzt. Von Mai bis Oktober werden an den Wochenenden alte Handwerkstechniken vorgeführt.
Adresse: Schützenstr. 35 a, 32543 Bad Oeynhausen, ✆ 05731/91488.
Öffnungszeiten: Mitte März bis Nov. Mi–So 10–12 und 14–17 Uhr.

Freizeit und Natur

▸ Rad fahren
Allein acht regionale und überregionale Radwanderrouten führen durch Bad Oeynhausen. An der Radstation im Nordbahnhof, Herforder Str. 80, können Räder gemietet werden. ✆ 05731/259255.

▸ BaliTherme
Auf 10 000 m² erwartet den Besucher eine exotische Badelandschaft: Thermal-, Mineral- und Thermal-Sole-Wasser in acht Becken, Grottenlandschaft, Wildwasser-Strömungskanal, balinesische Blockbohlen-Sauna und vieles mehr. Ein separater Fitness- und Entspannungsbereich garantiert absolutes Wohlgefühl vom sportlichen Workout bis zur erholsamen Massage.
Adresse: Kurpark Bad Oeynhausen, ✆ 05731/131250, 🌐 www.balitherme.de.
Öffnungszeiten: täglich 8–23 Uhr, Fr, Sa 8–24 Uhr.

▸ Wolkenschieber
Die kleine Bahn fährt auf drei Routen durch das Stadtgebiet, den Kurpark und die angrenzenden Parklandschaften, das Siekertal und den Sielpark. Alle Touren starten und enden an der Wandelhalle im Kurpark, direkt gegenüber der Tourist-Info. Während der Stadtrundfahrten erfährt der Fahrgast Wissenswertes über den ehemals preußischen Kurort.

Veranstaltungen und Feste

▸ Parklichter
Die »Parklichter« finden alljährlich Anfang August im Kurpark statt. Die Veranstaltung hat ihren Ursprung als Feier der Freigabe des Kurparks durch die britische Besatzungsmacht im Jahre 1956. Mittlerweile dauern die »Parklichter« drei Tage, in denen es verschiedene Angebote für alle Altersgruppen gibt.

Bad Salzuflen

(Kreis Lippe)

Zwischen Teutoburger Wald und Weser liegt das traditionsreiche Staatsbad. Eingebettet in das lippische Bergland, bietet die Stadt mit ihren knapp 57 000 Einwohnern Erholungssuchenden und Naturbegeisterten eine reizvolle Wald- und Auenlandschaft. Bereits um 1036 hatte der Paderborner Bischof Rotho dem Kloster Abdinghof eine Salzstätte in Uflen geschenkt. Dort (heute Salzhof) befand sich auch die Saline. Bis Mitte des 14. Jh. entstand hier eine Gewerbesiedlung, die aber während der »Soester Fehde« 1447 zerstört wurde. Der neu aufgebaute Ort erhielt 1488 die Stadtrechte. Da Salzuflen das Salzmonopol in Lippe besaß und der Handel mit dem »weißen Gold« florierte, gelangte die Stadt zu bemerkenswertem

Reichtum. 1766 musste sie die Saline an den lippischen Landesherrn verkaufen: Er modernisierte das Salzwerk und ließ Gradierwerke bauen, die den Salzgehalt der Sole erhöhten. Erst als Medizinalrat Dr. Heinrich Haase 1817 die Einrichtung einer Badeanstalt beantragte, begann der Aufschwung der Stadt als Badeort. Seit 1914 trägt sie den Namenszusatz »Bad«. Die Altstadt mit eindrucksvollen Bauten aus der Weserrenaissance und das um 1900 entstandene Kur- und Badeviertel prägen das Gesicht der Stadt.

Staatsbad Salzuflen GmbH
Parkstr. 20, 32105 Bad Salzuflen
05222/1830
05222/183226
www.staatsbad-salzuflen.de

Sehenswertes

▸ Altstadt

Die Ackerbürgerhäuser in der Langen Straße stammen aus dem 16 und 17. Jh. Besondere Hingucker sind das Haus Nr. 7, das 1621 vom ehemaligen Pastor erbaut wurde, und das Haus Nr. 1, das im Volksmund »Klein Venedig« genannt wird und direkt an der Salze liegt. Zwischen den Pfeilern dieses vorspringenden Fachwerkgiebelhauses von 1625 spülten früher Färber ihr Leinen. Das spätgotische Rathaus mit dem prächtigen Renaissancegiebel wurde am Markt zwischen 1545 und 1547 erbaut. Heute gilt es als herausragendes Monument der wirtschaftlichen Blütezeit Bad Salzuflens. Der gotisierende Treppenbau stammt aus den Jahren 1859/60. Auch die drei Wappensteine an der Fassade (Stadtwappen, Rose und Stern) wurden erst später dort eingefügt. Einst wurde Bad Salzuflen von drei Wehrtürmen geschützt. Bis heute ist der Katzenturm in der Turmstraße erhalten. Mit seiner prachtvollen Fassade im Stil der Weserrenaissance beeindruckt das Haus Backs in der Oberen Mühlenstraße 1. Der 1581 errichtete massive Unterbau wurde mitten im Dreißigjährigen Krieg um ein Geschoss aufgestockt.

Aus dem 16. und 17. Jh. stammen die prächtigen Ackerbürgerhäuser in der Langen Straße Bad Salzuflens.

Museen

▸ Stadt- und Bädermuseum

Der 1618 errichtete dreigeschossige Fachwerkgiebelbau gebört zu den schönsten Renaissancebauten der Stadt. Die Gemäuer des Stadt- und Bädermuseums stecken voller Geschichten: von historischen Zeugnissen der Bäderkultur (Bademoden, Souvenirs und Werbeplakate) über berühmte Produkte von Hoffmann's Stärkefabriken und Originalgerätschaften aus dem Labor der Brandes'schen Apotheke (Mitte 19. Jh.) bis zu Margarinefiguren der Nachkriegszeit. Hinzu kommen Sonderausstellungen.
Adresse: Lange Str. 41, 32105 Bad Salzuflen,

Bad Salzuflen

05222/59766, 05222/960607, museum@badsalzuflen.de, www.museum.bad-salzuflen.de.
Öffnungszeiten: März bis Nov. Di–Sa 10–12 und 14–17 Uhr, So 10–12 und 13–17 Uhr; Dez. bis Feb. Di–Sa 14–17, So 10–12 und 13–17 Uhr.

Freizeit und Natur

Wandern und Rad fahren
Geführte Radwanderungen durch das Lipperland finden in den Sommermonaten jeden Montag ab 14.30 Uhr statt. Leihfahrräder gibt es in der Wandelhalle im Kurpark. Auf 15 gekennzeichneten Wanderwegen mit unterschiedlichen Längen und Schwierigkeitsgraden können Besucher die Vielfalt der Umgebung kennenlernen.

Kurparksee
Von Ende April bis Anfang Oktober stehen Ruderboote für romantische Ausflüge zur Verfügung und können auf der Seeinsel gemietet werden. Nach der Ruderpartie kann man direkt am See in Bad Salzuflens größtem Biergarten Platz nehmen und entspannen.

Erlebnispark Hortus Vitalis
Der 5400 m² große klassische Heckenirrgarten im Erlebnispark Hortus Vitalis bietet Spaß für jedes Alter. Auf Besucher warten ein Spielbereich mit Kletterturm und Rutsche, 20 m Seilbahn, eine riesige Sandspielfläche mit Wasserlauf, eine Boulebahn und ein Aussichtsturm.
Adresse: Am großen Kurparksee, 32105 Bad Salzuflen, 0152/26505060, www.hortus-vitalis.de.
Öffnungszeiten: täglich 10–18 Uhr.

Gesundheitstherme Vitasol
1 700 m² Wasserfläche, bis zu 35 °C warme, 3%ige Thermalsole, drei Innen- und zwei

Atmen XXL im neuen Gradierwerk

Ein Überbleibsel der Salzgewinnung sind die Gradierwerke im Kurviertel. Sie dienten dazu, den Salzgehalt der Sole zu erhöhen. Von den ursprünglich vier vorhandenen Gradierwerken sind nur noch zwei erhalten. Ein drittes, dessen Ursprünge auf das 17. Jh. zurückgehen, musste wegen Baufälligkeit abgebrochen werden. Es wurde nach einem Ratsbeschluss als »Erlebnisgradierwerk« wieder aufgebaut und am 28. Juli 2007 festlich eingeweiht. Wo bis 1945 ausschließlich Salz gewonnen wurde, rieseln heute täglich rund 600 000 Liter Sole (Salz-Wasser-Lösung) über die mächtigen Schwarzdornwände und sorgen als riesiges Freiluft-Inhalatorium für eine frische Meeresbrise. Auch innen wird die Anlage berieselt. Ein Gang mit kleinen Ruhenischen führt in die Sole-Nebelkammer, die eine intensive Inhalation der gesunden Luft mit ihren belebenden Mikropartikeln erlaubt. Diese winzigen Wassertröpfchen, Aerosole, regen beim Eintatmen die Durchblutung der Lunge und den Sauerstofftransport ins Blut natürlich an. Bei sanfter Musik und farbig wechselndem Sternenhimmel lässt sich hier wunderbar entspannen.
Öffnungszeiten: Mitte März bis Okt. täglich 10–18 Uhr (Nov. bis März auf Anfrage, 05222/183183). In den Sommermonaten finden täglich um 11 und 15 Uhr Führungen durch das Gradierwerk statt.

Gesundheit und Entspannung pur: das Erlebnisgradierwerk in Bad Salzuflen.

Außenbecken, eine großzügige Saunalandschaft, ein Fitnessclub und ein Wellnesscenter bieten Erlebnis und Entspannung.
Adresse: Extersche Str. 42,
01805/733633.
Öffnungszeiten: Mo–Sa 7–22 Uhr, So und Feiertag 7–20 Uhr.

▸ Golf- und Landclub Bad Salzuflen e. V.
Der idyllisch gelegene 18-Loch-Platz mit altem Baumbestand lässt das Herz eines jeden Golfers höher schlagen. Strategisch raffiniert angelegte Bahnen erstrecken sich über das großzügige Gelände und fordern die Geschicklichkeit des Spielers heraus.
Adresse: Schwaghof 4, 32108 Bad Salzuflen, 05222/10773, www.golfclub-bad-salzuflen.de.

▸ Weitere Angebote
Die landschaftlich reizvolle Umgebung Bad Salzuflens mit den zwei Wasserläufen Bega und Werre eignet sich hervorragend für Ausflüge mit dem Kanu. Der Veranstalter Rio Negro Kanutouristik ist Profi für umweltbewusste Kanutouren. Das Programm umfasst individuell geführte und spezielle Gruppenarrangements.
Infos: 05222/8509600 oder unter www.rionegro.de.
Kutschrundfahrten werden bei gutem Wetter ab dem Gradierwerk angeboten. Eine Fahrt dauert 50 Minuten, auf Wunsch auch länger.
Kontakt: Hermann Haumering, 05222/600929.
Bei einer Rundfahrt mit der Paulinchen-Bahn lernt man nicht nur die historische Altstadt Bad Salzuflens mit ihren Sehenswürdigkeiten kennen, sondern auch den herrlichen Landschaftsgarten. Die Bahn hält an elf verschiedenen Stationen und fährt täglich zwischen 10–12 Uhr und 14–18 Uhr (außer im Januar und Februar).

Veranstaltungen und Feste

Alljährlich Anfang Mai findet in der Innenstadt das Salzsiederfest statt; auf dem Salzhof das Weinfest am 2. Wochenende im August.

Bad Wünnenberg

(Kreis Paderborn)

Landschaftlich gehört der größte Teil des Stadtgebietes zur Paderborner Hochfläche, der Südrand dagegen zum Sauerland. Um 1308 wurden Bad Wünnenberg (heute 12 500 Einwohner) von den Edelherren von Büren die Stadtrechte zuerkannt, seit 1999 darf sie sich Kneipp-Heilbad nennen.

Bad Wünnenberg Touristik GmbH
Im Aatal 3, 33181 Bad Wünnenberg
02953/99880
02953/7430
info@badwuennenberg.de
www.bad-wuennenberg.de

Sehenswertes

▸ Spanckenhof
Im 18. Jh. ließ der ehemalige Rentmeister Jobst Friedrich den Spanckenhof im Stil des klassischen Barocks als erstes Gebäude im Tal (Unterstadt) erbauen. Das heutige Gebäude wurde detailgetreu restauriert und zeigt im Innern eine historische Heimatstube aus der Jahrhundertwende.

▸ Wehrturm
Der mächtige Turm aus dem 13. Jh., der die Stadt vor Angriffen schützte, ragt in der

Oberstadt hervor. Der örtliche Heimatverein Bad Wünnenberg ließ den Turm originalgetreu wieder aufbauen und eine kleine, historische Ausstellung einrichten. Infos gibt der Heimatverein Bad Wünnenberg, Frau Ilse Klinke, ☏ 02953/8004.

Freizeit und Natur

▸ Aabach-Talsperre
Eingebettet in die sanft ansteigenden Hügel des nördlichen Sauerlandes lädt ein neun Kilometer langer Rundweg um die Talsperre zu einem Wassererlebnis der besonderen Art ein. Ein gut ausgeschildertes Wanderwegenetz verbindet die übrigen Erholungsorte der Stadt Bad Wünnenberg miteinander und ist ein Paradies für Naturliebhaber, Spaziergänger, Wanderer und Radwanderer. Infos gibt die Touristik Gmbh oder der Wasserverband, ☏ 02959/98770.

▸ ☺ Barfußpfad
Den Füßen Freiheit gönnen: Auf einer Länge von über 1000 m können hautnah ein erfrischender Bachlauf, wärmender Rindenmulch, feine und grobe Kiesel, matschiger Lehm oder einfach nur Rasen pur erlebt werden. Die Überquerung einer Hängebrücke ist nicht nur für Kinder reizvoll, und ein über 34 m langer Holzbohlensteg mitten durch eine Sumpflandschaft bietet einen schönen Blick über den Paddelteich und in das weitläufige Aatal. Der Pfad ist von April bis Oktober begehbar.

▸ Steinbruch Düstertal
Im Steinbruch können der geologische Untergrund der Landschaft und die Ursachen für die verschiedenen Landschaftsformen erkundet werden. In den Sommermonaten werden von der Volkshochschule geführte Exkursionen angeboten. Anmeldung bei der Touristik GmbH.

▸ ☺ Abenteuerpark Aaltal
Mit einer 500 m langen Riesenseilrutsche können Besucher ab 14 Jahren durch den Wald und über den Paddelteich sausen oder sich an einem Kletterseil entlanghangeln. Natürlich gesichert und mit Schutzhelm. Ein Abenteuer für Jugendliche und Junggebliebene. Kinder ab fünf Jahren können im Gurt hängend den Wald erkunden. Am Paddelteich können Boote ausgeliehen werden. Infos unter ☏ 05251/8719471.

Für Kinder ist der Barfußpfad bei Bad Wünnenberg das absolute Nonplusultra.

Barntrup

(Kreis Lippe)

Die reizvolle Lage der Altstadt auf dem Hügelrücken oberhalb der Bega mit den umliegenden ausgedehnten Waldungen, den weiten Talmulden, Wiesen- und Ackerflächen machen aus der Kleinstadt Barntrup (10 000 Einwohner) mit ihren umliegenden Gemeinden ein bevorzugtes Erholungsgebiet. Eine erste frühe Siedlung lag am »Schratweg«. Zwischen 1317 und 1359 entstand auf dem Thornesberg, dem Hügelrücken, der sich von Osten nach Westen in das obere Begatal hineinschiebt, ein neues »Berninctorp«, das planmäßig als Siedlung auf der höchsten Stelle des 189 m hohen Bergrückens angelegt wurde und mit seinem Dreistraßensystem den alten Kern der heutigen Stadt bildet. Seit 1969 bildet Barntrup mit den umliegenden Ortsteilen Alverdissen, Sonneborn, Selbeck und Sommersell eine Großgemeinde.

Stadt Barntrup
Mittelstr. 38, 32683 Barntrup
05263/409-0
05263/409-249
info@barntrup.de
www.barntrup.de

Sehenswertes

Schloss Barntrup
Das im Stil der Weserrenaissance erbaute Schloss (1584–1588) ist nur von außen zu besichtigen. Der zweigeschossige Rechteckbau fällt durch seine drei Ecktürme mit glatten Schweifhauben und der reich verzierten Gliederung der Fassade auf.

Windmühlenpott
Auf dem Saalberg unweit Sonneborns ragen noch die Reste einer Windmühle in den Himmel. Zu Beginn des 18. Jh. wurde die Anlage zum Mahlen von Korn genutzt, später verfiel sie, und um 1960 wurde der noch verbliebene Rest der Windmühle zu einem Aussichtsturm umgebaut. Von hier aus hat man bei gutem Wetter eine fantastische Aussicht auf Barntrup und das umliegende Lipperland. Vom Windmühlenstumpf aus bietet sich der Weg nach Sonneborn mit seiner historischen Kirche an.

Freizeit und Natur

Wandern
Den Stadtwald finden Sie im Süden von Barntrup. Vom Parkplatz aus beginnen mehrere Rundwanderwege, die gut ausgeschildert sind. Tafeln führen zur Friedenseiche, die im Jahr 1871 gepflanzt wurde, und Richtung Teufelsbrücke. Die Wanderwege A 1 und A 3 verlaufen am Rande des 330 m hohen Beckerberges. Unterwegs befinden sich einige Schutzhütten, in denen Wanderer eine kleine Pause einlegen können. Darüber hinaus führen ausgezeichnete Wanderwege in die Umgebung.

Beverungen

(Kreis Höxter)

Eingebettet in einen ausgedehnten Talkessel und umrahmt von Bergwäldern präsentiert sich Beverungen. Direkt an der Mündung der Bever in die Weser gelegen, erwartet den Besucher eine idyllische Landschaft und eine Stadt, die nichts von ihrem ehemaligen Charme eingebüßt hat. Die ehemalige Ackerbürgerstadt hat heute, zusammen mit ihren elf eingemeindeten Ortschaften, rund 15 000 Einwohner. Bereits für die Mitte des 9. Jh. ist der Name »Beverungun« belegt, doch erst 1417 erhielt der Ort Stadtrechte, nachdem Bischof Bernhard von Paderborn zur Sicherung der Weser-Schifffahrt zuvor eine Burg hatte errichten lassen, die noch heute das Wahrzeichen der Stadt ist.

Tourist Information Stadt Beverungen
Weserstr. 10–12, 37688 Beverungen
05273/392-221 und -224,
05273/392120
tourist.information@beverungen.de
www.beverungen.de

Sehenswertes

Burg Beverungen
1330 ließ der Bischof von Paderborn sie an der Weserbrücke errichten. Der Dreißigjährige Krieg zerstörte sie, aber schon kurz danach ließ man das Wahrzeichen Beverungens wieder neu erbauen. Nach Aufhebung des Hochstifts Paderborn zerfiel die Anlage mehr und mehr, vom alten Burgkomplex erhalten sind nur noch der viereckige, hohe Turm sowie der an der südlichen Seite bestehende Anbau.

Fachwerkhäuser
In die Vergangenheit des ehemaligen Acker- und Handelsstädtchens zurück führen zahlreiche Fachwerkhäuser in der Altstadt. In der Weserstraße erwartet den Besucher z. B. das prächtige, zweigeschossige Fachwerkgiebelhaus, das Cordt-Holstein-Haus. 1662 aus rund 300 Eichenstämmen errichtet, beherbergt es heute das Büro der Tourist-Information. In der Weserstraße/Ecke Lange Straße präsentiert sich mit dem ehemaligen Altdeutschen Gasthaus das älteste Privatgebäude Beverungens. Das prachtvolle Fachwerkgiebelhaus mit Utlucht stammt aus dem Jahre 1611. Gleich daneben stößt man auf das Christoph-Sieker-Haus mit seiner prächtigen Fachwerkfassade von 1693. Auch in der Mühlenstraße findet man noch historischen Hausbestand. Die Tourist-Information bietet regelmäßig Stadtführungen ab Michaelisbrunnen an.

Kirchen
Die Pfarrkirche St. Johannes der Täufer als einschiffige Hallenkirche mit dreifacher Turmhaube aus dem Jahr 1698 birgt im Innern das Altarbild »Die Heilige Familie«, das 1681 der Brakeler Künstler und Paderborner Hofmaler Rudophi anfertigte. Hoch über der Stadt am Osthang des Galgenbergs (Kapellenberg) steht die Kreuzkapelle aus dem Jahr 1858. Der Aufstieg lohnt sich, denn von oben hat man einen herrlichen Blick auf die Stadt und das Wesertal.

Schlösser
Im Ortsteil Amelunxen steht seit 1554 das von den Brüdern Ludolf und Gert von Amelunxen erbaute Schloss. Das im Stil der Weserrenaissance errichtete Gebäude fällt durch seine zwei Eingänge auf. Das Innere kann leider nicht besichtigt werden. Schloss Wehrden mit einfachen Barockformen hat 1696 der Paderborner Fürstbischof Hermann Werner Freiherr von Wolff-Metternich erbauen lassen. Es ist nicht zugänglich. Anders dagegen der Schlosspark, der seit 2003 wieder in altem Glanz erstrahlt und durchwandert werden darf.

Hannoversche Klippen
Im Durchbruchstal der Weser stößt der Naturfreund bei Würgassen auf die »Hannoverschen Klippen«. Mit einer Fläche von 60 ha sind diese Klippen, die zu einem beliebten Ausflugsziel geworden sind, die einzigen natürlichen Felsbildungen des Buntsandsteins in dieser Region von nenneswertem Ausmaß.

Museen

▸ Korbmachermuseum

Im ehemaligen Korbmacherdorf Dalhausen präsentiert das Korbmachermuseum ein altes Handwerk, das auch heute noch – in bescheidenem Umfang – in der Region gepflegt wird. Der Besucher erfährt, welche Arbeitsgänge notwendig sind, damit aus Weide ein Korb wird. Angeschlossen ist eine Korbmacher-Werkstatt, in der man den Handwerkern während der Arbeit über die Schulter blicken kann. Natürlich lässt sich auch das eine oder andere schöne Stück erwerben.

Adresse: Lange Reihe 23, 37688 Beverungen, ☏ 05645/1823, 🌐 www.korbmacher-museum.de.

Öffnungszeiten: Apr. bis Okt. Di–Fr 14–18 Uhr, Sa, So und Feiertag 10–12.30 und 14–17 Uhr. Werkstatt: Di–Fr 14–18 Uhr.

▸ Bauernhofmuseum Herstelle

Rund 500 originelle Exponate dokumentieren auf rund 550 m^2 bäuerliches Leben zum Anfassen. Dem Museum angeschlossen ist ein Bauernlädchen, das eine Vielzahl von Köstlichkeiten zum Mitnehmen anbietet: Honig, Wurst, Eier, Käse von Kuh und Ziege, Wein direkt vom Winzer, Liköre und Brände, Kartoffeln, Steinofenbrot, Fruchtsäfte, Konfitüren und Kunstgewerbe. Im Bauernhof-Café kann der Besucher des Museums sich in rustikalem Ambiente stärken. Regelmäßig wird hier Programm gemacht: Stoppelfest am letzten Sonntag im August, kunsthandwerkliche Ausstellungen, Minigolf oder Spaziergänge zum Papageienmuseum.

Adresse: Familie Friedrich Köhler, Erlenhof, Herstelle, 37688 Beverungen, ☏ 05273/7461, 📠 05273/88307.

Öffnungszeiten: ganzjährig Di–Sa 14–18 Uhr, So und Feiertag 13–18 Uhr.

Die Gründung des Ortsteils Herstelle geht auf Karl den Großen zurück.

Stuhlmuseum Beverungen
Tradition und Moderne geben sich in Beverungen ein Stelldichein. Und so erwartet den Besucher in der um 1330 vom Bischof von Paderborn zum Schutz der Weserschifffahrt erbauten Burg Beverungen ein Stück »Stuhlgeschichte«. Bereits an der Außenmauer der Burg weist ein Stuhl aus Metallrohren auf die neue Nutzung des historischen Bauwerkes hin. Es handelt sich um eine Nachbildung des berühmten Gasrohrstuhles, den Mart Stam 1926 für seine Frau in seiner Wohnung in Rotterdam baute.
Öffnungszeiten: März bis Dez. Mi–Fr 15–17 Uhr, ganzjährig Sa 10–12 Uhr, ☎ 05273/37890.

Freizeit und Natur

Wandern und Rad fahren
Beverungen und seine Stadtteile bieten ein umfangreiches und gut ausgeschildertes Wanderwegenetz an. Der Weserbergland-Wanderweg z. B. führt über 200 km von Hannoversch Münden bis zur Porta Westfalica – durch den romantischen Reinhardswald, über die Weser und dann hinauf in den Solling. Beliebt bei Radfahrern ist das »Kul-Tour-Radeln links und rechts der Weser«. Beverungen liegt am Weserradweg. Wer nicht gleich die ganzen 450 km in die Pedale treten möchte, findet in Beverungen einen idealen Ausgangsort, um sich kleinere Teilabschnitte zu erradeln.

Die Schönheit der Landschaft um Beverungen lässt sich auf dem Drahtesel erkunden, aber mit dem Weserdampfer auch vom Wasser aus erschließen.

▸ Fahrten auf der Weser
Die nostalgischen Ausflugsschiffe der Flotte Weser und der Raddampfer bieten Gelegenheit, sich die Schönheit der Landschaft vom Wasser aus zu erschließen. Doch darf auch die Fahrt mit einer der typischen Weserfähren auf dem Programm nicht fehlen. Zwei davon verkehren direkt von den Ortsteilen Herstelle und Wehrden aus.

▸ Wassersport
Schwimmen, Paddeln, Rudern und Kanu fahren: Die reizvolle Lage an der Weser und die zahlreichen Seen und Nebenflüsse machen es möglich. Beliebt ist das Freizeitgelände Axelsee in Würgassen.

▸ Freizeitgelände Axelsee
Das rund 34 ha große Areal bei Würgassen mit seinem zehn Hektar großen See bietet einiges für Jung und Alt: Rundwanderwege, Liegewiese, Angeln, Segeln, Surfen, Baden, Bootstouren ... Infos unter ☏ 05273/88818.

▸ Weitere Angebote
Das **Freibad Beverungen** liegt reizvoll im Grünen an der Bever und ist von Mai bis September täglich 11–20 Uhr geöffnet, Bevertrift 23, 37688 Beverungen, ☏ 05273/1330.
Wer in der kalten Jahreszeit in Beverungen weilt, sollte der **Eisbahn** einen Besuch abstatten, Am Weseranger 23, 37688 Beverungen, ☏ 05273/367359, 🌐 www.beverunger-eisbahn.de. Geöffnet von Nov. bis März Mo–Fr 15–20 Uhr, Sa 11–18.30, So und Feiertag 11–20 Uhr.
Auf dem **Reiterhof** Jürgen Glumm, Würrigser Str. 71, ☏ 05273/88682 kann man Reitunterricht nehmen.

Veranstaltungen und Feste

Das Blütenfest der Beverunger Werbegemeinschaft wird jeweils am 3. Wochenende im Mai veranstaltet. Ausnahmezustand herrscht zu Karneval, wenn Beverungen ein paar Tage in den Händen von Narren ist.

Bielefeld

Eingebettet in eine unverwechselbare Mittelgebirgslandschaft ist die kreisfreie Stadt mit ihren rund 325 000 Einwohnern die grüne Metropole Ostwesfalen-Lippes. Als kulturelles und wirtschaftliches Zentrum der Region verbindet es die Vorzüge einer Großstadt mit zahlreichen Freizeit- und Sportmöglichkeiten. Mitten in der Stadt der Teutoburger Wald und die mittelalterliche Sparrenburg, von der Bielefelder Altstadt zu Fuß in nur fünf Minuten zu erreichen. Um 1214 als Kaufmannsstadt von Hermann IV., Graf von Ravensberg, gegründet, wurde mit dem Bau der Sparrenburg zwischen 1240 und 1250 begonnnen. Zur Altstadt gesellte sich schnell die Neustadt, eine eigenständige Siedlung bis zum Zusammenschluss beider »Städte« 1520. Nach einem kurzen Intermezzo als Hansestadt begann Bielefelds Aufstieg als Leinen-Stadt im 17. Jh. Kaufleute sorgten für einen florierenden Umsatz des Leinens und die Stadt brachte es zu Wohlstand. Mit der Entwicklung des Backpulvers von Dr. August Oetker hielt die Lebensmittelindustrie Einzug.

Tourist-Information im Neuen Rathaus
33602 Bielefeld, Niederwall 23
☏ 0521/516999
📠 0521/178811
✉ touristinfo@bielefeld-marketing.de
🌐 www.bielefeld.de

Sehenswertes

Sparrenburg

Die mächtige Festungsanlage von 1240 liegt direkt an einem der schönsten Höhenwanderwege Deutschlands, dem 156 km langen Hermannsweg. Die Burg war etlichen Umbauten unterworfen, die heute noch sichtbare Festungsanlage wurde Mitte des 16. Jh. errichtet. Der Turm bietet einen herrlichen Panoramablick auf Stadt und Umland. Ein besonderes Erlebnis bietet eine Führung durch die 300 m langen Kasematten, dem unterirdischen Gangsystem. Die Burg bildet darüber hinaus auch die beeindruckende Kulisse für das jährlich stattfindende mittelalterliche Sparrenburgfest. Hinter den dicken Mauern der Burg darf aber auch rustikal gefeiert werden. Bis zu 100 Personen können von April bis Oktober in den Kasematten ausgiebig schlemmen, feiern und genießen, begleitet von einem Barden, der Lieder von Bauern, Fürsten, Mönchen, Nonnen singt. Infos unter 0521/516099.

Das Wahrzeichen Bielefelds ist die Sparrenburg.

Für die Kleinen gibt es eine besondere Sparrenburgführung. Wissbegierigen Fragen wird Rede und Antwort gestanden. Infos erhalten Sie bei der Tourist-Information oder unter der Nummer 0521/1367956.

Öffnungszeiten: Apr. bis Okt. täglich 10–18 Uhr.

Alter Markt

Im Herzen der Altstadt befindet sich der Alte Markt mit eindrucksvollen historischen Fassaden und prächtigen Giebeln. Sehenswert sind die alten Patrizierhäuser, vor allem das Crüwell-Haus mit seinem spätgotischen Staffelgiebel (1530). Im Treppenhaus befinden sich 7000 Delfter Kacheln aus dem 16. bis 18. Jh.

Ravensburger Spinnerei

In den Jahren 1855 bis 1857 als mächtiges Bauwerk im Fabrikschlossstil errichtet, war die Spinnerei im 19. und frühen 20. Jh. eine der größten Flachsspinnereien Europas. In der Fabrik in der Bleichstraße liefen zeitweise bis zu 20 000 Spindeln. Heute ist das gesamte Gelände rund um die Spinnerei – der Ravensberger Park – ein beliebtes Kultur- und Veranstaltungszentrum mit zwei Museen, Programmkino, Volkshochschule und gastronomischen Angeboten im Gebäude der Alten Hechelei.

Leineweber-Denkmal

Neben der Kirche im Altstädter Kirchpark befindet sich das Leineweber-Denkmal aus dem Jahr 1909. Die bronzene Figur, geschaffen vom Bildhauer Hans Perathoner, erinnert an die wirtschaftliche Bedeutung des Leinengewerbes für die Entwicklung der Stadt. Modell stand der ehemalige Jöllenbecker Leineweber Heinrich Heienbrok. Mit Pfeife, Knotenstock und Holster ist der Leineweber das Sinnbild ravensbergischen Gewerbefleißes und neben der Sparrenburg weiteres Wahrzeichen Bielefelds.

▸ Altes Rathaus
Direkt neben dem Stadttheater befindet sich das Alte Rathaus, ebenfalls im Jahr 1904 eingeweiht. Elemente der Gotik und Renaissance sind mit anderen historischen Baustilen vermischt. Das Bielefelder Stadtwappen ist im Giebel zu erkennen, ein anschauliches Modell der Stadt um 1650 befindet sich im Erdgeschoss.

Beliebte Einkaufsstraße Bielefelds ist die Obernstraße.

▸ Grestscher Hof
Im 16. Jh. als Herrenhaus des Bürgermeisters Caspar von Greste errichtet, diente der Grestsche Hof in der Kreuzstraße 20 im Laufe der Geschichte auch als Waisenhaus und Cholerastation. 1869 wurde er umgebaut und als Nordflügel in den Neubau des damaligen Gymnasiums – dem heutigen Ratsgymnasium – integriert.

▸ Kirchen
Im Stadtgebiet Bielefeld gibt es zahlreiche bedeutende Sakralbauten mit kostbaren Kunstschätzen. Im Bereich der Altstadt sind die Altstädter Nicolaikirche (1340), Neustädter Marienkirche (1400), Süsterkirche (1514) und die ehemalige Klosterkirche Sankt Jodokus (um 1480) zu nennen.

▸ Stadtführungen
An allen Samstagen, bis auf den jeweils 1. des Monats, können Gäste auf einer zweistündigen Führung die Bielefelder Innenstadt zu Fuß entdecken. Treffpunkt: 10 Uhr Tourist-Information im Neuen Rathaus. Darüber hinaus wird eine Reihe von spannenden, thematischen Rundgängen angeboten. Für jeden Geschmack ist etwas dabei.

Museen

▸ Bauernhaus-Museum
Es handelt sich um das älteste Freilichtmuseum Westfalens, das sich seit 1917 auf der Ochsenheide in Bielefeld befindet. Mit viel ehrenamtlicher, privater und städtischer Unterstützung wurde der Hof Möllering von 1590 aus Rödinghausen (Kreis Herford) aufgebaut. Weiterhin befinden sich auf dem Gelände eine Bockwindmühle (1686), ein Backhaus (1764), ein Spieker (1795) und eine Bokemühle (1826). In einer Scheune (1807) ist das Café untergebracht.
Adresse: Dornberger Str. 82, 33619 Bielefeld, ☏ 0521/5218550, 📠 0521/5218552, ✉ bauernhausmuseum@owl.online.de, 🌐 www.bielefelder-bauernhausmuseum.de.
Öffnungszeiten: Febr. bis Dez. Di–Fr 10–18 Uhr, Sa, So 11–18 Uhr.

Museum Huelsmann

Meisterwerke des europäischen Kunsthandwerks aus Renaissance, Barock und Klassizismus bieten einen kompakten Lehrpfad durch die Stilepochen. Herausragend sind die Bestände an höfischem Tafelsilber, seltenem Porzellan, Glas und Schatzkunst bis hin zu Möbeln, Uhren und wissenschaftlichen Instrumenten. Eine eigene Abteilung bildet die Sammlung asiatischer Kunst.

Adresse: Ravensberger Park 3, 33607 Bielefeld, 0521/513767, 0521/513768, info@museumhuelsmann.de, www.museumhuelsmann.de.

Öffnungszeiten: Di–Sa 14–18 Uhr, So 11–18 Uhr.

Deutsches Fächermuseum

Das kleine Fächermuseum befindet sich im Herzen der Altstadt.

Adresse: Am Bach 19, 33602 Bielefeld, 0521/64186, 0521/64187.

Öffnungszeiten: Mi, Do 14.30–17.30 Uhr.

Museum Wäschefabrik

Das Gebäude wurde 1913 vom jüdischen Unternehmer Hugo Juhl errichtet, der hier Tisch- und Bettwäsche sowie Damenwäsche und Herrenhemden herstellen ließ. 1938 veranlassten ihn die politischen Verhältnisse zum Verkauf der Fabrik. Nach dem Erwerb durch die Gebrüder Winkel wurde bis 1980 in der Fabrik produziert. Danach stand sie einige Jahre still, bis sie vom Förderverein Projekt Wäschefabrik e.V. mit Mitteln der NRW-Stiftung gekauft werden konnte. Die noch original eingerichteten Betriebsräume und wechselnde Ausstellungen können besichtigt werden.

Adresse: Viktoriastr. 48, Bielefeld.

Öffnungszeiten: So 11–18 Uhr.

Museumshof Senne

Auf dem Museumshof stehen fünf historische Fachwerkhäuser aus verschiedenen Jahrhunderten, die die Besiedlung der Senne exemplarisch demonstrieren. Neben der gastronomischen Nutzung zweier Bauernhäuser beherbergt das Historische Hand-

Historisches Museum

Das Historische Museum im Ravensberger Park stellt die Geschichte Bielefelds und seiner Region anschaulich und lebendig dar. Von der frühen vorstädtischen Besiedlung bis in die Gegenwart ist dokumentiert, wie die Menschen gearbeitet und gelebt haben. Schwerpunkt ist das Industriezeitalter, das seit der Mitte des 19. Jh. die Stadt und ihr Umland am nachhaltigsten geprägt hat. In den restaurierten Gebäuden der ehemaligen Ravensberger Spinnerei weisen originale Maschinen aus den wichtigsten Industriezweigen, die berühmten Bielefelder Nähmaschinen und Fahrräder ebenso wie Zeugnisse der Arbeiterkultur und des Bürgertums, auf Arbeitsweisen und Lebensformen der städtischen Bevölkerung hin. Eingebettet in wirkungsvolle Inszenierungen regen sie die Schaulust und zu eigenen Fragen an. Räume für die Sammlungen und Sonderausstellungen, für Vorträge, Diskussionen und für die Museumswerkstatt bieten den Besuchern ein vielfältiges Angebot zur Beschäftigung mit Vergangenheit und Gegenwart.

Adresse: Ravensberger Park 2, 33602 Bielefeld, 0521/513630, historisches-museum@bielefeld.de, www.historisches-museum-bielefeld.de.

Öffnungszeiten: Mi–Fr 10–17 Uhr, Sa, So 11–18 Uhr; öffentliche Führungen So 11.30 Uhr.

werkerhaus traditionelle Handwerke der Region wie Leinenverarbeitung, Handweberei, Blaudruck, Stickwerkstatt und Töpferei. Führungen durch das Handwerkerhaus, die Schmiede und den Backspeicher sind nach Absprache möglich.
Adresse: Handwerkerhaus des Museumshofes Senne, Buschkampstr. 75, 33659 Bielefeld, 0521/391938, 0521/492160.
Öffnungszeiten: Mi, Sa 14–18 Uhr.

Kunsthalle Bielefeld

Die Kunsthalle Bielefeld ist der deutschen und internationalen Kunst des 20. und 21. Jh. gewidmet.
Adresse: Artur-Ladebeck-Str. 5, 33602 Bielefeld, 0521/32999500, 0521/329995050, info@kunsthalle-bielefeld.de, www.kunsthalle-bielefeld.de.
Öffnungszeiten: Di, Do, Fr, So 11–18 Uhr, Sa 10–18 Uhr.

namu-Museum

Dutzende von Tieren, alle durch menschliches Tun gefährdet und in einer Eisvitrine konserviert, säumen den Weg des Besuchers – ebenso wie Geschichten von Menschen und Organisationen, die sich einst um den Schutz der Natur bemühten. Ein Perspektivwechsel versetzt den Besucher zurück in die Erdgeschichte. Versteinerte Zeitzeugen animieren dazu, aus der Vergangenheit zu lernen.
Adresse: Kreuzstr. 20, 33602 Bielefeld, 0521/516734, 0521/512490, NaturkundeMuseum@bielefeld.de.
Öffnungszeiten: Mi–So 10–17 Uhr.

Freizeit und Natur

Wandern und Rad fahren

Wanderwege, Rundwanderwege, Lehrpfade und Geschichtsrouten bieten die Möglichkeit, Wissenswertes über den Teutoburger Wald, Bielefeld und die Umgebung zu erfahren. Als Etappenwanderweg eignen sich der 156 km lange Hermannsweg sowie der 78 km lange Wappenweg rund um Bielefeld. Infos erteilt der Teutoburger Wald-Verein, Am Wittenbrink 8, 33602 Bielefeld, 0521/431584, 0521/421547. Der Teutoburger Wald, das Ravensberger Land und die ausgedehnten Grünzüge, zum Beispiel am Obersee, laden zu Tagestouren mit dem Rad innerhalb Bielefelds ein.

Wassersport

Alle Wassersportbegeisterten können auf Bega, Werre und zahlreichen Flüssen in der Region Kanu und Kajak fahren.
Kontakt: RIO NEGRO, Ladestr. 6, 32108 Bad Salzuflen, 05222/850900, 05222/8509601, info@rionegro.de.

Frei- und Hallenbäder

Das Freibad Wiesenbad (Werner-Bock-Str. 34) bietet auf 2600 m² Wasserfläche einen Hot-Whirl-Pool, Sprudelbänke, Strömungskanal, Wasserkanonen, eine Wasserrutsche und ein Beach-Volleyballfeld. Für die Kleinen ist ein Planschbecken mit Sand- und Matschzone vorhanden. Das AquaWede (Duisburger Str. 4) lockt zudem mit Saunalandschaft und Solarium. Der Sportbereich des ISHARA (Europlatz 1) verfügt über ein 25-m-Becken und eine Sprunganlage. Das Familienbad Heepen (Schlauden 11) ist etwas für die ganze Familie. Im Saunabereich bieten die Finnische Sauna, Lichtsauna oder Blockhaussauna zahlreiche Möglichkeiten zur Entspannung.

Segelflug, Heißluftballons

Luftsportler können das Gelände des Verkehrslandeplatzes Bielefeld für Segelflug und Heißluftballonstarts nutzen.
Kontakt: Flugplatz Bielefeld, Am Flugplatz 1, 33659 Bielefeld, 0521/959470, 0521/959499.

▸ Oetker-Eisbahn
Saison von Oktober bis März, Eis-Disko einmal wöchentlich, Oldie-Abend vierzehntägig. **Adresse:** Duisburger Str. 8, 33647 Bielefeld.

▸ Golf
Die Golfanlage Bielefeld Hoberge-Uerentrup ist ein anspruchsvoller Golfplatz in gewachsener Naturlandschaft am Teutoburger Wald mit Blick auf das Wiehengebirge. Interessante Wasserhindernisse. Nachweis einer Clubmitgliedschaft sowie des Handicap 36 ist erforderlich. **Adresse:** Bielefelder Golfclub e.V., Dornberger Str. 377, 33619 Bielefeld, ✆ 0521/105103.

Anziehungspunkt für Jung und Alt ist der Leineweber-Markt mit seinem Straßentheater.

Veranstaltungen und Feste

▸ Leineweber-Markt
Der Leineweber-Markt ist das älteste und damit traditionsreichste Bielefelder Stadtfest. Jährlich Ende Mai wird die Bielefelder City für drei Tage zur Open-Air-Veranstaltungsbühne. Über 1000 Akteure sorgen dafür, dass auf und hinter den Bühnen alles rund läuft. Nostalgischer Jahrmarkttrubel und Kinderaktionen ergänzen das Bühnenprogramm.

▸ Sparrenburgfest
Mittelalterliches Treiben vor der historischen Kulisse des beliebtesten Ausflugsziels ist das Charakteristikum des Sparrenburgfestes, das alljährlich im Juli stattfindet. Ein wilder Haufen von Gauklern, Spielleuten, Händlern und Vaganten versetzt zurück in die Zeit der Ablassprediger und Minnesänger, des Schwarzen Todes, aber auch der wilden Lebensfreude. Krämer, Höker und Handwerksleute prägen das mittelalterliche Marktgeschehen mit selbst gefertigten Waren.

▸ ☺ Wackelpeter
Das in der Region größte Kinder- und Familienkulturfest findet jedes Jahr im August im Ravensberger Park statt. Künstler aus allen Teilen der Welt laden ein zum Mitmachen, Toben, Staunen und Lachen.

Kulinaria

In Bielefeld gibt es traditionell die westfälischen Spezialitäten. Dazu gehört zum Beispiel das Pumpernickel, ein Roggenbrot, das nicht gebacken, sondern in Dampf gegart wird. Eine Spezialität ist die »Bielefelder Luft«, ein Schnaps aus Korn und Pfefferminz.

Blomberg

(Kreis Lippe)

Blomberg, zwischen den Ausläufern des Teutoburger Waldes und der Weser, inmitten des waldreichen Hügellandes des Lippischen Südostens gelegen, hat seinen historischen Stadtkern mit rund 250 Fachwerkhäusern bewahrt. Rund 18 000 Menschen leben in der ostwestfälischen

Kleinstadt. Zwischen 1231 und 1255 entstand Blomberg nach dem typisch lippischen »Drei-Straßen-Schema«. Die günstige Lage am Schnittpunkt zweier wichtiger Handelsstraßen sorgte im Mittelalter für Reichtum in der Handwerkerstadt, in der Schuhe, Tische und Stühle hergestellt wurden. Ab 1890 kam mit der Holzindustrie ein neuer, blühender Wirtschaftszweig hinzu.

Städtisches Verkehrsbüro
Hindenburgplatz 1, 32820 Blomberg
05235/504-0
05325/504-610
info@blomberg-lippe.de
www.blomberg-lippe.de

Sehenswertes

Altstadt

Die gesamte nördliche Marktplatzseite nimmt das 1587 erbaute Rathaus mit seinen drei markanten, gleich großen Fachwerkgiebeln ein. Links davor steht der »Schandpfahl«, an dem Verurteilte im Mittelalter zur Schau gestellt wurden. Der Alheyd-Brunnen auf dem Marktplatz erinnert an ein denkwürdiges Ereignis des Jahres 1460: Alheyd Pustekoke hatte 45 geweihte Hostien aus der Martinikirche gestohlen und sie in einen Brunnen geworfen. Für diesen »Hostienfrevel« wurde die Frau verbrannt, der Brunnen galt jedoch fortan als wundertätig und machte Blomberg zu einem Wallfahrtsort. Die ehemalige Klosterkirche in der Schulstraße war erst eine Wallfahrtskirche, später wurde sie ausgebaut und hütet heute unter dem Langhaus die Grablege der Grafen zur Lippe. In der Kuhstraße, im sogenannten Großen Viertel sind stattliche Kaufmanns- und Handwerkerhäuser zu bewundern. So etwa das Gebäude Kuhstraße 16, das 1985 zur Stadtbibliothek umgebaut wurde. Sehenswert ist auch das Niedere Tor von 1520/30, das einzige noch erhaltene Stadttor in Lippe.

Burg Blomberg

Bis 1511 diente sie als Residenz der lippischen Landesherren. Von den drei Flügeln fallen insbesondere die prächtige, vor der Mittelfront aufsteigende »Utlucht« und der farbige Fachwerkgiebel ins Auge. Heute ist die Burg ein renommiertes Hotel, das mit allen modernen Annehmlichkeiten ausgestattet ist. 05235/50010.

Freizeit und Natur

Historische Stadtrundgänge

Ohne besondere Anmeldung können Besucher an den regelmäßigen, etwa zweistündigen Stadtrundgängen am 1. und 3. Sonntag von April bis Oktober teilnehmen. Start: 14.30 Uhr am Marktplatz.

Wandern und Rad fahren

Zahlreiche Fern-, Haupt- und Bezirkswanderwege durchziehen zusammen mit den örtlichen Rundwegen das überwiegend flachwellige Hügelland. Ein lockendes Ziel für Wanderer und Fahrradfahrer.

Segelfliegen

Im Süden der Stadt liegt der Segelflugplatz Blomberg-Borkhausen, Anziehungspunkt vieler schaulustiger und segelflugbegeisterter Besucher.
Adresse: Luftsportgemeinschaft Lippe-Südost e.V., Flugplatz Blomberg-Borkhausen, 05235/8158.

Golf

Der Lippische Golfclub verfügt über eine 18-Loch-Anlage. Zum Angebot gehören auch 16 Range-Plätze, von denen drei überdacht sind.
Adresse: Lippischer Golfclub e.V., Huxoll 14, 32825 Blomberg-Cappel, 05236/459, www.lippischergolfclub.de.

Schiedersee

Das Freizeitzentrum Schiedersee ist ein beliebtes Ausflugsziel. Bei Kindern besonders attraktiv ist der Familienpark Funtastico, der in der Sommersaison täglich bis 18 Uhr geöffnet hat. Gleiches gilt für den Abenteuerspielplatz und die Minigolfanlage. Wer den Schiedersee per Boot erkunden möchte, kann am Souvenir-Shop eines der zahlreichen Tret- oder Ruderboote oder ein Elektroboot ausleihen. Auf einer einstündigen Rundfahrt lassen sich die verschiedenen Bereiche des Stausees entdecken: munteres Treiben im Freizeitzentrum am Südufer, Wälder, die bis ans Ufer reichen, ein Sumpfgebiet mit einer großen Vielfalt von Wasservögeln. Ein acht Kilometer langer Rundweg verläuft direkt am Ufer entlang einmal um den See.

Adresse: Freizeitzentrum Schiedersee, 32816 Schieder, 05282/411, www.schiedersee.com.

Borchen

(Kreis Paderborn)

In unmittelbarer Nachbarschaft zur alten Bischofsstadt Paderborn liegt die Gemeinde Borchen mit ihren fünf Ortsteilen Nordborchen, Kirchborchen, Dörenhagen, Alfen und Etteln. Knapp 14 000 Menschen leben hier. Borchen existiert in seiner heutigen Form erst seit 1969. Seine Vorgängerorte gehörten seit ihrer Gründung zur weltlichen Herrschaft des deutschen Bistums Paderborn.

Gemeinde Borchen
Unter der Burg 1, 33178 Borchen
05251/3888-0
05251/3888-100
www.borchen.de

Der Blick vom Teufelsstein auf Borchen.

Sehenswertes

▸ Alfen

Das Dorf liegt an einem sanften Südhang im malerischen Almetal. Die erste urkundliche Erwähnung Alfens datiert aus dem Jahre 1031. Damals schenkte Kaiser Konrad II. der Kirche zu Paderborn seine Güter zu »Alflaan«, was soviel bedeutet wie die »Wasserwäldchen«. Sehenswert ist die Wehrkirche St. Walburga, deren Ursprünge im 12. Jh. liegen. Das Innere kann besichtigt werden. Im rechten Seitenschiff befindet sich eine gotische Madonnenfigur aus dem Jahre 1420, die eine seltene Kostbarkeit hochmittelalterlicher Steinmetzkunst darstellt. Ein achteckiger, im Renaissancestil gebauter Taufstein aus dem Jahre 1618 hat seinen Platz im linken Seitenschiff. Der Dorfkern des heutigen Ortsteiles wird von Fachwerk- und Bruchsteingiebeln geprägt, die eine lebendige, bäuerliche Tradition dokumentieren.

▸ Dörenhagen

Bischof Bernhard III. stellte um 1220 den Bewohnern »Imminchusens« das heutige Dorfgelände zur Verfügung. Die alte Kirche St. Meinolphus gilt als eine der schönsten Dorfkirchen Westfalens. Ihre Wandmalereien und die hochgotischen Maßfenster ziehen zahlreiche Besucher an. Etwas abseits Dörenhagens liegt die sehr alte Kreuzkapelle »Zur Hilligen Seele« aus dem 9. und 10. Jh. Sie gilt auch heute noch als ein Zentrum der Heiligen-Kreuz-Verehrungen im Paderborner Land.

▸ Etteln

Reizvoll eingebettet in das waldbekränzte Altenautal gilt Etteln als der Ferienort der Gemeinde Borchen. Die zahlreichen Freizeiteinrichtungen und das vielfältige gastronomische Angebot können sich sehen lassen. Der Ort wurde wie Alfen 1031 in der Schenkungsurkunde Kaiser Konrads II. erstmalig erwähnt. In Etteln findet man heute noch Zeichen für die frühe Besiedlung. Das wohl älteste (ca. 2000 v. Chr.) ist ein Steinkistengrab auf dem Lechtenberg. Aus den dort gefundenen Grabbeigaben schließt man, dass die Menschen in kleinen Sippen nahe an Quellen gelebt und sich hauptsächlich von Ackerbau und Viehzucht ernährt haben. Sicher ist, dass die Wallburg bis ins 12. Jh. ausgebaut und genutzt wurde. Sie liegt auf einem Bergsporn oberhalb der Altenau und

Etwas abseits Dörenhagens liegt die kleine Kreuzkapelle »Zur Hilligen Seele« aus dem 9. und 10. Jh.

ist nach drei Seiten durch das abfallende Gelände geschützt. Man kann heute noch die Wälle und Gräben sehen.

▸ Nordborchen

Die urkundlichen Erwähnungen Nordborchens gehen in die Jahre 1015 und 1031 zurück, als Bischof Meinwerk dem Kloster Abdinghof seinen dortigen Besitz schenkte. Neben diesem waren das Domkapitel, die Herren von Oeynhausen und Haxthausen bis zur Aufhebung des Fürstbistums 1802 Grundherren in Nordborchen. Prägend für das Ortsbild waren und sind zwei Adelssitze: das Oberhaus (heute Mallinckrodthof) und das Unterhaus. Der Mallinckrodthof aus dem 17. Jh. wird heute noch durch das barocke Herrenhaus geprägt, das von einer durch Quellen gespeisten Gräfte umgeben ist. Innerhalb dieser befindet sich eine kleinere Gartenanlage mit dem »Annettentempelchen«, von dem es heißt, dass sich hier die Dichterin Annette von Droste-Hülsdorf aufgehalten und einen Teil der »Judenbuche« verfasst haben soll. Heute gehört der Hof der Gemeinde, und die Volkshochschule hat hier ihre Veranstaltungsräume. Im hinteren Teil des Gebäudes lädt in der ehemaligen Küche ein Café zum Verweilen ein. Der Park am Mallinckrodthof animiert mit weitläufigen Grünflächen und alten Bäumen zum Spaziergehen.

▸ Kirchborchen

Der Ort wurde 1268 erstmals urkundlich erwähnt. Er entstand aus mehreren untergegangenen Orten, von denen »Sutburgnon« mit der dem heiligen Gallus geweihten Kapelle besonders zu erwähnen ist. Auf die Jungsteinzeit sind die Steinkistengräber auf dem Limberg zu datieren. Zu Kirchborchen gehört das Schloss Hamborn und das Wahrzeichen der Gemeinde, die Pfarrkirche St. Michael mit dem Wehrturm.

Der von alten Bäumen umsäumte Mallinckrodthof in Nordborchen stammt aus dem 17. Jh.

Freizeit und Natur

▸ Wandern und Rad fahren
Zahlreiche Wanderwege laden zur Erkundung von Borchen und Umgebung ein. Besonders erwähnenswert ist der archäologisch-geschichtliche Lehrpfad, der bei den Steinkistengräbern in Kirchborchen beginnt und durch das Altenautal führt. Etwas außerhalb von Etteln, direkt am Paddelteich, beginnt der Waldlehrpfad. Er schlängelt sich in nördlicher Richtung durch den Laubwald des Altenautals, vorbei an der Aussichtsplattform Teufelsstein. Ein gut ausgebautes Radwegenetz lädt Jung und Alt ein, sich auf den Drahtesel zu schwingen. Mehrere Touren stehen zur Auswahl: Der Almeradweg führt über 70 km vom Sauerland über Alfen und Kirchborchen ins Paderborner Land; der Altenauradweg führt von den Quellen der Altenau in Lichtenau-Blankenrode über 28 km bis zur Mündung in die Alme bei Nordborchen; so wie im Jahr 775 der fränkische Heerbann von Aachen über Düren bis an die Weser gegen die Sachsen zog, verläuft die 480 km lange Kaiser-Route in nordöstlicher Richtung zum Teutoburger Wald; auf einem Rundkurs der Paderborner Landroute von 260 km lernen Pedalentreter natürliche und kunsthistorische Sehenswürdigkeiten kennen. Infos erteilt die Gemeinde Borchen oder der Heimat- und Verkehrsverein Etteln, Westernstr. 41, ✆ 05292/2093.

▸ Freizeitzentrum
Der Paddelteich Etteln lädt mit seinen Freizeitanlagen zum Verweilen ein. Wer sich sportlich betätigen möchte, kann in der vorgelagerten Parklandschaft – mit einem 5000 m² großen Teich – laufen und joggen oder im Teich mit dem Kanu fahren. Zudem sind eine Reithalle, zwei Wassertretbecken und ein Spielplatz vor Ort. Für die entspannte Beschäftigung bietet der Forellenteich auch Angelmöglichkeiten.

Borgentreich

(Kreis Höxter)

Etwa 9500 Einwohner leben in der Kleinstadt, die zwischen Eggegebirge und Weser in der Warburger Börde liegt. Zum ersten Mal wurde Borgentreich 1280 als »Borguntriche« erwähnt, als der Paderborner Bischof Otto von Rietberg vom Kölner Erzbischof die Erlaubnis zur Stadtbefestigung erhielt. Bereits für 1283 sind Stadtsiegel und Pfarrkirche bezeugt. 1372 wurde Borgentreich neben Paderborn, Brakel und Warburg als vierte Hauptstadt des Paderborner Landes in den Westfälischen Landfriedensbund einbezogen.

Stadt Borgentreich
Am Rathaus 13, 34432 Borgentreich
✆ 05643/809-0
Fax 05643/809-90
✉ tourismus@borgentreich.de
🌐 www.borgentreich.de

Sehenswertes

▸ Steinernes Haus
Ältestes weltliches Gebäude Borgentreichs ist das »Steinerne Haus«. Es war in seiner Geschichte eng mit dem Kloster Hardehausen verknüpft, dessen Mönche das Haus von 1405–1803 als Zehntscheune nutzten und bewohnten. Sie trugen wesentlich zur Blütezeit Borgentreichs im 15. Jh. bei. Heute befindet sich hier der Sitz der Landschaftsstation im Kreis Höxter und der Bürgerinitiative Lebenswertes Bördeland und Diemeltal.

▸ Burg Borgholz
Ein herausragender Baukomplex ist die Burg, mit deren Bau bereits 1290 begonnen wurde. Der einst befestigten Fliehburg folgte um 1608 ein Fachwerkbau, der in den Jahren

1922–1923 der heutigen massiven Bauweise weichen musste. Die Außenanlagen der Burg sind frei zugänglich.

Balkenturm
Von ursprünglich sieben zinnengekrönten Türmen aus der um 1280 errichteten Festungsmauer um Borgentreich ist nur noch der Balkenturm erhalten.

Katholische Pfarrkirche Natzungen
Der Altar der Kirche in der Deichstraße gehört zu den schönsten Hochaltären des Hochstifts und ist als Meisterwerk der Barockkunst heute ein Anziehungspunkt für Kunstfreunde.

Klus Eddessen
Zahlreiche Prozessionen aus verschiedenen Ortschaften, insbesondere aus Borgholz, Bühne und Dalhausen, führen zur der nach dem 30-jährigen Krieg errichteten Klus Eddessen nahe Bühne, die bis zur heutigen Zeit eine Einsiedelei geblieben ist. Die Kluskapelle wurde auf der Stelle errichtet, auf der die Kirche des 1447 zerstörten Ortes Eddessen gestanden hat.

Orgelmuseum Borgentreich

Im historischen Rathaus der Stadt (1850) lädt das erste Orgelmuseum Deutschlands zu einer Reise in die Welt der Klänge ein. Ein Museum zum Anfassen: Funktionsweise und klanglicher Aufbau, Herstellung und Materialien, geschichtliche Entwicklung und kulturelle Bedeutung bilden den Schwerpunkt der Sammlung. Neben vielen Originalteilen wie Spieltischen, Windladen und Pfeifen sowie der im Orgelbau verwendeten Metalle, Hölzer und Werkzeuge können zahlreiche wirklichkeitsgetreue Anlagen bewundert werden, die der Besucher selbst betätigen kann. Genau gegenüber – in der Pfarrkirche St. Johannes – steht mit der Barockorgel aus dem 17./18. Jh. die größte und bedeutendste historische Orgel Westfalens, die wegen der nur noch selten anzutreffenden Technik der Springlade auch zu den hochberühmten Denkmalorgeln in Europa zählt.
Adresse: Marktplatz 6, 34434 Borgentreich, ☎ 05643/1212 oder -8090.
Öffnungszeiten: Do–So 14–17 Uhr, Sa 10–12 und 14–17 Uhr (Nov. bis März nur Sa und So); Führungen nach Vereinbarung.

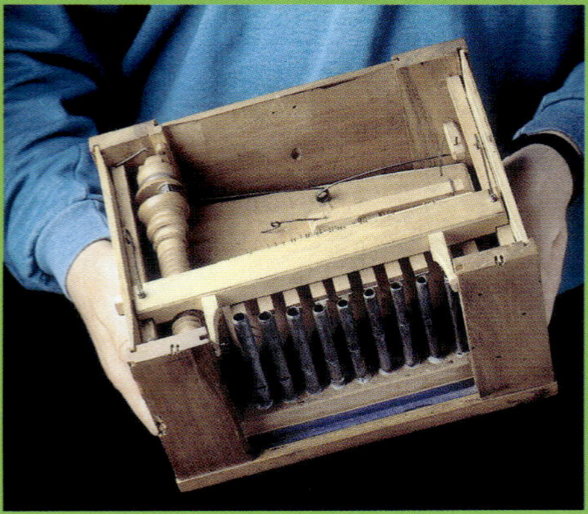

Kleine Orgel und Pfeifen-Hauptwerk im Orgelmuseum von Borgentreich.

Lourdes-Grotte
Eine 1901/02 errichtete Nachbildung der Lourdes-Grotte am Rande von Borgentreich erhielt 1978 eine päpstliche Auszeichnung und ist Wallfahrtsort für Gläubige aus nah und fern.

Synagoge
Im Jahre 1838 entstand das imposante Gebäude, das in der Reichskristallnacht überfallen und teilweise zerstört wurde. Heute wird es als sozio-kulturelle Begegnungsstätte genutzt. Der Sakralbau stellt ein wichtiges authentisches religionsgeschichtliches Zeugnis der damaligen Bevölkerung der Stadt Borgentreich dar. **Adresse:** Kleine Str. 8, 34434 Borgentreich-Borgholz. Führungen und Besichtigungen sind jederzeit nach vorheriger Terminabsprache möglich. **Kontakt:** Franz-Josef Disse, ✆ 05645/634.

Auch der Reitsport kommt in Borgentreich nicht zu kurz.

Museen

Bahnhofsmuseum
Das Bahnhofsmuseum im Stadtbezirk Borgholz an der Bahnstrecke Scherfede-Borgholz-Holzminden befindet sich in dem ehemaligen Bahnhof und geht auf eine Privatinitiative zurück. Das Gebäude präsentiert sich noch als Bahnhof, wie er vor 100 Jahren aussah und birgt zahlreiche Kostbarkeiten, die die Geschichte des Eisenbahnwesens, nicht nur des hiesigen Raumes präsentieren.
Adresse: Am Bahnhof 6, 34434 Borgentreich-Borgholz (Gewerbegebiet).
Öffnungszeiten nach Absprache. Ansprechpartner: Hans-Josef Menke, ✆/℻ 05272/9401, ✉ info@museumsbahnhof.de, 🌐 www. museumsbahnhof.de.

Freizeit und Natur

Wandern und Rad fahren
Für jeden Wandergeschmack gibt es Touren: von der Naturerlebnis- oder Kulturwanderung bis zum ausgedehnten Spaziergang. Empfehlenswert ist der historische Grenzsteinweg, der bis an die Grenzen Hessens führt. Auch das Naturschutzgebiet Maschbachtal (beim Freibad) kann zu Fuß oder mit dem Rad erkundet werden.

Schwimmen
Das beheizte Freibad verfügt über ein Attraktionsbecken mit Massagedüsen und Bodensprudler. Es ist von Mitte Mai bis Mitte September täglich von 9.30–20 Uhr geöffnet.

Veranstaltungen und Feste

Jedes Jahr am 2. Wochenende im September findet das Stadtfest statt, das sich mittlerweile als Besuchermagnet etabliert hat. Eine Vielzahl von Vereinen wirkt mit.

Borgholzhausen

(Kreis Gütersloh)

Mit ihrem Kern liegt die Stadt (9 000 Einwohner) in einem Pass des Teutoburger Waldes, der das Bruch-Faltengebirge, auch Osning genannt, teilt. Im Norden reicht die Stadt ins Ravensberger Hügelland und im Süden ins flache Ostmünsterland.
Als der Ort zum ersten Mal erwähnt wurde, war er bereits über 2500 Jahre alt, wie Urnenfriedhöfe aus der jüngeren Bronzezeit bezeugen. Um 1100 wurde Borgholzhausen Gerichtsort, seit 1096 wurde er »Holthus« genannt. Doch wegen seiner Nähe zur Burg Ravensberg, die von Graf Hermann II. von Calvelage erbaut wurde, entstand 1317 dann die Bezeichnung »Borgholthusen«. 1719 wurde Borgholzhausen durch Friedrich Wilhelm I. zusammen mit anderen ravensbergischen Flecken zur Stadt erhoben, was zu einem wirtschaftlichen Aufschwung führte. So wurden Leinenspinnerei und -weberei im 17. und 18. Jh. ein wichtiger Erwerbszweig. Ende des 18. Jh. blühte auch der Leinenhandel auf. Pack- und Segeltuchleinen wurden vielfach über Elberfeld ins Rheinland, nach Holland und über Bremen nach England geliefert. Um 1740 siedelten sich Honigkuchenbäcker im Ort an, 1827, 1830 und 1861 wurden Lebkuchenfabriken gegründet, wodurch die Stadt am Hermannsweg zur sprichwörtlichen »Honigkuchenstadt« wurde.

Stadt Borgholzhausen
Schulstr. 5, 33829 Borgholzhausen
05425/807-0
05425/807-99
www.borgholzhausen.de

Sehenswertes

Burg Ravensburg

Bis heute gilt die Burg in Borgholzhausen-Cleve (Clever Schlucht 9) – im frühen 12. Jh. als Stammsitz der Grafen von Ravensberg-Calvelage erbaut – als herausragendes Wahrzeichen der Region. Vieles wurde zerstört oder war dem Verfall preisgegeben. Erst im 19. Jh. begannen erste Renovierungsarbeiten, sodass Besucher heute beträchtliche Reste der alten Umfassungsmauern und des Brunnens besichtigen können. Der Bergfried, von dessen Plattform man einen herrlichen Fernblick in das Ravensburger Land genießt, kann besichtigt werden. Die private Stiftung Burg Ravensberg, die das Burggelände verwaltet, bietet nach Absprache Führungen über das Burggelände an.
Kontakt: Stiftung Burg Ravensberg,
05425/933544.

Wasserschloss Brincke

Im Ortsteil Barnhausen thront das Wasserschloss, eine bedeutende Zwei-Insel-Anlage, die aus einem Herrenhaus mit doppeltem Wassergraben, einer Schlosskapelle, einem Torhaus, einem Wirtschaftsgebäude (Remisen, Viehhaus, langer Jammer), einem Hofhaus (Burg) besteht. Sehenswert ist die Schlosskapelle von 1898, die im Innern ein Triumphkreuz und ein Vesperbild aus Stein aus dem 15. Jh. beherbergt.
Adresse: Borgholzhausen-Barnhausen,
05425/930150.

Wasserschloss Holtfeld

Bemerkenswert sind die noch teilweise vorhandene Gräftenanlage und die Eichenalleezufahrt. Das Renaissance-Wasserschloss mit Vorburg, Mittel- und Haupthaus befindet sich in Privatbesitz.
Adresse: Schlossallee 2–30, Borgholzhausen-Holtfeld.

Süße Honigkuchen

Seit 1740 ist Borgholzhausen überregional als Zentrum der Honigwaren- und Lebkuchenherstellung bekannt. Honigbäcker aus dem benachbarten Dissen kamen ins preußische Borgholzhausen, um hier neue Absatzmärkte zu erschließen. Sie hatten den richtigen »Riecher«, denn schon bald arbeiteten 16 Bäcker in der Stadt und das Geschäft florierte. Mit Kind und Kegel gingen die Lebkuchenbäcker auf Wanderschaft, um auf Rummelplätzen und Märkten ihre feinen Pfefferkuchen an den Mann und die Frau zu bringen. Zu Beginn des 19. Jh. mussten viele Borgholzhauser Männer zur Saisonarbeit nach Holland. Von dort brachten die sogenannten Hollandgänger neue Rezepte und Anregungen mit. Fortan gab es für Leckermäuler auch »Biskes« und den Zuckerguss. Die ersten mit Inschriften versehenen Herzen kamen auf. Nun konnte der jugendliche Liebhaber seiner Angebeteten auf der Kirmes seine Liebe mit einem Herz aus Lebkuchen bekunden. Noch heute offerieren Jahrmärkte das Borgholzhausener Lebkuchenherz. Von den 16 Bäckern ist nur die Firma Schulze geblieben, die ihre Produkte unter dem Markennamen »von Ravensberg« anbietet. Sie führt eine jahrhundertealte Tradition fort. ■

▸ Haus Welpinghus/Evangelische Pfarrkirche
Eines der ältesten Fachwerkgebäude Borgholzhausens mit zeittypischen Schmuckformen befindet sich in der Kirchstr. 9. Die spätgotische Kirche in der Kirchstr. 1 ist eine der ältesten Kirchen im Kreis. Im Innern finden Besucher einen reich verzierten Steinaltar.

▸ Wassermühle Haus Brincke
Die bedeutendste Wassermühle Westfalens am Violenbach ist ein architektonisch beeindruckender Ziegelbau. Mit hohen Spitzbogenfenstern, Giebelstaffel und Wandgliederung durch einen Arkadenfries und Lisenen zeigt sie typisch neugotische Elemente. Heute befindet sich in den Räumen ein Künstleratelier.
Adresse: Brincker Weg 13, Borgholzhausen-Barnhausen.

Museen

▸ Kultur- und Heimathaus
Das unter Denkmalschutz stehende Ackerbürgerhaus wurde von den Mitgliedern des Heimatvereins und des Kulturvereins liebevoll restauriert und beherbergt jetzt neben wechselnden Ausstellungen u. a. eine außerordentlich seltene und kostbare Ammonitensammlung.
Adresse: Freistr. 25, Borgholzhausen, ☏ 05425/7600.
Öffnungszeiten: Mi, So 15–18 Uhr.

Freizeit und Natur

▸ Führungen
Eine Reihe spannender Stadt- und Wanderführungen werden angeboten. Ob »Gänsehaut-Tour«, »Muckefuck und Sauerkraut«, »Pium für Piumer« oder »Wandere und schau mal vom Luisenturm«: Für jeden – ob Jung oder Alt – ist etwas dabei.

▸ Wandern und Rad fahren
Wanderer finden in der landschaftlich reizvollen und waldreichen Umgebung Borgholzhausens ein Netz von Wander- und Radwanderwegen. Zwei alternative Routen der Teuto-Senne-Bahn-Radroute führen von Osnabrück nach Paderborn durch das Gebiet der Stadt Borgholzhausen 🌐 www.teuto-senne-radroute.de. Eine beliebte Wanderstrecke ist der Hermannsweg. Dort trifft man auf der etwa 300 m hohen Johannisegge auf den nach der preußischen

Königin Luise benannten Luisenturm. Von dort aus hat man einen herrlichen Blick über Borgholzhausen und bei guter Sicht bis ins Münsterland.

Veranstaltungen und Feste

Borgholzhausener Sommererlebnis
Im historischen Burghof von Schloss Brincke findet alljährlich im September das »Sommererlebnis« mit musikalischen Veranstaltungen und Freizeitspielen statt.

Kartoffelmarkt
An einem Wochenende in der zweiten Septemberhälfte dreht sich alles um die schmackhafte Kartoffel. Die zahlreichen Besucher lassen sich am langen Kartoffeltisch quer durch die Innenstadt die Erdäpfel in den unterschiedlichsten Zubereitungsformen schmecken.

Bönkerscher Steinbruch
Im Bönkerschen Steinbruch mitten im Teutoburger Wald wurde ehemals Kalkstein abgebaut, heute wird dieses Gelände für unterschiedliche Events genutzt. Während der Sommerakademie Borgholzhausen im Juni/Juli können die Teilnehmer vor der malerischen Kulisse des großzügig angelegten Steinbruchs mit seiner abgeschiedenen Ruhe ihre künstlerischen Ideen umsetzen. Mehr Informationen unter www.sommerakademie-borgholzhausen.de. Unabhängig davon finden auf der Freilicht-/Naturbühne Theateraufführungen (auch in Plattdeutsch), Open-Air-Konzerte und vieles mehr statt.

Beim Kartoffelmarkt in Borgholzhausen dreht sich alles um die schmackhaften Erdäpfel.

Brakel

(Kreis Höxter)

Benediktinermönche rasteten bei ihrer Reise im Jahr 836 in der »villa brechal«. Aus dieser »villa« entstand eine Großgemeinde im Talkessel von Nethe und Brucht mit 15 ehemals selbstständigen, jetzt eingemeindeten Orten und insgesamt 18 700 Einwohnern. Im Mittelalter zählte die Stadt zu den bedeutendsten Orten im Fürstentum Paderborn. Der Dreißigjährige Krieg hinterließ deutliche Spuren, Brakel führte danach lange Zeit das Dasein eines abgeschiedenen, kleinen Landstädtchens. 1803 übernahmen die Preußen den Ort, der für kurze Zeit zur Kreisstadt erhoben wurde.

Tourist-Information Brakel, Haus des Gastes, Am Markt 5, 33034 Brakel
05272/360269
05272/360380
tourist-info@brakel.de
www.brakel.de

Sehenswertes

Marktplatz
Am Markt sind noch der mittelalterliche Grundriss der historischen Altstadt und manches Detail der alten Hansetraditon zu erkennen. Hier entdeckt der Besucher das Rathaus, dessen Ursprünge bis ins 13. Jh. zurückreichen, mit verziertem Treppengiebel und kunstvoll gestaltetem Renaissanceportal (1573), mit Korbbogen und Quadereinfassung. Eingerahmt wird es einerseits von der »Alten Waage«, einem Steinhaus mit spätgotischem Treppengiebel, andererseits vom Haus des Gastes, dem ehemaligen »Rothenbergschen Haus«, einem Ackerbürgerhaus (16. Jh.) mit klassizistischer Vorderfront. Die »Alte Waage« war um 1350 zunächst Stadtsitz der Ritter von Modexen, dann bis 1840 Stadtwaage und Kornmagazin, später Gefängnis und Feuerwehrgerätehaus. Heute findet man im Innern Ratssaal, Stadtarchiv und Ausstellungsräume.

Der historische Marktplatz von Brakel mit dem Rathaus ist ein touristisches Highlight.

Pfarrkirche St. Michael
Unweit des Marktes am Kirchplatz ist vor allem das Innere der Pfarrkirche St. Michael sehenswert. Dazu gehören die äußerst seltenen Orgelflügel mit Bildern des Barockmalers Johan Georg Rudolphi. Beeindruckend auch die Kanzel (1622) und der steinerne Hochaltar (1748).

Ostheimer Straße
Am Ende der Königstraße findet man noch Mauerreste der alten Stadtmauer. Dort biegt die Ostheimer Straße ab, die mit ihren zahlreichen sanierten Fachwerkhäusern aus dem 18. Jh. ein wirklicher Hingucker ist. Sehenswert ist insbesondere Nr. 16 mit schmuckvoll barocker Tür und Nr. 8, Geburtshaus von Petrus Legge, 1932 zum Bischof von Meißen ernannt. Hier steht auch die 1715/18 erbaute Kapuzinerkirche, das erste Werk des westfälischen Barockbaumeisters Johann Conrad Schlaun. Sie besticht durch ihre hohe, schlichte Fassade; im Innern findet man drei Altäre aus Renaissance und Barock.

Brakel-Bellersen
Unter dem Leitgedanken »Natur und Kultur auf dem Dorf« präsentiert sich der staatlich anerkannte Erholungsort Bellersen als »Tourismus-Musterdorf« des Landes Nordrhein-Westfalen. Der Gast findet hier einen »Erlebnislehrpfad zur Entfaltung der Sinne« nach Hugo Kückelhaus sowie einen »Agrarhistorischen Rundwanderweg«; im Werkhaus (Tourist-Information) und im Kreativhof lassen sich Ideen verwirklichen. Dorfteich, Wassertretbecken, Reit-, Rad- und Wanderwege gehören zum Ort wie auch die Dauerausstellung »Das Urdorf« und das Dorfmuseum. Kaltblutpferde, alte Rinder- und Schweinerassen stehen auf den Weiden und zur Kutschfahrt wird geladen. Interessierte können eine der größten Imkereien Deutschlands besichtigen.

Schloss Rheder
Das Barockschloss wurde um 1718 von J. Schlaun erbaut und befindet sich im Besitz der Brauerfamilie Freiherr Spiegel von und zu Peckelsheim. Die Außenanlagen können besichtigt werden. In der Vorburg des Schlosses befindet sich seit 2003 das Husarenmuseum. Die Uniformen und Ausrüstungsgegenstände des Rittmeisters Adolf Freiherr Spiegel von und zu Peckelsheim bilden den Grundstock der Ausstellung.

Die Alte Waage von 1350 in der Stadt Brakel.

Adresse: Nethetalstr. 10, 33034 Brakel-Rheder, ✆ 05272/39230.
Öffnungszeiten: Apr. bis Okt. Di–Fr 11–17 Uhr, So 14–18 Uhr.

▸ Kloster Gehrden und Pfarrkirche

Erhalten blieben die zwischen 1160 und 1170 erbaute Klosterkirche mit barockem Hochaltar und zwei Gebäudeflügel. In der Pfarrkirche St. Peter und Paul, 1140 als romanische Pfeilerbasilika erbaut, ist das größte Glockengeläut Westfalens zu hören. Turmbesteigungen mit fachkundiger Erläuterung sind nach Voranmeldung möglich: Pfarrbüro Brakel-Gehrden, ✆ 05648/380.

▸ Kaiserbrunnen

Die staatlich anerkannte Heilquelle liegt unterhalb der »Hinnenburg« nördlich von Brakel. 1825 wurde die erste Pumpe auf dem Brunnen aufgestellt. Dem Kaiserbrunnen entspringt ein kohlensäurehaltiges Heilwasser (Säuerling). Das Gebäude des Brunnenausschanks ist jährlich von April bis September Samstag und Sonntag 10.30–17.30 Uhr sowie Dienstag 14–18 Uhr geöffnet. Wasser kann aber auch jederzeit an der Außenzapfstelle an der Rückseite der Wandelhalle entnommen werden.

Museen

▸ Literaturmuseum Bökerhof

Der Bökerhof war im 19. Jh. Mittelpunkt des »Romantikerkreises« mit Annette von Droste-Hülshoff, den Brüdern Grimm, Clemens von Brentano und Josef von Görres. Das zweigeschossige Herrenhaus besteht aus einem Mittelteil und zwei turmartigen Seitenflügeln; die mansardenartigen Dächer sind regionaltypisch mit Platten aus Sollingsandstein gedeckt. Zentrum des Museums ist die historische Halle, die im ursprünglichen Bauzustand mit der charakteristischen blauen Farbfassung und dem Treppenhaus wiederhergestellt wurde. Blickfang ist der Kamin, der sich zur Zeit des »Bökendorfer Kreises« an derselben Stelle befunden hat. An den Wänden hängt die »Ahnengalerie« des Bökerhofs. Zweiter historischer Raum ist das Biedermeierzimmer, das einen Eindruck von der vergangenen Wohnatmosphäre vermittelt.

Adresse: Haus Bökerhof, 33034 Brakel-Bökendorf, ✆ 05251/603093, 🌐 www.boekerhof.de.

Öffnungszeiten: Mai bis Okt. So und Feiertag 14–17 Uhr.

Freizeit und Natur

▸ Wandern und Rad fahren

Der Rundwanderweg »Brakeler Bergland« erschließt mit einem Netz von sechs eigenständigen Rundwanderwegen (zwischen zehn und 25 km) das Stadtgebiet und das Brakeler Bergland. Empfehlenswert ist zudem der Agrarhistorische Rundwanderweg Brakel-Bellersen sowie der Gewässer-Lehrpfad in Brakel-Gehrden entlang der Oese und des Mühlenbachs. Auch der Historische Höhenweg in Bölkendorf ist ein beliebter Wanderweg. Brakel ist zudem Mittelpunkt eines Netzes von regionalen und überregionalen Radwanderwegen. Über das Teilstück des Radweges R 2 Brakel–Höxter hat man direkten Anschluss an den beliebtesten Flussradweg Deutschlands, den Weser-Radweg (R 99), der vom Zusammenfluss von Werra und Fulda in Hannoversch Münden auf ca. 500 km Länge bis an die Nordsee führt. Der Radweg R 53 führt unmittelbar von Brakel nach Nieheim zum Anschluss an den Europa-Radweg R 1.

Infos und Karten gibt es bei der Tourist-Information und unter 🌐 www.kulturland.org.

▸ ☺ Freilichtbühne Bökendorf

Seit über 50 Jahren werden hier Schauspiele und Märchen inmitten einer reizvollen Landschaft aufgeführt. Ein Erlebnis für die ganze Familie.

Adresse: Brakel-Bökendorf, ✆ 05276/8043.

Veranstaltungen und Feste

Annentag
Der Annentag am 1. Augustwochenende ist ein Publikumsmagnet. Schausteller und fliegende Händler verwandeln die Altstadt dann in einen mediterranen Basar. Sonntags gedenkt man mit einer feierlichen Prozession des religiösen Ursprungs des Festes: Die Verehrung der Heiligen Anna in der barocken Kapelle vor den Toren der Stadt. Viele hunderte Gläubige geben dem Allerheiligsten das Geleit. Ein Prachtfeuerwerk am Montagabend beendet vier Tage voller Hochstimmung.

Michaelismarkt
Der traditionelle Michaelismarkt findet jeweils am 2. Wochenende im Oktober in der Fußgängerzone statt.

Bünde

(Kreis Herford)

Bünde liegt in der Ravensberger Mulde zwischen Teutoburger Wald und Wiehengebirge. Die Stadt mit 48 000 Einwohnern gehört zu den ältesten Siedlungen des Ravensberger Landes. Erstmals erwähnt wurde der Ort in einer Urkunde von König Ludwig dem Deutschen 853. Im Lauf der Jahrhunderte siedelten sich neben landwirtschaftlichen Betrieben Handwerker und Kaufleute an. Die Blütezeit des Leinen- und Garngewerbes wirkte sich positiv auf die Stadt aus. Richtungsweisend war die Geburtsstunde der heimischen Zigarrenproduktion im Jahr 1842. Sie führte dazu, dass Bünde als die »Zigarrenstadt« oder die »Zigarrenkiste« weit über ihre Grenzen hinaus bekannt wurde. Noch heute zeugen viele Gebäude von der Dominanz dieses Wirtschaftzweiges.

Stadt Bünde
Bahnhofstr. 15, 32257 Bünde
05223/161-0
05223/161351
info@buende.de
www.buende.de

Sehenswertes

Laurentiuskirche
Die Laurentiuskirche in der Bahnhofstraße 12 zählt zu den ältesten Kirchengründungen in Westfalen. Anhand eines Urkundentextes aus dem Jahre 853 wurde rekonstruiert, dass diese Kirche schon zur Zeit Ludwig des Frommen (778–840) bestanden hat. Nach mehreren Bau- und Umbaumaßnahmen entstand dann im 13. Jh. der noch heute im Kern erhaltene spätromanische Kreuzsaal.

Museen

Deutsches Tabak- und Zigarrenmuseum
Das Museum residiert im alten Striedieckschen Hof, einem malerischen Fachwerkbau, der obendrein eine Beziehung zum Tabak hat; denn die Striediek s waren schon 1876 Zigarrenfabrikanten, weil ihnen das Geschäft mit dem Tabak einträglicher schien als die Arbeit auf dem Acker. Das Museum präsentiert seinen Besuchern eine geschlossene, eindrucksvolle Zusammenschau des Tabaks. Von der Santa Maria des Kolumbus und Wegbereitern wie Sir Walter Raleigh und Jean Nicot über Friedrich den Großen und Hoffmann von Fallersleben spannt sich der Bogen der Geschichte bis in die Gegenwart mit Carl Zuckmayer und Theodor Heuss, vorbei an grotesken Pfeifen und leuchtenden Dosen, an launigen Stichen, vergilbten Deklarationen und bauchigen Töpfen.
Der Striedieckschе Hof enthält zudem eine

Sammlung historischer Bauernmöbel, die zu den größten dieser Art in Westfalen gehört. Sie zeigt Truhen, Schränke und Bettstellen, weiterhin Uhren und Wiegen, Tische, Stühle und Kästen neben anderen Kleinmöbeln.
Adresse: Fünfhausenstr. 8–12, 32257 Bünde, ☎ 05223/793300.
Öffnungszeiten: Di-So 10–18 Uhr.

Tradition als Zigarrenstadt

Auf Schritt und Tritt begegnet man in Bünde »Überbleibseln« einer für die Stadt bedeutenden Industrie. Besonders sehenswert sind die ehemaligen Fabrikantenvillen: 1893 ließ sich der Zigarrenfabrikant Carl-Heinrich Rehling seine imposante Villa erbauen, seit 1985 ist sie eingetragenes Denkmal. Die Villa André in der Hindenburgstraße 11 war seit 1891 das Zuhause der Zigarrenfabrikanten-Familie Georg. Die Villa zeugt mit ihrer neubarock-historisierenden Form vom Wohlstand und Repräsentationsanspruch der damaligen Zigarrenfabrikanten. In der Eschstraße 43 und 45 stößt der Besucher auf die Villen Steinmeister. Beide Gebäude stehen unter Denkmalschutz.
Irgendwo musste der Tabak auch gelagert werden. Der wuchtige, rote Backsteinbau in der Wasserbreite 5 ist ein markantes Wahrzeichen Bündes. 1896 wurde der Speicher als Tabakhaus der Firma Leopold Engelhardt & Biermann erbaut. Er hat vier Vollgeschosse und zwei Dachgeschosse. Seine Architektur entspricht den Speicherbauten der deutschen Hafenstädte: das Sichtmauerwerk aus roten Ziegelsteinen, die Gliederung seiner Fassade durch Pfeilervorbauten. Die Dachform und der Lastenaufzug an der Giebelseite verweisen auf diese Herkunft und geben dem ganzen Bau ein hanseatisches Aussehen. Von seinen Erbauern wurde sein Standort in unmittelbarer Nähe des Güterbahnhofes gewählt. So waren die Transportwege kurz. ■

▸ Doberg-Museum
Der Besucher hat die Möglichkeit, durch eigene Beobachtungen an Fossilien, Gesteinen und Realexperimenten Schlussfolgerungen über bestimmte Vorgänge innerhalb der Natur nachzuvollziehen. Komplexe geologische bzw. paläontologische Abläufe werden mithilfe computergestützter Grafikanimationen verständlicher.
Adresse und Öffnungszeiten wie Tabakmuseum.

▸ Spieker
Historische Fotos und Geräte zur Textilherstellung dokumentieren im Spieker (1787) den Weg vom Flachs zum Leinen.
Adresse und Öffnungszeiten wie Tabakmuseum.

Freizeit und Natur

▸ Wandern und Rad fahren
Das Radverkehrsnetz verbindet über 13 Linien alle Bünder Stadtteile und die umliegenden Gemeinden. Tourenvorschläge findet man in der Broschüre »Rad-Routen in der fahrradfreundlichen Stadt und in die Region« und in den Begleitheften zu Themenradrouten, erhältlich im Bürgerbüro der Stadt. Fahrräder und Tandems können Besucher sich bei Marquardt Fahrrad GmbH, Neue Str. 11, ausleihen. Darüber hinaus unterhält die Stadt Bünde ein umfangreiches Wanderwegenetz von rund 100 km Länge.

▸ Schwimmen
Zwei beheizte Freibäder im Sommer und ein Hallenbad (mit Sauna) im Winter laden zum Schwimmen ein.

▸ Reiten
Informationen erteilt die Reitanlage des Reitervereins Bünde e.V., Bültstr. 2, ☎ 05223/61025.

▸ Wildgehege
Im Ortsteil Randringshausen finden Sie ein Wildgehege mit vorwiegend Damwild, das täglich geöffnet ist.

Veranstaltungen und Feste

▸ Stadtgarten
Der Stadtgarten in der Steinmeisterstraße 15 bietet den Rahmen für verschiedene Vorstellungen: Studiotheater, Märchentage für die Kleinen, klassische Konzerte, Jazz und Folklore mit in- und ausländischen Künstlern.

▸ Bünder Zwiebelmarkt
Alljährlich am letzten Septemberwochenende lockt der Zwiebelmarkt mit seiner Mischung aus Handwerkermarkt und Kirmes die Besucher in die Stadt.

Büren

(Kreis Paderborn)

Büren liegt im äußersten Südwesten der Region nördlich des Sauerlandes, am Südwestrand der Paderborner Hochfläche und westlich des Sintfelds im Herzen des Bürener Landes. Die aus zwölf Ortschaften bestehende Stadt hat 22 000 Einwohner. Die erste Urkunde erwähnt Büren im Jahr 1015 als die Siedlung »Villa Buranon« am linken Almeufer. Die eigentliche Stadtgründung erfolgte 1195 durch die Edelherren Bertold und Detmar von Büren. Sie bauten auf dem Bergsporn zwischen den Flüssen Afte und Alme eine Burg, an die sich bergwärts eine Siedlung anschloss, die von Schanzen und Gräben umgeben war. Bald folgten Erweiterungen nach Süden und die Einwohnerzahl wuchs. Die Bürener lebten zumeist von Ackerbau, Viehzucht, Handel und Handwerk. Ab 1661 prägte der Jesuitenorden Bild und Geschichte der Stadt. Die Burg der Edelherren wurde abgerissen und das Jesuitenkolleg erbaut. 1803 gingen alle jesuitischen Besitztümer an den preußischen Staat über.

Touristik-Information
Königstr. 16, 33142 Büren
☎ 02951/970124
Fax 02951/970191
✉ info@bueren.de
🌐 www.bueren.de

Sehenswertes

▸ Jesuitenkirche Maria Immaculata
Die Jesuitenkirche (1773) ist eine der schönsten Barockkirchen in Westfalen. Die Innenausstattung allerdings zeigt reine Rokoko-Stilelemente. Ganz besonders sehenswert sind die zahlreichen Decken- und Wandgemälde, ein Zyklus aus dem Leben der Gottesmutter Maria (Immaculata).
Öffnungszeiten: Di–So 10–17 Uhr. Jeden 3. Sonntag um 16 Uhr findet eine öffentliche Führung statt.

▸ Jesuitenkolleg
Das Jesuitenkolleg wurde 1717–1728 erbaut. Die äußere Form des Kollegs ist die eines Hufeisens mit einem 40 x 50 m großen Innenhof. Das gesamte Gebäude besteht aus Sandstein und ist mit verschiedenen Vasen und Postamenten geschmückt.

▸ Burgruine Ringelstein
Die Burgruine mit dem geheimnisvollen Hexenkeller – hier fanden 1630/31 zahlreiche Hexenprozesse statt – ist das ehemalige Jagdhaus der Edelherren von Büren. Seit 1979 finden dort Grabungsarbeiten statt, deshalb kann die Ruine nur nach Vereinbarung besichtigt werden.

Gut Böddeken
Die reizvoll gelegene Klosteranlage wurde 836 durch den später heilig gesprochenen Paderborner Archidiakon Meinolph mit Unterstützung des Klosters Corvey zunächst als Kanonissenstift gegründet. Eine bauliche Erneuerung, der Ausbau und die Ausgestaltung des Klosters durch die Augustinermönche geschahen in einem längeren Zeitraum von 1434–1487.

Museen

Wewelsburg
Die Wewelsburg wurde 1603/09 im Stil der Weserrenaissance als Nebenresidenz der Paderborner Fürstbischöfe erbaut. Das Dreiecksschloss erhebt sich hoch über dem Almetal auf einem Bergsporn im Ortsteil Wewelsburg. In der dreiflügeligen Anlage befindet sich das Kreismuseum mit dem Historischen Museum des Hochstifts Paderborn. Hier wird die Geschichte des Paderborner Landes von den Anfängen der Besiedlung bis zur Säkularisation (1802) wieder lebendig.
Adresse: Burgwall 19, 33142 Büren-Wewelsburg, 02955/7622-0, 02955/7622-22, www.wewelsburg.de.

Schulmuseum
Das Schulmuseum Büren dokumentiert das Schulleben in der Kaiserzeit anschaulich anhand von Bildern, Möbeln und Dokumenten. Sehenswert ist das Klassenzimmer aus der

Die Burgruine Bürens, zwischen Afte und Alme auf einem Bergsporn gelegen, lädt – nach Absprache – zu einer Erkundungstour ein.

Jahrhundertwende, spannend eine Schulstunde wie zu Urgroßmutters Zeiten.
Adresse: Kleffnerstr. 4, 33142 Büren, ☏ 02951/93850.
Führungen: Bürgerbüro Büren, Jörg Altemeier, ☏ 02951/970-124, ✉ altemeier@bueren.de.

Eine der schönsten Barockkirchen Westfalens ist die Jesuitenkirche Maria Immaculata. Im Inneren sehenswerte Rokoko-Elemente.

▸ Funkmuseum

Zu den Exponaten gehören Morseanlagen, Volksempfänger und alte Radiogeräte ebenso wie erste selbstgebastelte Funkstationen, die bereits eine Kommunikation mit Funkpartnern weltweit ermöglichten. Einzelpersonen und kleinere Gruppen sind jederzeit willkommen.
Information und Führungen: Wille Nietmann, Briloner Str. 33, 33142 Büren, ☏ 02951/3610 oder Stadt Büren.

Freizeit und Natur

▸ Wandern und Rad fahren

Der Sintfeld-Höhenweg mit seinen 144 km ist einer der abwechslungsreichsten Wanderrundrouten. Er verbindet die Städte Bad Wünnenberg, Büren und Lichtenau, berührt dabei zahlreiche bedeutende überregionale Wander- und Themenwege und verläuft auf ca. 40 km über dem vom Deutschen Wanderverband prämierten Eggeweg. Erlebnisreich ist auch der Ringelsteiner Wald mit seinen 50 km markierten Wanderwegen oder der Almeradweg entlang der Alme. Neben vielen Themenrouten bietet sich den historisch Interessierten der Jesuitenpfad »Moritz von Büren« an. Informationen dazu gibt Jörg Altemeier, Königstr. 16 (Touristikgemeinschaft), 33142 Büren, ☏ 02951/970124.
Über 300 km ausgeschilderte Radrouten führen die Pedalritter durch das Bürener Land hin zu den vielen landschaftlich und kulturellen Sehenswürdigkeiten. Die fünf schönsten Routen: Alme-Radweg, Kaiser-Route, Wellness-Route Teutoburger Wald, Auen-Radweg und Paderborner Landroute.

▸ Eisenbahnromantik

Die Waldbahn Almetal e. V. bietet romantische Fahrten durch das Almetal an. Mit dem historischen Schienenbus der Baureihe VT 98 aus dem Jahr 1960 gehen die Fahrten an den Wochenenden zwischen Ostern und Oktober durch das Almetal nach Büren, Wewelsburg und Paderborn.

Bis zu 47 Personen finden in dem mit Tischen und einer Theke ausgestatteten Fahrzeug Platz.

▸ Angeln
Auf einer Strecke von sechs Kilometern haben Angler an der Alme die Möglichkeit, einen fetten Fisch an die Angel zu bekommen. Tageskarten für die Alme gibt es im Büro der Tourismusinformation Büren.

Veranstaltungen und Feste

Im Mai feiert man in Büren das Stadtfest, am letzten Septemberwochenende findet der Oktobermarkt statt, eine Mischung aus Kirmes und Trödel.

Kulinaria

In Büren gibt es zwei regional bekannte Schnäpse, den »Bürener Ratstropfen«, der als Kräuterschnaps bezeichnet werden kann, und den »Bürener Moritzbrand«, einen Obstler mit Kümmel, der dem letzten Bürener Edelherren gewidmet ist.

Delbrück

(Kreis Paderborn)

Zwischen Lippe, Ems und dem denkmalgeschützten Boker Kanal liegen die zehn Stadtteile der Stadt Delbrück (30 000 Einwohner). Zu Beginn des 13. Jh. gab es auf Anordnung der Paderborner Erzbischöfe eine erste Ansiedlung. Schon 100 Jahre später erhielten die Delbrücker besondere Privilegien, die eine eigene Verfassung und Verwaltung mit Markt-, Zoll- und Gerichtsbarkeit umfassten. Als 1802 die Herrschaft des Fürstbischofs von Paderborn ein Ende nahm, wurde Delbrück preußisch und 1815 Teil der neu gegründeten Provinz Westfalen. Bis heute hat sich das Delbrücker Land seinen dörflichen Reiz erhalten.

Delbrücker Marketinggemeinschaft e. V.
Marktstr. 6, 33129 Delbrück
☏ 05250/996-111
Fax 05250/1322

Der Delbrücker Kirchplatz aus der Vogelperspektive.

Sehenswertes

▸ Pfarrkirche St. Johannes Baptist

Wahrzeichen der Stadt ist der schiefe Kirchturm der katholischen Pfarrkirche. Der Turm besteht aus Holz, das sich mit den Jahren witterungsbedingt gebogen hat. Das heutige Mittelschiff und der Turm wurden als zweijochige, eingewölbte romanische Basilika (Stützenwechsel mit Doppelsäulchen) mit gerade geschlossenem Chor und eingezogenem Turm um 1180 erbaut.

▸ Römerlager Anreppen

Im Jahr 4 bis 5 n. Chr. legten die Römer in Delbrück-Anreppen ein befestigtes Lager an, das eine Fläche von rund 23 ha umfasste. Das Lager soll bis zu 6000 Soldaten beherbergt haben. Um allen Besuchern direkt vor Ort die Geschichte und Bedeutung des Lagers näherzubringen, wurde ein Informationsstand am Römerlager errichtet.
Adresse: Delbrück-Anreppen, Am Römerlager.

Freizeit und Natur

▸ Boker Kanal

Der Boker-Heide-Kanal gehört zu den bedeutenden technischen Kulturdenkmälern in Westfalen. Benannt wird er nach dem Dorf Boke bei Delbrück. Sein Verlauf erstreckt sich auf einer Länge von 32 km über Delbrück bis nach Cappel bei Lippstadt, wo er wieder in die Lippe zurückfließt. Bis in die Mitte der 1970er-Jahre war er als Bewässerungs- und Meliorationskanal in Betrieb. Längs des baumgesäumten Kanals laden Radwege zum Radfahren ein. An seiner wuchernden Uferböschung haben sich seltene Pflanzen- und Tierarten angesiedelt.

Malerisch schön ist die Landschaft um Delbrück.

▸ Steinhorster Becken

Dieses Naturschutzgebiet mit seinen 82 ha gilt als das größte von Menschenhand geschaffene Biotop in Nordrhein-Westfalen und bildet ein Mosaik aus Wasserflächen, Inseln und Feuchtgrünland. In diesem Gebiet finden vor allem viele Watvögel und Enten der unterschiedlichsten Arten auf ihrem oft sehr weiten Zugweg störungsfreie Bereiche, um zu rasten und Nahrung aufzunehmen. Auch fischfressende Vogelarten wie Reiher, Kormoran, Taucher und Säger finden in diesen Teichen einen reich gedeckten Tisch. Informationen bekommen Sie bei der Biologischen Station Paderborner Land, 05250/98340, www.bspb.de.

▸ Dorf Antpöhler

Das »Gastliche Dorf« Antpöhler ist eine restaurierte Bauernhofanlage mit Gebäuden aus dem 17. und 18. Jh. Hier kann sich der Besucher mit Vergangenheit, Gegenwart und Zukunft des Backgewerbes vertraut machen und leckere, selbst gemachte Produkte der bäuerlichen Umgebung genießen.
Adresse: Lippstädter Str. 88, Delbrück-Sudhagen, 05259/514167, www.das-gastliche-Dorf.de.
Öffnungszeiten: Apr. bis Okt. Di–Sa 10–18 Uhr, So 10–20 Uhr.

▸ Swin-Golf

Die Swin-Golf-Anlage im Ortsteil Westenholz ist deutschlandweit die erste Anlage dieser Art. Swin ist eine von alten bäuerlichen Spielen abgeleitete Erfindung aus Frankreich. 1982 entwickelte Laurent de Vilmarin den Swin-Schläger und den Swin-Ball für Golfspieler, die ihren Sport auch auf einem rustikalen Terrain ausüben wollten.
Adresse: Wiebeler Str. 24, Delbrück-Westenholz, www.swin-golf-meiwes.de.
Öffnungszeiten: Di–Fr 14–22 Uhr, So 10–22 Uhr.

Zum Wandern und für eine Radtour ideal ist die Landschaft rund um den Boker Kanal.

▸ Tierpark Nadermann

Über 600 Tiere aus aller Herren Länder können im Tierpark in Delbrück-Schöning bestaunt werden. Auf einem riesigen Spielplatz können sich die Kleinen austoben.
Adresse: Delbrück-Schöning, Grafhörster Weg 5, 05244/5163 oder 902930, www.tierpark-nadermann.de.
Öffnungszeiten: Ende März bis Anfang Nov. täglich 9–19 Uhr.

Detmold

(Kreis Lippe)

Die knapp 80 000 Einwohner zählende Stadt im Herzen des Teutoburger Waldes setzt sich aus 26 Ortsteilen zusammen. Detmold liegt, wie Bielefeld und Paderborn, direkt am Höhenzug des Teutoburger Waldes und wurde 783 als »Theotmalli« erstmals erwähnt. Hier soll in jenem Jahr Karl der Große in den Sachsenkriegen von den Sachsen geschlagen worden sein. Detmold entstand um 1260/65 als letzte Stadtgründung der Edelherren zur Lippe nach Lippstädter Vorbild. Um 1305 war die Siedlung bereits durch Graben, Wall und Mauer gesichert. Innerhalb der Stadtmauer verlief eine schmale Gasse, die, wie auch einige Überreste der Mauer, zum Teil noch heute erhalten ist. Um 1450 besaß Detmold erst 350 Einwohner und blieb bis in das 17. Jh. die kleinste unter den lippischen Städten. Gründe für die zögerliche Stadtentwicklung waren Plünderungen, Zerstörungen und Brände, so insbesondere durch die Soester Fehde 1447, als Detmold von kölnischen Truppen und böhmischen Hilfsvölkern erobert wurde. Danach baute man die Stadt zu einer starken Festung aus und 1468 wählte Graf Bernhard VII. zu Lippe Detmold zu seiner ständigen Residenz.

Tourist-Information
Rathaus am Markt, 32760 Detmold
05231/977327-8,
05231/977447
tourist.info@detmold.de
www.detmold.de

Die Augustastraße in Detmold – eine der vielen hübschen Gässchen, die zum Bummeln und Verweilen einladen.

Sehenswertes

▸ Historische Altstadt

Die historische Altstadt begeistert mit mehr als 415 Baudenkmälern und ist in ihrem Erscheinungsbild von drei historischen Epochen geprägt: Nach dem Stadtbrand von 1547 entstanden die bürgerlichen Fachwerkhäuser, überwiegend im Stil der Weserrenaissance; in der Biedermeierzeit (1830–1860) spätklassizistische Putzbauten und in der Gründerzeit seit etwa 1875 sehenswerte Wohn- und Geschäftsbauten. Den Mittelpunkt der Altstadt bildet der Marktplatz mit der Erlöserkirche, dem Donopbrunnen und dem klassizistischen Rathaus. Aber auch Gebäude wie die »Hofapotheke« oder das »Schmerimenhaus« und viele alte Gassen mit liebevoll gepflegten Häusern, meist im Fachwerkstil, entführen Besucher in eine spannende Vergangenheit. Während eines geführten Rundganges lassen sich die Kleinode Detmolds am besten entdecken: Vom ersten Wochenende im April bis zum

Hermannsdenkmal

Als Wahrzeichen Detmolds und der gesamten Region steht das Hermannsdenkmal auf der 356 m hohen Grotenburg im Teutoburger Wald. Die 53,5 m hohe Figur erinnert an die berühmte Varusschlacht im Jahr 9 n. Chr. In den Tagen überbordenden Nationalstolzes im ausgehenden 19. Jh. glaubte man zu wissen, dass Arminius, ein umtriebiger Cheruskerfürst, Varus, den Oberbefehlshaber der römischen Legion in Germanien, um den Teutoberg oberhalb von Detmold vernichtend schlug. Aus Arminius wurde Hermann. Der Plan, dem Cheruskerfürsten an dieser Stelle ein weithin sichtbares Denkmal zu setzen, geht auf Ernst von Bandel zurück, der lange in Hannover und Berlin als Bildhauer und Architekt tätig war. Bandel hielt unter Opferung seines gesamten Privatvermögens entgegen aller Widerstände an seinem Lebensziel fest. 1838 begannen die Bauarbeiten, aber erst 37 Jahre später, im Sommer 1875, sah er das Denkmal seiner Vollendung entgegengehen. Der Künstler wohnte in den letzten Jahren der Bauarbeiten ständig auf »seinem Berge«, in einem einfachen Blockhaus, der Bandelhütte. Inzwischen besuchen Jahr für Jahr mehr als eine Million Menschen das Monument auf der Grotenburg. Durch den umfangreichen Ausbau der gastronomischen Einrichtungen und die sorgfältige Anlage von Wanderwegen in unterschiedlicher Länge lädt das Symbol des Teutoburger Waldes auch zu längerem Verweilen ein.
🌐 www.hermannsdenkmal.de.

Wahrzeichen Detmolds ist das Denkmal des Cheruskerfürsten Hermann.

letzten Wochenende im Oktober, samstags und sonntags um 11 Uhr. Treffpunkt für alle Führungen: Eingang Schlosspark/Landestheater.

▸ Fürstliches Residenzschloss
Der Weserrenaissancebau aus dem 16. Jh. ist eine vierflügelige Anlage mit Treppenturm. Die historische Ausstattung vermittelt einen unvergesslichen Blick in die Vergangenheit. Besonders hervorzuheben sind die barocken Alexander-Gobelins sowie die Jagdwaffen- und Porzellansammlung.
Adresse: Schlossplatz, 32756 Detmold, ✆ 05231/70020, 📠 05231/700249, ✉ verwaltung@schloss-detmold.de, 🌐 www.schloss-detmold.de.
Führungen: täglich um 10, 11, 12, 14, 15, 16 und 17 Uhr (17 Uhr nicht Oktober bis März).

Museen

▸ Lippisches Landesmuseum
Im spätklassizistischen Bau direkt gegenüber dem fürstlichen Residenzschloss befndet sich das größte und älteste Museum Ostwestfalen-Lippes. Den Besucher erwarten Exponate aus den Bereichen Naturkunde, Ur- und Frühgeschichte, Landesgeschichte, Volkskunde, Kunst, Möbel und Innenarchitektur sowie Völkerkunde.
Adresse: Ameide 4, 32756 Detmold, ✆ 05231/99250, 📠 05231/992525, ✉ mail@lippisches-landesmuseum.de, 🌐 www.lippisches-landesmuseum.de.
Öffnungszeiten: Di–Fr 10–18 Uhr, Sa, So 11–18 Uhr.

▸ Westfälisches Freilichtmuseum Detmold
Auf über 100 ha zeigen mehr als 90 vollständig eingerichtete Gebäude aus allen Landschaften Westfalens den geschichtlichen Hintergrund ländlichen Bauens. Täglich wird altes Handwerk wie Mehlmahlen, Schmieden, Töpfern usw. demonstriert. Kostenlose Sonderführungen zu bestimmten Themen gibt es an vielen Wochenenden, u. a. Führungen durch die Bauerngärten.
Adresse: Krummes Haus, 32756 Detmold, ✆ 05231/7060, Info-Büro/Führungen 706004, Info-Line 706105, 📠 706106, ✉ wfm-detmold@lwl.org, 🌐 www.freilicht-museum-detmold.de.
Öffnungszeiten: Apr. bis Okt. Di–So 9–18 Uhr.

▸ Museum für russlanddeutsche Kulturgeschichte
Mit seiner Dauerausstellung präsentiert das Museum eine Reise in die Vergangenheit der deutschen Minderheit in Russland. Es können Einblicke in das häusliche Milieu, das religiöse Leben und die wirtschaftlichen Leistungen der Russlanddeutschen gewonnen werden.
Adresse: Georgstr. 24, 32756 Detmold, ✆ 05231/921626, 📠 05231/921618, ✉ museum-russlanddeutsche@t-online.de, 🌐 www.russlanddeutsche.de.
Öffnungszeiten: Di–Fr 13–17 Uhr, Sa 11–17 Uhr.

Freizeit und Natur

▸ Wandern und Rad fahren
Im Naturpark Teutoburger Wald/Eggegebirge gelegen, ist Detmold ein lohnendes Wanderziel, denn viele Wander- und Radwanderwege durchqueren die Stadt. Der Hermannsweg, der Europawanderweg E 1, regionale Wanderwege oder die Radwege Römerroute, Wellnessradroute, Bahnradroute Weser-Lippe sowie der R 1 gehören dazu. Für Radfahrer gibt es abwechslungsreiche Touren vorbei an Sehenswürdigkeiten und interessanten Aussichtspunkten.
Zu empfehlen sind die 22 km lange Tour »Passadetal« oder die 26 km lange Strecke »Leistruper Wald«.

Adlerwarte Berlebeck

Mehr als 180 große und kleine Greife zeigt die älteste und artenreichste Greifvogelwarte Europas. Angebote: Freiflugvorführungen, Panoramaterrasse, Imbiss, Spielgelände, Freigehege, Lehr- und Infozentrum, Falknertag. Majestätische Adler und elegante Falken schrauben sich über den Hängen bei Berlebeck in die Höhe, um gleich darauf über den Köpfen der kleinen und großen Zuschauer zur Landung auf der Hand des Falkners anzusetzen.

Adresse: Adlerweg, 32760 Detmold, 05231/47171, 05231/47071, info@adlerwarte-berlebeck.de, www.adlerwarte-berlebeck.de.

Öffnungszeiten: Mitte Febr. bis Mitte Nov. täglich 9.30–17.30 Uhr; Freiflüge 11 und 15 Uhr, Mai bis Sept. zusätzlich 16.30 Uhr.

Vogelpark Heiligenkirchen

Über 1200 Vögel aus aller Welt leben hier in großen Volieren und Freigehegen. Besondere Angebote: Streichelwiese mit zahmen Vögeln; Teilnahme an Fütterungen 11, 12, 15, 16 Uhr; Abenteuerspielplatz, zwei Kaffeeterrassen, Zooschulführung nach Vereinbarung.

Adresse: Ostertalstraße, 32760 Detmold, 05231/47439, 05231/46022, info@vogelpark-heiligenkirchen.de, www.vogelpark-heiligenkirchen.de.

Öffnungszeiten: 11. März bis 1. Nov. täglich 9–18 Uhr.

Ein Abenteuer-Parcours für alle großen und kleinen Kletterer.

Teuto-Kletterpark
Erlebnisparcours für Groß und Klein in verschiedenen Schwierigkeitsstufen; überraschende Kletter- und Balanceaufgaben – gesichert durch eine Welt aus Tauen, Balken und Plattformen.
Adresse: Am Hermannsdenkmal, 32760 Detmold, ☏ 05231/569452, 🌐 www.teuto-kletterpark.de.
Öffnungszeiten: 31. März bis 18. Nov. Sa, So, Feiertag 10–20 Uhr.

Angebote für Kinder
Indoor Spielanlage, Teddy's-Kinderspielwelt, Farbenweg 4, 32758 Detmold; ☏ 05231/308889.

Publikumsmagnet: Das Internationale Detmolder Straßentheater, das jedes Jahr im Mai stattfindet.

Minigolf, Blomberger Str. 65a, ☏ 05264/7248 oder 0163/1476486; täglich ab 14 Uhr, Sa ab 13 Uhr, So ab 10 Uhr geöffnet.

Freizeitbad Aqualip
Acht Becken mit kristallklarem Wasser locken zum grenzenlosen Wasserspaß, eine Unterwassermassage in der Lagune steht für Entspannungsmomente bereit. Während sich die einen von der 78 m langen Riesenrutsche ins Wasser stürzen, genießen die Erholungsuchenden das 34 °C warme Solebecken. Mit großzügiger Liegewiese.
Adresse: Georg-Weeth-Str. 19, 32754 Detmold, ☏ 05231/607-250, 🌐 www.aqualip.de.
Öffnungszeiten: Mo–Fr 6.30–8 Uhr, 11–21.30 Uhr; Sa, So 9–21.30 Uhr.

Veranstaltungen und Feste

Detmolder Straßentheater
An drei Tagen im Mai verwandelt sich Detmolds Innenstadt in eine fantasievolle Bühne. Das Internationale Straßentheaterfestival ist inzwischen das größte und international renommierteste deutsche Wettbewerbsfestival, bei dem die begehrten Preise für die besten Straßentheater-Produktionen vergeben werden.

Kunstmarkt
Der Kunstmarkt Detmold e. V. hat es sich zur Aufgabe gemacht, junge Künstler zu fördern. Jedes Jahr veranstaltet er den weithin bekannten Kunstmarkt, der am zweiten Wochenende im September beginnt. Er besteht aus einer Kunstausstellung in der Stadthalle, einem großen Kunsthandwerkermarkt mit musikalischem Rahmenprogramm und einem feinen gastronomischen Angebot im angrenzenden Schlosspark.

Winzerfest
Am Lippischen Landesmuseum auf der Ameide findet alljährlich im September das Winzerfest statt. Deutsche Winzer aus verschiedenen Anbaugebieten präsentieren ihre Weine, mit Live-Musikprogramm.

Kulinaria

Die bekannteste Spezialität in Detmold ist der Lippische Pickert, eine Art Kartoffelreibekuchen aus Mehl, geriebenen Kartoffeln, Eiern, Rosinen, Hefe, Milch und Wasser. Er wird traditionell mit Rübenkraut oder Lippischer Leberwurst, einer weiteren regionalen Spezialität, gegessen.

Dörentrup

(Kreis Lippe)

Im lippischen Bergland, zwischen der Weser und dem Teutoburger Wald, liegt die 8500 Seelen zählende Gemeinde, die aus fünf Ortsteilen besteht und auf eine über 700-jährige Geschichte zurückblickt. Die reizvolle Erholungslandschaft ist durch Buchenhochwälder, kleine Bäche und Täler, Bergkegel bis zu 400 m und zahlreiche Wanderwege mit Ruhebänken gegennzeichnet.

Haus des Gastes
Försterweg 9, 32694 Dörentrup
05265/8140
05265/6259
kontakt@dorf-der-tiere.de
www.dorf-der-tiere.de

Sehenswertes

Wallanlage Alt-Sternberg

Die Wallanlage Alt-Sternberg im Norden der Gemeinde soll zwischen dem 9. und 11. Jh. n. Chr. angelegt worden sein und wurde ungefähr bis 1250 bewohnt. Eindrucksvoll sind die steilen Wände, die der feste Keupermergelboden bewahrt hat.

Adresse: Dörentrup-Schweltrup (Mühlingsberg).

Schloss Wendlingshausen

Schloss Wendlingshausen zählt mit seiner einzigartigen Architektur aus dem 17. Jh. zu den bedeutendsten Bauten der Weserrenaissance. Die Fassaden des zweigeschossigen Baus sind schlicht, doch die Verzierungen am Südgiebel der drei Zwerchhäuser typisch für diesen Architekturstil. Das Gebäude ist von einem malerischen Schlosspark umgeben. Durch seine außergewöhnlich vielfältige und seltene Botanik und mit seiner einladenden Größe von über drei Hektar zählt der Park zu den ökologischen Einzigartigkeiten der Region. Vor der Kulisse der geschichtsträchtigen Mauern finden regelmäßig diverse Veranstaltungen und Schlossfeste statt.

Adresse: Joachim und Elisabeth von Reden, 32694 Dörentrup, 05265/8909, 05265/8298, info@schloss-wendlingshause.de, www.schloss-wendlingshausen.de.

Freizeit und Natur

Dorf der Tiere

In vielen Dörfern sehen Sie keine Haustiere mehr. Anders in Dörentrup! Überall weiden Pferde und Kühe auf saftigen Wiesen, die Aufzucht von Fohlen und Kälbchen können Sie hautnah miterleben. Durch die Initiative des Vereins »Tiere im Dorf« werden auf vielen Bauernhöfen wieder alte Haustierrassen gehalten. Beobachten Sie Lippegänse, Skudden, Rhönschafe, Wollschweine, Thüringer Waldziegen oder alte Hühnerrassen auf den Höfen und entlang speziell ausgewiesener Wanderpfade. Besucher können sich auch in einem Planwagen (Infos unter 05261/87395) kutschieren lassen. Ein Infozentrum entsteht derzeit im Kurpark des Ortsteils Schwelentrup.

Wandern

Auf zahlreichen Wanderwegen lässt sich die Umgebung von Dörentrup erkunden. Insgesamt 15 Routen stehen zur Auswahl.

Enger

(Kreis Herford)

Zwischen Teutoburger Wald und Wiehengebirge, im Ravensberger Hügelland, liegt die Stadt Enger. In den neun Ortsteilen der Widukindstadt leben heute knapp 21 000 Menschen. Enger wurde erstmals in einer Schenkungsurkunde Otto des Großen im Jahre 948 als »Angeri« (Ort an Wiesen) erwähnt. Der sächsische Adlige Widukind hatte zwischen 777 und 785 im Kampf gegen die Eingliederung in das fränkische Reich und die damit verbundene Christianisierung Karl dem Großen erbitterten Widerstand geleistet. Am Ende jedoch gab er auf und ließ sich taufen. Die Gebeine des streitbaren Adligen ruhen in der Stiftskirche.

Stadt Enger
Bahnhofstr. 44, 32130 Enger
05224/980057
05224/980083
www.enger.de

Sehenswertes

Stiftskirche St. Dionysos

In den Jahren 1970 bis 1973 wurde die historische Stiftskirche, deren älteste Teile aus dem 9. Jh. stammen, grundlegend renoviert. Bei den Grabungen im Chor fand man an zentraler Stelle drei Gräber, bei denen es sich um miteinander verwandte Männer, wahrscheinlich eine Stifterfamilie, handelte. Sie wurden etwa um das Jahr 800 beigesetzt, sodass es sich bei dem zentralen Grab in der Mitte mit großer Sicherheit um die Grablege Widukinds handelt. Die wertvolle Reliefplatte des Sarkophags zeigt seine Gestalt fast in Lebensgröße. Der Turm wurde kurioserweise neben der Kirche errichtet. Der Sage nach führt diese Eigentümlichkeit auf einen von Widukind angeregten Wettstreit zurück. Er wollte dort begraben werden, wo man in kürzester Zeit ein Gotteshaus baute. Die Kirche in Enger konnte vor denen in Bünde, Melle und Rehme fertiggestellt werden, jedoch zunächst ohne Turm, den man einfach später baute. Als besondere Kostbarkeit der Kirche gilt der Schnitzaltar des

Die Stiftskirche St. Dionysos in Enger birgt aller Wahrscheinlichkeit nach die Grablege Widukinds.

Als besondere Kostbarkeit der Kirche gilt der Schnitzaltar des Meisters Hinrick Stavoer aus dem Jahre 1525.

Meisters Hinrick Stavoer aus dem Jahre 1525: In einem großen und zwölf kleinen Feldern wird die Leidensgeschichte Christi in überaus plastischen Bildern wiedergegeben.
Öffnungszeiten: Di–Fr, So 9.30–17 Uhr, Sa 9.30–12.

▸ Fachwerkhäuser
Die alten Fachwerkhäuser im »Kirchenrundling« dokumentieren überzeugend die einstige Baukunst. Besonders auffällig ist das alte Fachwerkhaus am Kirchplatz Nr. 2. Es wurde im Jahre 1741 erbaut. 1969/70 ließ die heutige Eigentümerin das unter Denkmalschutz stehende Gebäude abbrechen und nach den alten Plänen neu erstellen.

Der Sattelmeierhof Nordhof beherbergt eine Baumschule und einen Ideengarten.

▸ Liesberg-Mühle
Das Wahrzeichen der Stadt ließ der preußische König Friedrich der Große 1756 als »Zwangsmühle« erbauen, um die Bevölkerung des umliegenden Landes mit Mehl zu versorgen. Die unter Denkmalschutz stehende, 118 m hohe Windmühle enthält noch funktionsfähige Malwerke mit großen, hölzernen Zahnrädern. Zusammen mit dem Motorhaus und den Mühlenkotten ist das Ensemble ein beliebtes Ausflugsziel.

▸ Sattelmeierhöfe
In Enger und in der näheren Umgebung gibt es heute noch fünf Sattelmeierhöfe. Woher der Name stammt, ist nicht eindeutig belegt. Möglicherweise rührt er daher, dass die Besitzer der Höfe dem Landesherrn für Botendienste und im Kriegsfall ein gesatteltes

Pferd bereitstellen mussten. Auch hatten die Sattelmeier die Pflicht, dem Landesherrn bei seinen Besuchen in Ravensberg Geleit

Die Liesbergmühle – ein weiteres Wahrzeichen der Stadt Enger.

zu geben. Die Sage hingegen beschreibt die Sattelmeier als Widukinds tapfere Mitstreiter im Kampf gegen die Franken. Beispielhaft seien hier die Sattelmeierhöfe Ebmeier und Meier, Johann im Ortsteil Oldinghausen genannt. Für den Ortsteil Westerenger stehen Ringsthof und Baringhof in gleicher Weise; im Stadtkern wird die Sattelmeiertradition auf dem Nordhof gepflegt. Auf dem Hof befindet sich heute eine Baumschule mit einem Ideengarten.

Museen

▸ ☺ Widukind-Museum

Das Museum zeigt die spannende und wechselvolle Geschichte des Mythos Widukind. Ein Audio-Führungssystem wird als integrativer Bestandteil der Ausstellungsinszenierungen eingesetzt. Dabei begleiten die Geräte die Besucher auf ihrem frei gewählten Weg. Für die kleinen Interessenten gibt es kindgerechte Führungen und jede Menge spannende Angebote, die Welt Widukinds zu entdecken, z. B. Kindergeburtstage, Mal-dir-einen-eigenen-Widukind oder Museumsdetektiv spielen.

Adresse: Kirchplatz 10, 32130 Enger, ☏ 05224/910995, 📠 05224/910696, widukind-museum-enger.de.

Öffnungszeiten: Di–Sa 15–18 Uhr, So 11–18 Uhr.

▸ Gerbereimuseum

Große Holzfässer, gewaltige Maschinen und weiches Leder: Im Gerbereimuseum Enger erfahren Besucher alles über die Lederherstellung. Es ist das einzige Gerbereimuseum in Deutschland, das sich noch am ursprünglichen Produktionsort befindet und die historische Einrichtung zeigt. Die Gerberei Sasse wurde 1740 gegründet und zählt zu den ältesten Handwerksbetrieben in Enger.

Adresse: Hasenpatt 4, 32130 Enger, ☏ 05224/977970, 📠 05224/9385994, 🌐 www.gerberei-museum.de.

Öffnungszeiten: Sa 15–18 Uhr, So 11–18 Uhr.

Freizeit und Natur

▸ Wandern und Rad fahren

Für jeden Geschmack ist etwas dabei: Auf gekennzeichneten Wander- und Rundwanderwegen lässt sich die Stadt und die Ravensberger Landschaft erschließen. Für Radfahrer stehen sechs Routen zur Verfügung. Zu empfehlen ist der sagenumwobene »Hasenpatt« zwischen Enger und Schildesche sowie eine Tour auf der »KulTour Enger«, einer ausgeschilderten Rad- und Wanderroute. Empfehlenswert ist auch die Bahnradroute Weser-Lippe, die im Bereich der Stadt Enger entlang der alten Trassen der Herforder Kleinbahnen und der Bielefelder

Herzog Widukind

Im Jahre 777 schien eigentlich alles entschieden zu sein, König Karl war höchst zufrieden: In der Stadt Paderborn hielt er einen allgemeinen Reichstag ab, an dem fränkische und sächsische Adlige gleichermaßen teilnahmen. Es wäre jetzt nur noch eine Frage der Zeit gewesen, bis die Integration der »Barbaren« im Frankenreich vollendet gewesen wäre. Doch es kam alles anders, denn einer fehlte: Widukind, Herzog der Sachsen. Er war mit seinen Vertrauten zu den Dänen geflohen, um dort den weiteren Widerstand zu planen. Er kämpfte für die Freiheit der Sachsen, während sich die meisten Sachsen im Jahre 777 Karl dem Großen unterwarfen. Im folgenden Jahr kehrte er zurück und übernahm die Führung in dem erbitterten Kampf gegen den Frankenkönig. Nach einem verheerenden Einfall im Rheinland vernichtete er 782 eine fränkische Abteilung am Süntelgebirge. Karls Revanche war die »Massenhinrichtung« in Verden an der Aller, die ihm den Beinamen »Sachsenschlächter« einbringen sollte. Eine allgemeine Erhebung, der sich auch die Ostfriesen anschlossen, war die Folge. Daraufhin rückte der Frankenkönig an der Spitze eines starken Heeres 784 in Sachsen ein. Widukind musste sich der Übermacht beugen und ließ sich zu Weihnachten 785 in Attigny an der Aisne taufen; Karl selbst war sein Pate. Über das weitere Schicksal Widukinds gibt es keine geschichtlichen Quellen. Der Sage nach fiel er 807 im Kampf gegen die Schwaben. Seine Gebeine ruhen in der Pfarrkirche zu Enger.

Der Grabungsraum im Widukind-Museum in Engern.

Kleinbahnen verläuft. Auf diesem Teilstück haben Mitglieder des Vereins Kleinbahnmuseum Enger e.V. Nachbildungen aus der Kleinbahnzeit aufgestellt. Lassen Sie sich zurückversetzen in die Zeit, als Dampfloks durchs Land schnaubten und die »Elektrische« leise dahinzog und entdecken Sie Kleinbahngeschichte.

Golf

Der mit insgesamt 84 Bunkern versehene Platz des Golfclubs Ravensberger Land erfordert von Anfang an volle Konzentration. Von den höher gelegenen Punkten des 65 ha großen Areals hat man einen herrlichen Ausblick.

Adresse: Golfclub Ravenberger Land e. V., Südstr. 96, 32130 Enger-Pödinghausen, 05224/79751, www.golfclub-ravensberger-land.de.

Eines der Glanzlichter im Gerbereimuseum ist der Gerbbottich.

Veranstaltungen und Feste

Konzerte

Konzerte in der Stiftskirche sind überregional bekannt und beliebt. Informationen erteilt der Kultur- und Verkehrsverein Enger, Rübenkamp 2, 32130 Enger, 05224/4148, c.ogawa@web.de.

Timpkenfest

Eine alte Widukindtradition ist das am 6. Januar stattfindende Timpkenfest, auch Widukindspende genannt. Es wird zur Erinnerung an den Tod des Sachsenherzogs begangen. An diesem Tage strömen vor allem Kinder in die Kirche, denn nach dem Gottesdienst erhalten sie an allen Ausgängen der Stiftskirche Timpken. Timpken (= Zipfelchen) sind geviertelte, aus hellem Mehl gebackene, süße Semmeln. Die »Witekindspende«, das wohl älteste Kinderfest in Deutschland, reicht in seinem Ursprung wahrscheinlich bis ins 12. Jh. zurück und verknüpft liturgisches Totengedenken mit karitativen Leistungen.

Kirschblütenfest

Das Fest leitet alljährlich am letzten Wochenende im April die Stadtfestsaison im Kreis Herford ein. Unter dem Motto »Von Bürgern – für Bürger – mit Bürgern« treffen sich Einheimische und Gäste, Alt und Jung zum geselligen Miteinander.

Espelkamp

(Kreis Minden-Lübbecke)

Rund 27 000 Menschen leben in der Gemeinde Espelkamp, die im Mindener Land inmitten einer reizvollen Wald- und Moorlandschaft liegt. Bereits im Jahre 1229 erstmalig urkundlich als »Aspelekampe« erwähnt, blieb Espelkamp über Jahrhunderte eine kleine und unbedeutende Siedlung. Erst nach Kriegsende 1945 wuchs Espelkamp zur Stadt heran.

Stadt Espelkamp
Wilhelm-Kern-Platz 1, 32339 Espelkamp
05772/562-0
05770/8011
info@espelkamp.de
www.espelkamp.de

Sehenswertes

Evangelische Thomaskirche
Das markante Wahrzeichen der Stadt wurde in den Jahren 1960 bis 1963 nach einem Entwurf des Architekten Gerhard Langmaacks erbaut. Sehenswert ist das Vertreibungsfenster von Emil Grassert, Lübeck; es soll die Erinnerung an die Flucht und Vertreibung der ersten Espelkamper Siedler wachhalten. Auch die Bronzetür mit den sechs Bildplatten zum Alten Testament und der dreieckige Taufstein gehören zu den Besonderheiten der jungen Kirche.

MUNA-Halle
Historisch Interessierte sollten es nicht versäumen, die ehemalige MUNA-Halle in der Kantstraße 30 anzusehen. Die 1938 von der Deutschen Wehrmacht errichtete Munitionsanstalt bestand ursprünglich aus 168 Gebäuden. Die völlige Sprengung konnte im Mai 1946 verhindert werden.

Der Schmelztiegel
Im Zentrum der Stadt, am Wilhelm-Kern-Platz, steht das Symbol der kulturellen Vielfalt Espelkamps. Der Aachener Künstler Bonifatius Stirnberg versammelt im Kurenkahn Figuren aus der Märchen- und Sagenwelt. Sie stehen stellvertretend für die verschiedenen Herkunftsgebiete der Einwohner Espelkamps.

Ellerburger Mühle
Die Wassermühle von 1781 in Fiestel war ursprünglich Erbpachtmühle des Gutes Ellerburg und verfügt über zwei Mahlgänge sowie einen Graupengang. Sie wurde als Ölmühle und Zichorienmühle genutzt, ab 1905 war sie auch Sägewerk. Zeitweise setzte man die Wasserkraft für den Betrieb eines kleinen E-Werks ein, dessen Einrichtung noch vorhanden ist.
Adresse: Estringer Str. 78, Espelkamp-Fies.
Kontakt: Anna Wessler, 05743/920613.

Museen

Museum Gauselmann
Den interessierten Besucher erwartet eine einzigartige Sammlung von Exponaten, welche die Vielfalt und die einzelnen Entwicklungsstufen der verschiedenen Automatengruppen dokumentiert.
Adresse: Deutsches Automaten-Museum, Merkur-Allee 1–15, 32339 Espelkamp. Besichtigung nach Voranmeldung 05772/49486.

Alter Laden
Hier wurde in liebevoller Kleinarbeit wieder aufgebaut, was früher zum ländlichen Alltag dazugehörte: ein Dorfladen. Eigentlich sind es zwei Läden, die in dem Museumsraum ihren Platz fanden: die Kolonialwarenhandlung Carl Horstmann und das Manufakturwarengeschäft Wilhelm Brune.

Adresse: Heideweg 6, 32339 Espelkamp-Fabbenstedt. Besichtigung nach Voranmeldung (✆ 05743/8589).

▸ Brammeyersche Scheune
In der Brammeyerschen Scheune im Ortsteil Frotheim werden alte landwirtschaftliche und handwerkliche Geräte gezeigt. Besichtigung nach Voranmeldung (✆ 05743/2293).

Freizeit und Natur

▸ Naherholungsgebiet Große Aue
Im Nordwestteil der Stadt befindet sich, herrlich in alte Wälder eingebettet, eine Seenlandschaft mit dem Naturschutzgebiet »Aue-See«, dem Erholungssee »Am Kleinhügel« sowie dem Biotop »Fahrensbruch«.

▸ Moorlandschaft
Das Freimoor im Ortsteil Frotheim ist ein durch den Bau des Mittellandkanals vom Großen Torfmoor abgetrenntes Moorgebiet, das nur noch in Teilbereichen vernässt ist. Die feuchte, extensiv genutzte Fläche weist eine seltene Flora auf und ist ein wertvoller Brutplatz für Vögel. Beim Alten Moor handelt es sich um eines der größten noch intakten Niedermoore der Region.

▸ Wandern und Rad fahren
Das Espelkamper Radwegenetz, das an die überregionale Bahnradroute Weser-Lippe angebunden ist, lädt zu naturnahem Radwandern ein. Da kaum Steigungen zu bewältigen sind, kommen Radtouristen jeden Alters auf ihre Kosten.

▸ Freizeitbad Atoll
Ein großer Anziehungspunkt in der Innenstadt ist das Freizeitbad Atoll mit Solebad, Spaßbecken, Großrutschbahn und Saunawelt. In der Sommersaison steht Badefreunden auch das schön gelegene Waldfreibad direkt nebenan zur Verfügung.
Adresse: Trakehner Str., ✆ 05772/5758.
Öffnungszeiten: Di, Do 7–22 Uhr, Mi, Fr 14–22 Uhr, Sa 9–22 Uhr, So 9–20 Uhr.

▸ Kutsch- und Planwagenfahrten
Mit zwei PS geht es auf die Mühlenstraße zu den Windmühlen Eickhorst, Südhemmern und Eilhausen. Dazu gehören Mühlenbesichtigung und Kaffeetrinken in einer Mühlenanlage mit Backprodukten aus dem westfälischen Backhaus.
Adresse: H. Lömker, Im Dorfe 1, 32359 Espelkamp-Isenstedt, ✆ 05743/8568.

Baden im Naherholungsgebiet »Große Aue«.

Veranstaltungen und Feste

Die »Nacht der Komödianten«, die weit über Espelskamps Grenzen hinaus bekannt ist, findet alljährlich Anfang Oktober statt. Das Stadtfest wird an jedem 4. Wochenende im September gefeiert.

Extertal

(Kreis Lippe)

Zwischen Weser und Teutoburger Wald liegt das Extertal, benannt nach dem Nebenfluss Exter, der im nordlippischen Bergland, in Alverdissen, entspringt und in Rinteln in die Weser mündet. Die Zeit der Gründung der einzelnen Ortsteile der Gemeinde Extertal (ca. 13 000 Einwohner) ist nicht genau bekannt. Aus alten Torbögen von Bauerngehöften geht hervor, dass die Dörfer im 14. und 16. Jh. gegründet wurden.

Gemeinde Extertal, Mittelstr. 33
32699 Extertal-Bösingfeld
05262/402-116
www.tourismus-extertal.de

Sehenswertes

Musikburg Sternberg
Der Sternberg, auf dem die gleichnamige Burg liegt, ist 315 m hoch und erlaubt einen Blick über das Lipperland bis zum Teutoburger Wald. Erbaut wurde die Burg wahrscheinlich um 1240. In den letzten Tagen des Zweiten Weltkriegs sollte der Soldat Peter Harlan die Burg sprengen, doch er führte den Befehl nicht aus, sondern pachtete die Burg, um seinen Instrumentenbau wieder aufzunehmen. Die große Sammlung der Burg, die 1999 in den Besitz des Landesverbandes überging, hält einiges an Kuriosem bereit: Neben etablierten Instrumenten (mit Schwerpunkt auf Blas- und Streichinstrumente) gibt es viele verschiedene Attraktionen wie die »Nonnentrompete«, die »Eissäge«, »die Stimme der Schwiegermutter« oder die »stumme Geige«. In der Klangvorführung kann der Zuhörer einfache und komplizierte Dinge über die Musik und ihre Instrumente erleben.
Adresse: Musikburg Sternberg e. V., Sternberger Str. 52, 32699 Extertal, 05262/56180, info@musikburg.de, www.musikburg-sternberg.de.

Freizeit und Natur

Wandern
Beim Wandern erlebt man die abwechslungsreiche Landschaft hautnah. Die herrlichen Ausblicke von der Hohen Asch (371 m), von Burg Sternberg oder von Goldbeck hinunter ins Tal – sie bleiben lange in Erinnerung. Der Wechsel zwischen üppiger Natur und lippischer Kulturlandschaft macht den Reiz aus. Rund 250 km markierte Wanderwege bieten für jeden etwas. Wer sich die 54 km des Extertalpfades erwandert, wird sogar mit einer hübschen Anstecknadel belohnt.

Draisinenfahrten
Leicht und leise rollt die Draisine auf den Schienen der historischen Extertalbahn dahin. Angetrieben durch die Kraft, die sie über Kurbel, Kette und Antriebsrad auf die Schienen bringt. Auskunft und Buchung unter: Pro Rinteln e. V. 05751/403988 oder über Buchungs-Hotline 0800/8388885. www.draisinen.de. Voranmeldung ist erforderlich.

Historische Extertalbahn
Seit 1927 fährt die Extertalbahn zwischen Rinteln und Barntrup an dem Flüsschen Exter entlang. Bis 1969 transportierte eine

Elektrolok die Bewohner des Tales zur Arbeit, zum Einkaufen oder zum beliebten Ausflugsziel Bögerhof. An einigen Wochenenden im Jahr haben Interessierte noch einmal die Möglichkeit, die besondere Atmosphäre der fauchenden Dampflok zu genießen. Auskunft und Reservierungen bei der Landeseisenbahn Lippe e. V. unter ✆ 05236/888570 (17–19 Uhr) oder unter 🌐 www.Extertal.de.

▸ Wintersport
Linderhofe, ein Ortsteil von Extertal, ist für seine Wintersportangebote bekannt. Gute Schneeverhältnisse vorausgesetzt, bietet sich hier Wintervergnügen pur. Mit vier Liften kommt jeder gut auf den Berg. Ein Abfahrtshang ist mit Flutlicht ausgestattet. Auch Langläufer kommen auf ihre Kosten: Es gibt eine ausgeschilderte Loipe, die bei entsprechender Schneelage gespurt wird. Auskunft unter 05262/9440.

Gütersloh

(Kreis Gütersloh)

Gütersloh mit seinen 96 000 Einwohnern liegt in der Emssandebene südwestlich des Teutoburger Waldes und damit am nordöstlichen Rand der Westfälischen Bucht. Eines der ältesten Zeugnisse menschlicher Besiedlung in Gütersloh ist der »Pavenstädter Riesenbecher«, der auf das 17. Jh. v. Chr. datiert wird. Der Becher aus gelbem, brüchig-mürbem Ton ist 40 cm hoch, fasst zwölf Liter und steht heute im Museum für Archäologie in Münster. Die Ortschaft Gütersloh wurde erstmals im Jahr 1184 in einer Urkunde des Bischofs von Osnabrück erwähnt, die heute zum Stadtgebiet gehörende Gemeinde Isselhorst bereits im Jahr 1050.

ServiceCenter der Gütersloh Marketing GmbH, Berliner Str. 63, 33330 Gütersloh
✆ 05241/21136-0,
📠 05241/21136-49
✉ info@guetersloh-marketing.de
🌐 www.guetersloh.de

Sehenswertes

▸ Alter Kirchplatz
Heute ist der idyllische Häuserkreis mit der Apostelkirche in der Mitte das romantische Herz der Innenstadt. 1201 wird Gütersloh erstmals als eigenes Kirchspiel erwähnt, um das Gotteshaus herum gruppierten sich zunächst Speicher, die später durch Wohnhäuser ersetzt wurden. Die ältesten stammen aus dem 17. Jh. Eines der auffälligsten Häuser auf dem Alten Kirchplatz (Nr. 2) ist das Veerhoffhaus, 1647–1649 von einem Mann namens Lepper errichtet, der es zunächst als »Spieker« – als Getreidespeicher – nutzte. Seinen Namen bekam das Haus von Ludwig Arnold Veerhoff, einem Musikalienhändler. Heute hat hier der Kunstverein des Kreises Gütersloh seinen Sitz und Ausstellungsort – moderne Kunst im spannungsreichen Dialog mit altem Fach- und Mauerwerk. ✆ 05241/13466.

▸ Alte Heuwaage
Die gastronomische Tradition dieses denkmalgeschützten Hauses (Hinter den Ulmen) reicht bis in die Mitte des 19. Jh., als es 1848 den Wagenmacher Strothotte, bis dahin Besitzer, nach Amerika zog, und Heinrich Angenete seinen Gastbetrieb einrichtete.

▸ Weberhaus
Über 350 Jahre alt ist das Weberhaus an der Münsterstraße/Ecke Daltropstraße. Es ist der letzte Vertreter einer bis Anfang der 1960er-Jahre fast geschlossenen Fachwerk-

bebauung. Umso mehr sticht es heute ins Auge. Kurz nach dem Dreißigjährigen Krieg wurde das Ackerbürgerhaus als Vierständerhaus erbaut. In dem liebevoll restaurierten Ensemble, das von einem Torbogen mit schmalem Durchgang verbunden wird, herrscht stets reges Treiben.

Museen

▸ Stadtmuseum

Wer das historische Profil Güterslohs entdecken möchte, kommt am Stadtmuseum nicht vorbei. Hier gibt es einen umfassenden Einblick in die Industrie-, Schul- und Medizingeschichte.

Adresse: Kökerstr. 7–11a, 33330 Gütersloh, 05241/26685, 05241/29072, www.heimatmuseum-guetersloh.de.

Öffnungszeiten: Di–Fr 14–17 Uhr, Sa, So. 11–17 Uhr. Führungen sind auch außerhalb der regulären Öffnungszeiten möglich. Informationen und Anmeldung unter 05241/26685.

▸ Mielemuseum

Die Miele der 1920er-Jahre war aus Holz, besaß Kurbel und eine Wringe und hatte ansonsten wenig mit den heutigen Hightech-Geräten gemein, die in Gütersloh hergestellt werden. Im Mielemuseum stehen sie in Reih und Glied, eine Genealogie der Hausgeräte-Technik, denn nicht nur Waschmaschinen wurden von hier aus in die Welt exportiert. Das Hausmuseum der Firma Miele zeigt auch Milchzentrifugen, Fahrräder, Motorräder, Motorfahrräder und sogar ein Auto, das einst hier hergestellt wurde.

Die Apostelkirche und der alte Kirchplatz von Gütersloh aus der Vogelperspektive.

Adresse: Carl-Miele-Str., 33330 Gütersloh, 05241/890, www.miele-presse.de.
Öffnungszeiten: Mo–Do 8–16 Uhr, Fr 8–14 Uhr.

Freizeit und Natur

Stadtpark
Eine Oase der Erholung ist der Gütersloher Stadtpark, unmittelbar am Rande der Innenstadt. Anfang des 20. Jh. angelegt, zählt er mit seinem herrlichen Botanischen Garten heute zu den schönsten Anlagen in Ostwestfalen. Die Gehölzränder, der Hecken- und Farbgarten, der Steingarten und der Mediterrane Garten sowie Beete mit Prachtstauden und die Frühjahrsblumenwiese zeigen die unterschiedlichen Lebensbereiche des »Botanischen«, wie ihn die Gütersloher liebevoll nennen. Das Palmenhaus-Café mittendrin wurde nach dem Vorbild des 1938 erbauten und in den 1970er-Jahren abgerissenen Palmenhauses errichtet. Von der Terrasse aus hat man einen herrlichen Blick in die Anlage.

Mohns Park
Grünes Idyll im Norden der Innenstadt ist Mohns Park. Er bietet Basketball, Grillplatz, Schach und vieles mehr zum Nulltarif. Heute ist die idyllische Arena-Bühne mit knapp 1100 Plätzen der Veranstaltungsmittelpunkt des Parks und das »Wohnzimmer« für die Veranstaltungsreihe »Gütersloher Sommer«.

Das Palmenhaus im »Botanischen« von Gütersloh lädt zur Einkehr ein.

Museumsbahn
Am Postdamm, einer historischen Wegeverbindung zwischen Gütersloh und dem Stadtteil Isselhorst, liegt die Anlage, die von Bahnenthusiasten ehrenamtlich betrieben

wird. In den Sommermonaten dreht die Bahn gemütlich schnaufend ihre Runden über Feld und Wiese, im Schlepptau offene und Salonwagen. Sieben Dampf- und vier Dieselloks, einige Personen- und Güterwagen befahren die einen Kilometer lange Demonstrationsstrecke. Neben dem musealen Fahrbetrieb findet der Interessierte eine Sammlung typischer Gegenstände früherer Kleinbahnbetriebe. Das familienfreundliche Ausflugsziel ist an allen Sonn- und Feiertagen zwischen Mai und Oktober geöffnet. Im Dezember finden außerdem Nikolausfahrten statt.
Adresse: Dampfkleinbahn Mühlenstroth, Postdamm 166, 05241/68466, www.dampfkleinbahn.de.

Golf
Direkt an der Stadtgrenze liegt der Golfplatz des Westfälischen Golfclubs Gütersloh. Wer Mitglied in einem anderen Club ist, kann hier sein Handicap verbessern oder einfach nur ein paar Abschläge auf der Driving Range üben. Der 18-Loch-Platz fügt sich wunderbar harmonisch in die umgebende Landschaft ein.
Adresse: Westfälischer Golf-Club Gütersloh e.V., Gütersloher Str. 127, 33397 Rietberg, 05244/2340, golf-club@golf-gt.de.

Wandern und Rad fahren
Fuhrmannsweg, Eichenweg und Dalkepromenade: Gut zu Fuß ist man in Gütersloh immer richtig. Die Wanderwege führen teilweise direkt durch die Innenstadt, was der Urlauber aber kaum spürt, denn umgeben von Parks und Grünanlagen, entlang der Dalke oder auf naturbelassenen Wiesen- und Waldwegen, kommt man kaum auf den Gedanken, dass die City nur ein paar Gehminuten entfernt ist. 18 markierte Radrundwanderwege mit unterschiedlichen Streckenlängen und Schwierigkeitsgraden gilt es ebenfalls zu entdecken. Gleich vier überregionale Radwanderwege berühren die Stadt, der R 1, der R 20, die Weserrenaissance-Route mit ihren sehenswerten kunstgeschichtlichen Stationen und die Wellness-Radroute, die in Etappen zwischen 25 und 105 km quer durch den Teutoburger Wald und Ostwestfalen-Lippe verläuft.

Schinkenspezialitäten aus aller Welt findet der Besucher auf dem Gütersloher Schinkenmarkt.

Veranstaltungen und Feste

Kulturzentrum Weberei
Die Kulturveranstaltungen der Weberei in der Bogenstraße 1–8 sind überregional bekannt und reichen von Konzert- und Theateraufführungen bis zu Kabarett und Lesungen.

Gütersloher Sommer
Konzerte auf der Freilichtbühne in Mohns Park.

Schinkenmarkt
Der Markt mit Schinkenspezialitäten aus aller Welt und einem umfangreichen Unterhaltungsprogramm findet Mitte Oktober statt.

ist die aktive Beteiligung von Vereinen und Schulen.

Harsewinkel

(Kreis Gütersloh)

An der Schnittstelle zwischen Münsterland und Ostwestfalen gelegen, sind die drei Ortsteile Harsewinkel, Marienfeld und Greffen eingebettet in die weite grüne Parklandschaft der münsterländischen Bucht. 24 000 Menschen leben hier – im Tor zum Münsterland. Zur Vielgestaltigkeit der Stadt trägt aber ihre Geschichte bei: Ob durch das mittelalterliche Klosterleben in Marienfeld, die von dem Landmaschinenhersteller Claas in Harsewinkel beförderte Industrialisierung zu Beginn des 20. Jh. oder den Zuzug von Flüchtlingen und Vertriebenen nach dem Zweiten Weltkrieg: Die Wechselfälle der Geschichte haben in der Emsstadt ihre Spuren hinterlassen.

Stadt Harsewinkel
Münsterstr. 14, 33428 Harsewinkel
05247/935-121
www.harsewinkel.de

Sehenswertes

Spökenkieker
Vor dem Rathaus steht seit 1962 das Denkmal des Spökenkiekers. Die Plastik von Hubert Hartmann zeigt den Schäfer und Tagelöhner Anton Westermann, der von 1830 bis 1904 in Harsewinkel lebte und dort als »alter Stümpel« bekannt ist. Der »Stümpel« soll das sogenannte zweite Gesicht besessen haben: die Fähigkeit, in die Zukunft zu schauen. Anton Westermann sagte nicht nur lokale Katastrophen wie den Brand eines Hauses oder den Tod eines Kindes, sondern auch den Bau der Eisenbahn voraus.

Kloster Marienfeld
Das 1185 gegründete Zisterzienserkloster war bis zu seiner Auflösung 1803 eines der bedeutendsten Klöster Westfalens. Herausragendes Zeugnis ist die spätromanische Abteikirche. Zusammen mit dem barocken Abteigebäude, das im Westen an die Kirche grenzt, prägt die Klosterkirche den alten Wirtschaftshof des früheren Klosters. Der hoch aufragende Innenraum ist vor allem durch die barocke Ausstattung mit Hochaltar, Kanzel und dem die gesamte Westwand einnehmenden Orgelprospekt geprägt. Hinzu kommen aus der Gotik die reich verzierten seitlichen Chorschranken sowie die von Evert van Roden geschaffenen Apostelskulpturen. Der Klostergarten beherbergt über 80 verschiedene Pflanzenarten, darunter viele historische Kulturpflanzen. Er wurde 2002 nach mittelalterlichem Vorbild neu angelegt und bietet dem Erholungssuchenden eine Vielzahl von Ruheoasen an. Führungen durch Abteikirche und Garten sind möglich: **Kontakt:** Leonhard Sieweke, Marienfeld, Telefon: 05247/8359.

Die beeindruckende Kirche im Harsewinkler Stadtteil Greffen.

Museen

Motorradmuseum Greffen
Seit über zehn Jahren besteht im Stadtteil Greffen das private Motorradmuseum von Christa und Heiner Beckmann. Mit viel Engagement haben die leidenschaftlichen Sammler über 180 Motorräder aus der ersten Hälfte des 20. Jh. zusammengetragen. Das älteste Stück stammt aus dem Jahr 1901, die jüngsten Maschinen aus der Zeit um 1960. Hinzu kommt eine Sammlung von

Motorrollern und alten Nutzfahrzeugen. Jedes Jahr am Wochenende vor Pfingsten veranstaltet das Motorradmuseum Greffen die Internationale Spökenkiekerfahrt. Für diese Rallye sind nur Motorräder zugelassen, die vor 1914 gebaut wurden.
Adresse: Beelener Str. 32, 33428 Harsewinkel, ☎ 05288/1381, ✉ heiner@motorradmuseum-beckmann.de.
Öffnungszeiten: Ostern bis Okt. So 11–17 Uhr.

▸ Heimatmuseum Marienfeld

Seit 1999 besteht das vom Verein Heimatmuseum Marienfeld getragene Heimatmuseum in den nicht mehr landwirtschaftlich benutzten Wirtschaftsgebäuden eines Bauernhofes. Im Mittelpunkt steht die Geschichte der Landwirtschaft, daneben findet der Interessierte Weber-, Schmied- und Holzschuhmacherwerkstatt sowie eine Küche, die das frühere ländliche Leben dokumentieren.
Adresse und Kontakt: Josef Schürmann, Lutterstrang 30, 33428 Marienfeld, ☎ 05241/340175.

▸ Seilerei Brügge

Hier kann der Besucher das alte Handwerk der Seilerei kennenlernen. Nach Voranmeldung ist der Seiler Josef Brügge bereit, Interessierten die Technik vorzuführen.
Adresse: Josef Brügge, Max-Planck-Str. 3, 33428 Marienfeld, ☎ 05247/8975.

Freizeit und Natur

▸ Naturschutzgebiete

Für Wanderer und Fahrradfahrer ideal sind die Naturschutzgebiete Boomberge,

Die Internationale Spökenkiekerfahrt am Wochenende vor Pfingsten lockt Freunde der Oldtimer-Zweiräder an.

ein Waldgebiet mit bis zu 20 m hohen Binnendünen zwischen Marienfeld und Herzebrock-Clarholz und das Hühnermoor östlich von Marienfeld. Im Ortsteil Greffen liegt das Naturschutzgebiet »Am Sundern«. Im »Hotel zur Brücke«, Hauptstr. 38, ☎ 05288/890, kann man sich Räder ausleihen.

▸ Golf

Auf dem 18-Loch-Platz des Golfclubs Marienfeld können Gäste mit Clubausweis und eingetragenem Handicap ihren Sport nach Herzenslust genießen.
Adresse: Golfclub Marienfeld, Remse 27, ☎ 05247/8880.

▸ Kutsch- und Planwagenfahrten

Bei einer nostalgischen Kutsch- und Planwagenfahrt kann man die Naturschönheiten der Umgebung in aller Ruhe genießen. Auch im Winter, da die Wagen mit einer Heizung ausgestattet sind.
Kontakt: Siegfried Biegel, Kölkebecker Str. 31 a, ☎ 05247/4461.

Veranstaltungen und Feste

Die internationale Spökerkiekerfahrt mit Motorrädern bis Baujahr 1914 findet jährlich am Wochenende vor Pfingsten statt. Überaus beliebt sind die regelmäßigen Jazzkonzerte des »Farmhouse Jazzclubs«.
Adresse: Farmhouse Jazzclub, Osterweger Str. 49, 33428 Harsewinkel, ☎ 05246/2989, 🌐 www.farmhouse-jazzclub.de.

Kulinaria

In Harsewinkel kennt man unter »Harsewinkler Pferdeäpfel« Pralinen, die von heimischen Konditoren hergestellt werden. Die Brauerei Hohenfelde in Langenberg hat zur Landesgartenschau 2008 in Rietberg ein naturtrübes Bier hergestellt. Heute wird dieses als »Marienfelder Klosterbier« im Klosterladen in Marienfeld verkauft.

Herford

(Kreis Herford)

In einer geografisch reizvollen Lage, im Ravensberger Land zwischen Teutoburger Wald, Weser und Wiehengebirge, liegt die Stadt Herford mit ihren rund 65 000 Einwohnern. Die ehemalige Hansestadt geht auf das erste sächsische Frauenkloster zurück, das 789 in Müdehorst gegründet und um 800 auf das Gebiet des Hofes Herivurth (= Herford) verlegt wurde. Hier führten Frauen – die Äbtissinnen der Reichsabtei – in enger Verbindung zum Kaiserhaus mit großer Machtbefugnis das Regiment. 823 nahm Kaiser Ludwig der Fromme das Kloster in seinen Schutz und der Aufstieg des Stifts zur später so bedeutenden kaiserlich-weltlichen Fürstabtei nahm seinen Anfang. Schon im 9. Jh. wurde Herford vom Frankenkönig Ludwig das Markt-, Münz- und Zollrecht verliehen und eine Kaufmannssiedlung entstand, der bald darauf das Stadtrecht verliehen wurde. Die Stadt war von 1342 bis ins 17. Jh. aktiv in der Hanse tätig und im Mittelalter zudem für seine Tuchproduktion bekannt. Erst im Zuge der Säkularisaion 1802 wurden die letzten Güter des Stiftes aufgelöst, und auf dem ehemaligen Gelände entstand die erste Fabrik Herfords, eine maschinengesteuerte Spinnerei. Vieles ist noch heute im Stadtbild zu erkennen. So auch die vier mittelalterlichen Teilstädte: die abteiliche Freiheit, die Radewig, die Alt- und die Neustadt.

Stadt Herford
Rathausplatz 1, 32052 Herford
☎ 05221/189-218
📠 05221/189-800
✉ info@herford.de
🌐 www.herford.de

Sehenswertes

Münsterkirche

Das Herforder Münster war die Kirche des reichsunmittelbaren Frauenstifts und die Urpfarrkirche Herfords. Der ab 1220 über einem ottonischen Vorgängerbau im spätromanischen Stil erbaute Münster ist der erste Großbau einer Hallenkirche in Westfalen. Der Turm birgt mit elf Glocken eines der umfangreichsten Geläute des Landes. Das ehemalige Frauenstift erstreckte sich vom Marktplatz über das Terrain des heutigen Rathauses bis über den Stephanplatz, wo heute noch (rekonstruierte) Grundmauern einzelner Gebäude stehen. Auch die Wolderuskapelle steht auf diesem Gebiet, unmittelbar nördlich der Münsterkirche. In der Kapelle liegt der Überlieferung zufolge der Heilige Waltger, der Gründer des Frauenstifts, begraben. Der heutige schlichte Saalbau wurde 1735 errichtet. Der Münster ist von 10–16 Uhr für Besucher geöffnet.

Das Stadtgeschichtsdenkmal: Herford – die Stadt der starken Frauen.

Denkmal der Reichsstiftstadt Herford

Mit einem Vertrag von 1256 entstand in Herford eine reichsweit einmalige Rechtskonstruktion: Die reichs- und papstunmittelbare Abtei begab sich unter den Schutz der Bürgerschaft, die dafür von ihr wesentliche Hoheitsrechte erhielt. Ergebnis war eine über Jahrhunderte funktionierende Zusammenherrschaft von Stift und Stadt, die beide keinem anderen weltlichen oder kirchlichen Herrn Untertan waren. Beide zusammen nahmen faktisch die Rechte einer Reichsstadt wahr. Die Abteistele zwischen Münsterkirche und Kantorhaus erinnert daran.

Kurienhäuser an der Elisabethstraße

In den Fachwerkhäusern aus dem 17. Jh. residierten u. a. Kanonissen und Spitzenbeamte der Fürstabtei. In Haus Nr. 7 fand im 17. Jh. die Sekte der Labadisten (Wiedertäufer) unter dem Schutz der Äbtissin Elisabeth von der Pfalz Zuflucht.

Fürstenau-Denkmal

Das Denkmal in der Radewiger Straße erinnert mit dem mehrfach geteilten Antlitz und markanter Gestik an Anton Fürstenaus großen Einsatz für Herford im Dreißigjährigen Krieg. Er kämpfte nach der Einnahme der Stadt durch den Großen Kurfürsten von Brandenburg 1647 letztlich vergeblich für den Erhalt des erst 1631 erworbenen Status als Reichsstadt.

Neuer Markt

Der Neue Markt als Zentrum der Neustadt ist einer der schönsten Herforder Plätze und geprägt von Fachwerk- und Renaissancearchitektur. Der Brunnen von 1599 zeigt einen Ritter mit Banner und Schild der freien Reichsstadt Herford. Das ehemalige Rathaus der bis 1634 selbstständigen Neustadt ist ein steinernes Giebelhaus mit mittelalterlichem Kern. Sein 1930 abgerissener Schaugiebel aus der Zeit der Weserrenaissance wurde 1988/89 rekonstruiert.

St. Johannis

Die gotische Hallenkirche St. Johannis in der Komturstraße beeindruckt durch ihre

Der Alte Markt

Umgrenzt wird die Altstadt von der Bowerre im Norden und Nordosten, den Wallanlagen »Pöppelmannwall« und »Unter den Linden« im Süden und der Aa im Westen. Zentraler Platz ist der Alte Markt, der Teil der 1968 geschaffenen Herforder Fußgängerzone ist, die von der Bäckerstraße über den Alten Markt zur Straße »Gehrenberg« und der Brüderstraße verläuft. Auf dem Alten Markt stand bis 1878 das ursprünglich gotische, im 16. Jh. mit Renaissanceelementen erweiterte Altstädter Rathaus. In der an das frühere Augustinerkloster erinnernden Brüderstraße finden sich zahlreiche sehenswerte Fachwerkbauten. Das 1521 von Heinrich Aldach, genannt Remensnider, erbaute Haus Brüderstraße 26 gilt als das künstlerisch reichste spätgotische Fachwerkhaus in Westfalen. Seine Figurenknaggen zeigen die christliche Hierarchie von Jesus als Weltenrichter über die Heiligen und die Todsünden bis zum Hölleneingang. Weitere beeindruckende Zeugnisse der spätgotischen Fachwerkarchitektur sind das 1532 erbaute Engelkinghaus (Brüderstraße 28) und das um 1560 erbaute Rothe-Haus (Brüderstraße 15). Das 1906 eingeweihte Linnenbauerdenkmal am Linnebauerplatz zeigt den letzten Herforder Handweber, der sein Leinen noch selbst zum Großhändler in die Stadt brachte und dort verkaufte, wie er verschmitzt lächelnd sein Geld für die verkauften Leinwandballen zählt. ■

Das 1906 eingeweihte Linnenbauerdenkmal am Linnebauerplatz zeigt den letzten Herforder Handweber.

Glasfenster, die zu den ältesten in Westfalen gehören. Von 1414 bis 1810 war St. Johannis auch die Kirche des Dionysius-Stiftes. Hier wurde der Dionysiusschatz mit Taufgaben Karls des Großen an Wittekind verwahrt (heute im Kunstgewerbemuseum in Berlin). Charakteristisch für die Kirche ist die reichhaltige Ausstattung aus dem 16. und 17. Jh. mit Kanzel und den Amtsstühlen der Handwerkerzünfte.
Öffnungszeiten: täglich 10–18 Uhr.

Museen

▸ MARTa Herford

Im Dreiklang von Design (M für Möbel), Kunst (ART) und Architektur beziehungsweise Ambiente (a) sorgt das Projekt MARTa Herford für neue Impulse in Kunst, Design, Architektur und Wirtschaft – und das nicht nur regional. In dem außergewöhnlichen Gebäudekomplex des Architekten Frank Gehry entstand eine neuartige Verbindung aus Museum, Kompetenzzentrum und Veranstaltungsforum.
Adresse: Goebenstr. 4–10, 32052 Herford, 05221/994430-0, 05221/994430-23, info@marta-herford.de, www.marta-herford.de.
Öffnungszeiten: Di–So 11–18 Uhr, jeden 1. Mittwoch im Monat 11–21 Uhr.

▸ Gedenkstätte Zellentrakt

In dem von 1917 bis 1963 als Polizeigewahrsam genutzten Zellentrakt im Herforder Rathaus begann 1933 für zahlreiche Opfer des NS-Regimes der Leidensweg. Die von einigen Tagen bis zu mehreren Wochen Inhaftierten wurden in der Polizeiwache durch Kriminalpolizei und Gestapo vernommen. Für viele Menschen jüdischen Glaubens, Zwangsarbeiter, Zeugen Jehovas, politische Gefangene und andere waren die Zellen ein Ort der Ungewissheit und Angst, für manche von ihnen eine Station auf dem Weg in andere Haftanstalten, KZ- und andere Lager oder zum Todesurteil vor Gericht. Der Zellentrakt ist seit 2005 ein lebendiger Ort der Auseinandersetzung mit solchen dunklen Teilen der Geschichte im Raum Herford. Eine der Zellen dient als Gedenkstätte für die jüdischen Opfer aus Herford.
Adresse: Kuratorium Erinnern Forschen Gedenken, Rathausplatz 1, 32052 Herford, 05221/189297, 05221/6530454, info@zellentrakt.de, www.zellentrakt.de.
Öffnungszeiten: Sa 14–16 Uhr.

Freizeit und Natur

▸ Wandern und Rad fahren

Ein empfehlenswerter Spaziergang ist der Wallrundgang. Der Wall ist ein Teil der schon im 13. Jh. entstandenen Stadtbefestigung und zieht sich um das ganze mittelalterliche Stadtgebiet. Auch auf dem Stiftsweg wandert es sich wunderbar, mit dem Rad lässt sich Stadt und Umgebung auf rund 65 km Radwegen erkunden. Durch die Stadt führen die Weser-Lippe-Radroute und der Soleweg.

▸ Bismarckturm

Ein beliebtes Ausflugsziel inmitten eines Waldgebiets ist der 23 m hohe Bismarckturm, der 1906 zu Ehren des deutschen Reichskanzlers Otto von Bismarck erbaut wurde. Über eine Innentreppe ist die überdachte Aussichtsplattform zu erreichen. Von hier führt eine Eisentreppe zur oberen Aussichtsplattform, die einen weiten Ausblick auf Herford und das Ravensberger Land ermöglicht.

▸ Freizeitbad H_2O

Auf über 3500 m^2 bietet das H_2O Herford ein besonderes Urlaubsflair unter Palmen. Zwei Rutschen mit 120 m bzw. 70 m Länge sorgen für jede Menge Action, das Wellenbad, der Wildbach und der Wellenkanal bieten Wasserspaß pur. Entspannung finden Sie im warmen Whirlpool oder bei einer der zahlreichen

Unterwassermassagen. Für die kleinen Besucher stehen separate Kinderbecken und jede Menge Wasserspielzeug zum Entdecken bereit. Die Dschungelinsel TABOKIRI mit Tauchgrotte, Piratenschiff, Wasserfällen, Wasserrutschen und einer echten Hängebrücke wird von den Kleinen im Sturm erobert. Zusätzlich bietet das Freizeitbad eine 5000 m^2 umfassende Saunalandschaft mit zehn verschiedenen Saunen.
Adresse: Wiesenstr. 90, 05221/99186, www.h2o-herford.de.
Öffnungszeiten: Sport- und Freizeitbad 6–8 und 10–22 Uhr, Sauna 10–23 Uhr.

Eishalle
Eine Eishalle für die ganze Familie mit Eisdisko, Eislaufkursen, Eisstockschießen und vielen Events!
Adresse: Werrestr. 103, 32049 Herford, 05221/922-0, 05221/922-164, www.eishalle-herford.de.
Öffnungszeiten: März bis Okt. Mo–Fr 10–13, Mo, Mi 19–22, Di, Do 15–20, Fr 16–19 Uhr, Sa 15–19 und So 10–19 Uhr.

Veranstaltungen und Feste

Herforder Vision
Das jeweils im Juni stattfindende Volksfest ist eines der traditionsreichsten Feste in der Region. Im 10. Jh. fand in Herford angeblich die älteste bekannte Marienerscheinung nördlich der Alpen statt, nach der die größte Herforder Kirmes (Vision) benannt ist. Der Legende nach machte ein Hirte mit seinen Schafen Rast auf dem heutigen Stiftberg. Seinen Hirtenstab steckte er in den Boden. Im Traum erschien ihm Maria in Gestalt einer weißen Taube, die sich auf seinen Stab setzte. Als der Hirtenstab wie eine Linde auszuschlagen begann, trug sie ihm auf, an dieser Stelle eine Kirche bauen zu lassen. Als der Hirte wieder aufgewacht war, lief er in die Stadt und erzählte dies den Stiftsdamen, welche an dem Ort der Vision die Marienkirche bauten.

Hoekerfest
Das Hoekerfest im August ist weit über die Kreisgrenzen für seine ausgelassene Stimmung bekannt. Musikalische Highlights wechseln sich mit Bühnenshows ab.

Herzebrock-Clarholz

(Kreis Gütersloh)

Am Rande des Münsterlandes liegt die Gemeinde Herzebrock-Clarholz. Zwei Klostergründungen aus dem Jahre 860 bzw. 1133 bilden den Ursprung der Gemeinde, die heute rund 16 000 Einwohner hat. Die Klosteranlagen prägen noch heute beide Ortszentren.

Gemeinde Herzebrock-Clarholz
Am Rathaus 1, 33442 Herzebrock-Clarholz
05245/444-216
www.herzebrock-clarholz.de

Sehenswertes

Klosteranlagen
Sehenswert sind die beiden Klöster mit ihren Gartenanlagen, die umfangreich saniert wurden. Während der Konventsgarten sich eher an funktionalen Vorgaben orientiert, wurde in den übrigen Gärten mehr der barocke Charakter hervorgehoben. Zusätzliche Attraktivität erfährt der Clarholzer Klostergarten durch die im Jahre 2006 geschaffene Rauminszenierung »Labyrinth- und Lustgarten Nr. 10« des belgischen Künstlers Jan Vercruysse.

St.-Ludgerus-Kapelle

Die 1853/54 errichtete St.-Ludgerus-Kapelle in Möhler (im Südwesten der Gemeinde) ist der erste realisierte Sakralbau des Münsteraner Diözesanbaumeisters Emil von Manger. Von der neugotischen Kapelle sind noch der Turm und die drei Joche des Kirchenschiffs mit den zweibahnigen Fenstern erhalten. Bei der Erweiterung der Kapelle nach Osten um ein mächtiges Querhaus und einen fensterlosen Chor im Jahr 1921 wurde der ursprüngliche Chorraum abgerissen.

Museen

Heimatstube Herzebrock

Der Heimatverein Herzebrock unterhält in einem Gebäudeteil des ehemaligen Klosters eine Heimatstube, in der Exponate zur Klostergeschichte und zur Geschichte des Dorfes Herzebrock (Landwirtschaft, Handwerk und Industrie) gezeigt werden. Die Heimatstube ist generell sonntags von 15–17 Uhr geöffnet – und zusätzlich nach telefonischer Absprache mit Erwin Kriesche (Telefon 05245/2785).

Freizeit und Natur

Wandern und Rad fahren

Abwechslungsreiche Wander-/Radwanderwege führen durch Herzebrock-Clarholz. Besonders empfehlenswert ist der Prälatenweg zwischen den Klöstern Herzebrock, Clarholz und Marienfeld. Der Rundweg auf den Spuren von Nonnen und Mönchen ist auch mit dem Rad zu befahren. Die komplette Route ist mit Schildern und Markierungen versehen. Die relativ ebene Landschaft

Das Kloster in Herzebrock-Clarholz hat sich zu einem Publikumsmagneten entwickelt.

rund um Herzebrock-Clarholz ist ideal für alle, die gern mit dem Drahtesel unterwegs sind.

▸ Reiten

Der Reitsport hat in der Gemeinde einen hohen Stellenwert. Gleich vier Reitsportanlagen befinden sich hier. Regelmäßig finden Turniere statt.

▸ Schwimmen

Badespaß pur bietet das 2002 komplett sanierte Hallenbad mit seiner 83 m langen Rutsche.

Adresse: Am Hallenbad 6, 33442 Herzebrock-Clarholz, ☏ 05245/180947.

Öffnungszeiten: Di–Fr 6–8 Uhr, Mi–Fr 13.15–20 Uhr, Mo 13–20 Uhr, Sa, So 8–18 Uhr.

Veranstaltungen und Feste

Am Erntesonntag lockt der Umzug in Clarholz viele Besucher an, Hauptattraktion des Festumzuges sind die aufwendig gestalteten Motivwagen.

Kulinaria

Der Pumpernickel der Landbäckerei Rohmann (Harsewinkler Str. 5), der seit 1911 im Steinbackofen hergestellt wird, erfreut sich weit über die Grenzen der Gemeinde hinaus großer Beliebtheit.

Hiddenhausen

(Kreis Herford)

Hiddenhausen liegt in der Ravensberger Mulde zwischen Teutoburger Wald und Wiehengebirge. Die aus sechs Ortsteilen bestehende Gemeinde hat rund 20 000 Einwohner. Archäologen entdeckten über 250 Brandgrubengräber aus der Zeit um 450 v. Chr., in einem von ihnen befand sich die berühmte »Eilshauser Ente«, eine römische Plastik aus Bronze. Besiedlung lässt sich allerdings erst ab 800 nachweisen. Zu dieser Zeit waren bereits alle heutigen Gemeindeteile als kleine, sächsische Bauernschaften vorhanden, die sich im Mittelalter zu Dörfern entwickelten. Im 17. und 18. Jh. begannen in Hiddenhausen (wie auch anderswo im Ravensberger Land) der Flachsanbau und die Verarbeitung des Flachses zu Leinen. Um etwa 1860 kam die Zigarrenindustrie hinzu – zwischen 1920 und 1930 gab es in Hiddenhausen etwa 70 Tabakfabrikationen. Heute hat die Möbelindustrie hier die größte Bedeutung.

Gemeinde Hiddenhausen
Rathausstr. 1, 32120 Hiddenhausen
☏ 05221/964-347
✉ info@hiddenhausen.de
🌐 www.hiddenhausen.de

Sehenswertes

▸ Gut Bustedt

Gut Bustedt wurde um 1415 von dem Ritter Heinrich Ledebur als Wasserburg erbaut. 1649 erhielt Wolf Ernst von Eller, ein enger Vertrauter des Großen Kurfürsten, Bustedt als Lehen und damit das Recht, den Besitz in seiner Familie zu vererben. Von Eller ließ die mittelalterliche Burg unter Verwendung der alten Bausubstanz zum Wasserschloss umbauen. Das Herrenhaus auf der ehemaligen Hauptburg erhielt dadurch sein heutiges Aussehen und seine Funktion als Biologiezentrum Bustedt, in dem Interessierte Biologie zum Anfassen erleben können. Mit bis zu 70 Betten bietet das Gelände mit seinen Gewässern, Wäldern, Hecken, Wiesen und einem großen Garten

ideale Voraussetzungen für Begegnungen mit der Natur.
Adresse: Gutsweg 5, Hiddenhausen, 05223/87031, www.gutbustedt.de.

Bäumerhof Sundern
Der Bäumerhof in Sundern befindet sich dort, wo die Äbtissin des Frauenstifts Herford einst ihren Sommersitz Solitüde und ihren Zufluchtsort vor Pest und Reformationswirren fand. Solitüde wurde 1756 abgerissen, nur der Wirtschaftshof, von dem aus die Güter der Abtei in Sundern bewirtschaftet wurden, blieb erhalten. Die Familie Niederbäumer, die den Hof erwarb, riss 1819 die alten Gebäude ab und ersetzte sie durch den heutigen Vierständerfachwerkhof mit seinem reich verzierten Giebel.

Uhrenturm Lippinghausen
Ehemaliges Wahrzeichen von Lippinghausen war der Uhrenturm – einst Dachreiter des Kontorhauses von 1905 auf der 1984 abgerissenen Margarinefabrik H. Meyer-Lippinghausen. Der Uhrenturm ist als einziges Zeugnis dieser Fabrik geschont und erhalten worden.

Museen

Holzhandwerksmuseum
Seit Jahrhunderten prägt die Holzindustrie die Gemeinde Hiddenhausen. Das Holzhandwerksmuseum im Ortsteil Hiddenhausen demonstriert dies anschaulich mit vielen Ausstellungsstücken. Interessierte haben die Gelegenheit, alte Handwerkszeuge selbst auszuprobieren.
Adresse: Maschstr. 16, 32120 Hiddenhausen.
Öffnungszeiten: So 14–17 Uhr.

Museumsschule
In der Museumsschule Hiddenhausen lässt es sich pauken wie zu Kaisers Zeiten. Grundschulkinder, aber auch interessierte Erwachsene können in der denkmalgeschützten Dorfschule für eine Probestunde Platz nehmen. Das Fachwerkgebäude und die Möbel im Klassenraum stammen aus der Zeit um 1850. Strom und Heizung gibt es nicht, stattdessen sorgt der Kanonenofen im Flur für Wärme. Lederne Tornister, Fibeln und alte Zeugnisse sorgen bei den Besuchern für das Gefühl, eine Zeitreise in die Schulzeit der Urgroßeltern unternommen zu haben. Die geräumige Deele und der Schulspeicher laden zu kleineren Veranstaltungen in außergewöhnlichem Ambiente ein. Hier finden auch Lesungen und Märchenstunden statt.
Adresse: Blumenstr. 60, 32120 Hiddenhausen-Schweicheln, 05221/964352, www.museumsschule.de.

Freizeit und Natur

Wandern und Rad fahren
Die Trasse der ehemaligen Herforder Kleinbahn zwischen Herford und Enger durchzieht das Naturschutzgebiet Füllenbruch der Länge nach und ist heute ein beliebter Wander- und Radweg. Durch Hiddenhausen führt zudem die Bahnradroute Weser-Lippe (350 km von Bremen nach Paderborn).

Waldfreibad
Ein Familienbad, in dem Große und Kleine einen herrlichen Tag verbringen können.
Adresse: Badstr. 13, 32120 Hiddenhausen, 05223/83429.
Öffnungszeiten: Mai bis Sept. Mo–Fr 7–20 Uhr, Sa, So 7–19 Uhr.

Holländer-Windmühle Hartum (Hille): Der Turm besteht aus Porta-Sandstein.

Hille

(Kreis Minden-Lübbecke)

Zu beiden Seiten des Mittellandkanals, der das Gemeindegebiet durchquert, vom Nordhang des Wiehengebirges bis in die Norddeutsche Tiefebene hinein, liegt die Gemeinde Hille. In den neun Ortschaften leben rund 17 000 Menschen. Hille ist bis in die heutige Zeit hinein durch seine landwirtschaftliche Struktur geprägt. Neben großen Bauernhöfen gab es bis ins 19. Jh. hinein viele kleine Heuerlingsstätten. Sie verdienten ein Zubrot durch handwerkliche Arbeiten wie zum Beispiel die Leinenweberei. Ende des 19. Jh. kam die Zigarrenmacherei in Hille auf. Den besonderen Charakter der Gemeinde machen das Naturschutzgebiet »Großes Torfmoor«, die Wanderregion »Wiehengebirge« und die Mühlen der Westfälischen Mühlenstraße aus.

Gemeinde Hille
Am Rathaus 4, 32479 Hille
0571/40440
0571/4044-400
info@hille.de
www.hille.de

Sehenswertes

Kirchen und Kapellen
Zahlreiche sehenswerte Kirchen und Kapellen sind Zeugen der Vergangenheit: die evangelischen Pfarrkirchen in Hille (1523) und in Hartum (1889–1892) wie auch die evangelische Kirche in Oberlübbe (1911). Besonders reizvoll sind die weißen Kapellen in Nordhemmern aus dem 13. Jh. und die Kapelle Maria Magdalena in Südhemmern, ein kleiner Putzbau von 1324.

Windmühle Südhemmern
Die Holländer-Windmühle von 1880 im Kölkenweg 30 mit konischem Backsteinturm, Erdwall und Durchfahrt ist wieder in Betrieb und kann auch von innen besichtigt werden. Sie hat zwei Schrotgänge und einen Beutelgang. Die Ölmühle und der Graupengang sind nicht mehr vorhanden. An den sogenannten Mahl- und Backtagen kann der Besucher hautnah erleben, wie annodazumal Korn gemahlen und Brot gebacken wurde. Aber auch außerhalb dieser Tage können Führungen vereinbart werden.
Kontakt: Mühlengruppe Südhemmern, Hille-Südhemmern, H. Horstmeier 05703/602 und W. Steinkamp 05703/1408.

Windmühle Nordhemmern
Die Greftmühle in Nordhemmern im Windmühlenweg 65, auch Brinkmanns Mühle genannt, stammt aus dem Jahr 1838.
Der konische Turm besteht aus grobem Porta-Sandstein, hat einen angeschütteten Erdwall sowie eine Durchfahrt. Die Kappe der Mühle, die ehemals auch Ölmühle war, ist geschindelt. Zwei Mahlgänge sind noch erhalten.
Kontakt: Ludwig Giesebrecht, 05703/2470.

Glasbonbon
In dem denkmalgeschützten Bauernhaus in Hille-Hartum finden Besucherinnen und Besucher in gemütlicher und anregender Café-Atmosphäre interessante Kunst- und Handwerksarbeiten. Der Eigentümer Wolfgang Kepper ist Glasbläser – Gäste können ihm bei seiner Arbeit in der Werkstatt zuschauen. Dorothee Otte zeigt Porzellan-Puppen aus eigener Werkstatt, Puppenkleider und -schuhe, macht Puppenreparaturen und stellt handbemaltes Porzellan aus. Zudem sind Bunzlauer Keramik, original Blaudruck sowie Möbel aus der Gründerzeit zu sehen.

Hiller Moorbrand

Die historische Brennereianlage der ehemaligen Brennerei Meyer, Mindener Str. 71, besteht aus dem Brennereigebäude und dem Kesselhaus mit Kamin. Die alte Kornbrennerei, 1721 gegründet, wurde 1995 geschlossen. Zurückgeblieben ist ein außergewöhnliches Dokument dörflicher Wirtschaftsgeschichte: Die gesamte technische Ausstattung der Kornbrennerei, zum Beispiel eine Dampfmaschine aus dem Jahre 1892, ist so gut erhalten, dass jeder einzelne Arbeitsgang dieses Gewerbes nachvollziehbar ist. Für Interessierte bietet der Heimatverein Hille eine Tagestour an, die eine Moorwanderung und eine Besichtigung der Brennerei mit anschließendem Imbiss beinhaltet. Ansprechpartner hierfür ist die Gemeinde Hille, Frau Tegeler (☎ 0571/4044-250). An jedem 2. Sonntag im Monat von Mai bis September ist die Brennerei von 14–18 Uhr geöffnet. Ansprechpartner ist Herr Böhne (☎ 05703/820). ■

Sehenswert ist die historische Brennereianlage der ehemaligen Brennerei Meyer in Hille.

Adresse: Wolfgang und Ingrid Kepper, Am Spitzenend 3, 32479 Hille-Hartum, ✆ 0571/648993.

Kunst- und Handwerksarbeiten und ein gemütliches Café findet der Besucher im Glasbonbon der Gemeinde Hille.

Museen

‣ Heimathaus Hartum
Das Fachwerk-Handwerkerhaus wurde 1872 erbaut und befand sich bis zur Restaurierung und Renovierung durch den Heimatverein Hartum in den Jahren 2001 und 2002 im Originalzustand. Zu sehen sind in dem Gebäude ursprüngliche und hinzugefügte Einrichtungsgegenstände aus der »guten alten Zeit«. Neben Aktionstagen finden Ausstellungen zu Leben und Arbeit in damaliger Zeit statt.
Kontakt: Heimatverein Hartum, Sigrid Röthemeyer, Zum Fange 11, ✆ 0571/49025.

‣ Schmiede Holzhausen
Die Schmiede mit ihren alten, gut erhaltenen Werkzeugen ist zu besichtigen. Am Tag der offenen Tür werden auch Schmiedevorführungen und Hufbeschlag gezeigt. Die Durchfahrtsscheune aus dem Jahre 1815, die sich auf dem Hofgrundstück der alten Dorfschmiede befand, wurde vom Heimatverein restauriert und zu einem Museum mit altem, dörflichem Handwerk umgestaltet. Besichtigungen nach Absprache mit dem Heimatverein Holzhausen II, Herrn Becker ✆ 0571/46375.

Freizeit und Natur

‣ Wandern und Rad fahren
Zahlreiche markierte Rundwanderwege in unverfälschter Natur verleiten zu ausgedehnten Spaziergängen und Wanderungen. Dem Radwanderer wird ein gut beschildertes Radwanderwegenetz mit markierten Routen geboten, das dazu einlädt, das Gemeindegebiet in allen vier Himmelsrichtungen zu erkunden.

‣ Naturschutzgebiet »Großes Torfmoor«
Als größtes Hochmoorgebiet Westfalens ist das »Große Torfmoor« von überregionaler Bedeutung. Spaziergänge und Gruppenführungen durch diese einzigartige Landschaft mit ihrer spezifischen Flora und Fauna sind für den naturverbundenen Wanderer ein ganz besonderes Erlebnis.

‣ Planwagen, Schiff und historische Züge
Urigen Freizeitspaß verspricht eine Planwagenfahrt mit dem »Trecker« durch das Hiller Land (**Infos:** Gemeindeverwaltung). Wer das Wasser liebt, fährt mit der Fahrgastschifffahrt von Minden aus auf dem Mittellandkanal bis Südhemmern (**Infos:** Mindener Fahrgastschifffahrt, ✆ 0571/41046). Die Rückreise kann dann mit der Museums-Eisenbahn angetreten werden (**Infos:** MKB Reisedienst, ✆ 0571/3994-38).

Hövelhof

(Kreis Paderborn)

Hövelhof mit seinen rund 15 000 Einwohnern ist eingebunden in die Senneland-schaft am Fuße des Teutoburger Waldes. Die waldreiche Gemeinde mit ihren fünf Ortsteilen liegt im Paderborner Land. Hövelhof ist eine noch junge Gemeinde, erst 1715 wurde hier die gleichnamige katholische Kirchengemeinde gegründet. Die politische Gemeinde entstand 1807 unter der damaligen französischen Regierung im Königreich Westfalen unter Napoleons Bruder Jérôme Bonaparte. Seinen heutigen Namen verdankt der Ort dem Hövelhof, einem alten Vollmeierhof, der als Urhof mindestens auf das Jahr 1000 zurückgeht. Der Hövelhof wurde erstmals im Jahre 1446 urkundlich erwähnt.

Verkehrsverein Hövelhof
Schlossstr. 14, 33161 Hövelhof
05257/500957
05257/500931
verkehrsverein@hoevelhof.de
www.hoevelhof.de

Sehenswertes

Heidegebiet Senne

Die Senne ist eine ganz besondere Landschaft. Auf 200 000 Jahre alten Sanden entstand durch die historische Heidebauernwirtschaft eine vielfältige Kulturlandschaft, deren Reste heute noch in einigen Schutzgebieten zu finden sind. Diese reizvolle Natur- und Kulturlandschaft bietet für jeden etwas, für Naherholungssuchende wie für Touristen, für Naturfreunde wie für Sportaktive, für kulturhistorisch Interessierte ebenso wie für Liebhaber kulinarischer Genüsse.

Museen

Heimatzentrum

In den 1970er-Jahren übernahm der »Plattdeutsche Kreis« ein kleines, bäuerliches Anwesen an der Staumühler Straße. Der um 1900 erbaute Sennekotten (Heimathaus) wurde saniert und restauriert. Heute können Besucher eine Schlafkammer, eine gute Stube, eine alte kleinbäuerliche Diele und Ähnliches bewundern. Gegenstände dokumentieren den Arbeitsalltag der Sennebewohner um 1900. Zum Kotten gehört eine Backsteinscheune (landwirtschaftliche Geräte von anno dazumal), eine Wagenremise (Ackerwagen und Dreschkästen) sowie ein Backhaus, das regelmäßig den alten Steinofen anfeuert und leckeres Brot backt. In einem Neubau wird traditionelles Handwerk gezeigt. An Aktionstagen werden die Werkstätten von fachkundigen Personen in Betrieb genommen.

Adresse: Staumühler Str. 70, 33161 Hövelhof, 05257/5009-830, carsten.tegethoff@hoevelhof.de, www.heimatzentrum-owl.de.

Öffnungszeiten: Mi 14–17 Uhr, Fr 8–11 und 14–17 Uhr (weitere Termine, auch am Wochenende, nach Vereinbarung möglich).

Dorfschulmuseum

In einem 200 Jahre alten unter Denkmalschutz stehenden Schulhaus mit einer Schulglocke auf dem Dach und dem unverändert erhaltenen Garten nebenan kann man Schule wie früher erleben. Im historischen Klassenraum bekommen die kleinen und großen Besucher in einer Zeitstunde einen altersgemäßen Überblick über die Schulgeschichte in Deutschland und in heiterer Form historischen Unterricht nach der Preußischen Schulordnung von 1872. Danach können in Eigeninitiative die Sammlungen und der Schulgarten besichtigt werden.

Adresse: Junkernallee 20, Hövelhof-Riege. **Öffnungszeiten:** nach Absprache, ✆ 05257/3785.

Radweg (77 km) oder der Senne-Parcours Hövelhof. Letzterer führt über 65 km durch Heide-, Wald-, Wiesen- und Feldlandschaft.

Die abwechslungsreiche Landschaft rund um Hövelhof lässt sich in einer gemütlichen Planwagenfahrt erkunden.

Freizeit und Natur

▸ Wandern und Rad fahren

Die abwechslungsreiche Landschaft und sieben örtliche Rundwanderwege laden zu zahlreichen Erkundungen per pedes ein. Empfehlenswert sind auch die natur- und heimatkundlichen Wanderwege im Naturschutzgebiet Moosheide und Hövelhofer Wald sowie die überörtlichen Wanderwege (Diemel-Ems-Weg, Ems-Weg). Auch für Radfahrer gibt es interessierte Radtourangebote. Empfehlenswert ist der Senne-Radweg ... Hinzu kommen überörtliche Radwege wie z. B. der Europa-Radweg R 1 und die Paderborner Landroute. Fahrräder können bei Zweirad Kramp (Bielefelder Str. 38) und Zweirad Sieweke (Paderborner Str. 11) ausgeliehen werden.

Kulinaria

Als regionale Spezialität gilt das Hövelhofer Sennebier, das in einigen örtlichen Gaststätten ausgeschenkt wird und bei den lokalen Getränkelieferanten erhältlich ist.

Höxter

(Kreis Höxter)

Im Herzen des Weserberglands zwischen Teutoburger Wald, Solling und Eggegebirge liegt Höxter, eine liebenswürdige Kleinstadt mit 35 000 Einwohnern. Höxter kann auf eine über 1175-jährige Geschichte zurückblicken und zählt damit zu den ältesten Städten in Norddeutschland. 822 wurde die »villa regia Huxori« am Schnittpunkt wichtiger Handelsstraßen erstmals erwähnt und Kaiser Ludwig der Fromme schenkte sie dem Kloster Corvey. Um 1250 war Höxter eine der größten Städte im Norden und gehörte ab 1295 zur Hanse. Trotz eines wirtschaftlichen Niedergangs seit dem Spätmittelalter konnte sich die Gemeinde weitgehend von der Herrschaft des Corveyer Abtes befreien. Die Hoffnungen auf Freiheit wurden 1674 zerschlagen, als Höxter Hauptstadt der reichsunmittelbaren Fürstabtei Corvey wurde. Ab 1813 gehörte die Stadt zu Preußen.

Tourist-Information Höxter, Historisches Rathaus, Weserstr. 11, 37671 Höxter
05271/19433
05271/9631907
info@hoexter.de
www.hoexter.de

Sehenswertes

▸ Historischer Stadtkern

Das aus der ersten Hälfte des 13. Jh. stammende Rathaus in der Weserstraße wurde 1610/18 im Renaissancestil umgebaut. Im Innern befindet sich eine beeindruckende Markthalle, und wer mag, kann über den Treppenturm hinauf. Das Adam-und-Eva-Haus (Stummrigestr. 27) aus dem Jahr 1571 erhielt seinen Namen wegen der Figuren am rechten Eckständer. Das Haus Nr. 37, Haus Mangold, ist eines der ältesten Profangebäude in Westfalen. Beeindruckend ist die alte Stadtmauer in der Unteren Mauerstraße (um 1250); einst war sie 2,4 km

Fast 2000 Jahre alt ist die Stadt Höxter mit ihrer malerischen Altstadt.

lang und bis zu sechs Meter hoch. In der Westerbachstraße findet man Fachwerkhäuser auf Schritt und Tritt: Das Tilly-Haus (Nr. 33) ist ein repräsentativer Vierständerbau; sehenswert auch das Brauhaus Nr. 28. Die massiven Sandsteinwände stammen von 1330–1342, die große Halle und der Gewölbekeller sind sichtbar erhalten. Haus Ohrmann (Nr. 45) von 1541 fällt wegen seiner auffälligen roten Farbe auf. Anziehend ist die 1561 errichtete Dechanei (Marktstraße 19) mit der zweigiebeligen Front. Über 60 Palmetten schmücken den Adelshof. Nicht zu vergessen ist die Marienkirche, die auf eine Klostergründung des Minoritenordens 1248 zurückgeht. Sehenswert im Innern sind der Taufstein von 1631, die hölzerne Renaissance-Kanzel von 1597, die Kreuzigungsgruppe und die Barockorgel. Regelmäßig finden Stadtführungen statt.

▸ Reichsabtei Corvey

Das 815/822 von Ludwig dem Frommen gegründete Corvey liegt inmitten einer jahrhundertealten Kulturlandschaft. Als ehemaliges Kloster und heutiges Schloss ist Corvey als Baudenkmal, Museum und Veranstaltungsort beliebtes Ausflugsziel. Zur weitläufigen barocken Anlage gehören Museumsshop, Café, Schloss-Restaurant und Weinhaus. Bauhistorisch ist das karolingische Westwerk (um 885) von herausragender Bedeutung. Aber auch das barocke Kirchenschiff, die Konventgebäude und das Schlossinnere mit Kreuzgang, prachtvollem Kaisersaal, historischen Wohnräumen und Fürstlicher Bibliothek aus dem 19. Jh. sind sehenswert. Diese bewahrt in 15 Sälen rund 70 000 Bücher auf. Ab 1860 wirkte der Dichter des Deutschlandliedes, August Heinrich Hoffmann von Fallersleben, als Bibliothekar in Corvey. Sein Grab befindet sich auf dem Friedhof der Abteikirche.

◂ Als ehemaliges Kloster und heutiges Schloss ist Corvey als Baudenkmal, Museum und Veranstaltungsort beliebtes Ausflugsziel.

Adresse: Schloss Corvey, 37671 Höxter, ☏ 05271/694010, Fax 05271/694400, www.schloss-corvey.de.
Öffnungszeiten: Apr. bis Okt. täglich 9–18 Uhr.

▸ Tonenburg

Als Verteidigungsanlage der Reichsabtei Corvey baute Abt Rupert von Horhusen 1315 das »Castrum Tonenberg«. Der beeindruckende Wehrturm mit seinen dicken Mauern diente den Bürgern und Äbten in Kriegszeiten als Zuflucht und prägt das Bild der Hofanlage. Heute beherbergt die Burg ein Hotel, ist Veranstaltungsort und bietet Besuchern die Möglichkeit der Besichtigung, der Einkehr sowie eines Besuchs des kleinen Museums im Kellergewölbe.

Museen

▸ Fürstenberg

Im Jahre 1747 gründete Herzog Carl I. von Braunschweig in seinem Jagdschloss in Fürstenberg an der Weser eine Porzellanmanufaktur, die zu den ältesten in Europa zählt. Das hoch über der Oberweser gelegene Schloss im Stil der Renaissance umfasst das einzige Porzellanmuseum Norddeutschlands. Hier wird die Geschichte des Porzellans mit dem blauen »F« aus Fürstenberg gezeigt, Kulturgeschichte und modernes Design »rund um den Tisch« in Szene gesetzt. Museum mit Ausstellung, Manufaktur zum Anfassen und kulturellen Veranstaltungen.
Adresse: Meinbrexer Str. 2, 37699 Fürstenberg/Weser, ☏ 05271/401161, Fax 05271/4014161, www.fuerstenberg-porzellan.com.
Öffnungszeiten: Jan. bis März Sa, So 10–17 Uhr, Apr. bis Nov. Di–So 10–17 Uhr.

▸ Forum Jacob Pins

Im historischen Ambiente des Adelshofes Heistermann von Ziehlberg findet der

Besucher seit 2008 auf 430 m² Holzschnitte und Gemälde von Jacob Pins, herausragende Bausubstanz und archäologische Funde sowie Zeugnisse der jüdischen Vergangenheit Höxters.

Adresse: Westerbachstr. 35/37, 37617 Höxter, 05271/6947441, www.jacob-pins.de.

Öffnungszeiten: Di–Fr 10–18 Uhr, Sa, So 10–16 Uhr.

Freizeit und Natur

▸ Wandern und Rad fahren

Empfehlenswert sind der Renaissance-Weg (18 km), der rund um die Stadt Höxter führt – mit Blick auf die umliegenden Berge, die Stadt und die Weser. Der Weserradweg, der Europa-Radweg R 1 und die Wellness-Radroute als überregionale Routen sind beliebt, aber auch Genussradler kommen auf vielen kürzeren Streckenführungen auf ihre Kosten.

▸ Auf dem Wasser

An der Weserpromenade in Höxter heißt es »Leinen los!«: Hier können Gäste an Bord der »Flotten Weser« gehen. Prima verbinden lässt sich eine Tour auf dem Dampfer mit einer Radtour auf dem Weserradweg. Wer selbst aktiv werden möchte, kann mit Kanu und Paddel auf Entdeckertour gehen. Folgen Sie einfach der »Gelben Welle«. Die von weitem sichtbaren Schilder zeigen den Wassersportlern und Freizeit-Kanuten kanugerechte Steganlagen.

▸ Freizeitanlage Höxter-Godelheim

Der Bade- und Freizeitsee, der nur 1,5 km von Höxter entfernt ist, lädt durch einen abgetrennten Badebereich mit weißem Sandstrand zum Schwimmen, Baden und Planschen ein. Der flache Bereich zwischen der kleinen Insel und dem Sandstrand ist besonders bei Kindern beliebt, die großen Rasenflächen der Anlage sind mit Spielgeräten für die Kleinen ausgestattet.

Heute ist der ehemalige Adelshof Heistermann Museum.

Von Höxter aus können Gäste an Bord der »Flotten Weser« eine Tour auf dem Wasser unternehmen.

▸ Planwagenfahrten
Eine Tour mit dem Planwagen durch die Natur des Weserberglandes ist ein Erlebnis. Romantik pur! Los geht es in Höxter entlang der Weser oder in den Solling (die Tourist-Information erteilt Auskunft).

Veranstaltungen und Feste

Von Mitte Mai bis Mitte Juni finden an den Sonn- und Feiertagen die Corveyer Musikwochen statt. Daneben werden regelmäßig Sonderkonzerte angeboten. Regelmäßige kulinarische Ereignisse in Höxter sind »Höxter Kulinarisch« und die »Flößer- und Fischertage«. Zu diesen Ereignissen schließen sich Gastronomie und Werbegemeinschaft zusammen und präsentieren kulinarische Köstlichkeiten.

Deutsche Märchenstraße

Als vor über 100 Jahren die Brüder Grimm durch Deutschland zogen und ihre Volksmärchen zusammentrugen, war die Gegend um Beverungen, Brakel und Höxter eine wahre Fundgrube für sie. Hier sammelten sie den größten Teil ihrer plattdeutschen Geschichten, die uns allen als Grimms Märchen bekannt sind. Die Deutsche Märchenstraße verläuft auf einer Gesamtlänge von 600 km von Hanau bis nach Bremen. Bereits in Höxter können Sie den ersten märchenhaften Gestalten begegnen, die Sie von nun an nicht mehr loslassen werden: Wer kennt sie nicht, Hänsel und Gretel und natürlich die böse Hexe – die berühmten Märchenfiguren der Brüder Grimm? Sie begegnen Ihnen nicht nur am Hänsel-und-Gretel-Brunnen, der seit dem Jahr 2000 die Innenstadt Höxters ziert, sondern auch auf der Bühne am Marktplatz: Hier finden in der Regel von Mai bis September jeden ersten Samstag im Monat um 15 Uhr die »Hänsel- und Gretel-Spiele« statt. Ein Muss für alle kleinen und großen Märchenfreunde! Und wer sich gastronomisch verwöhnen lassen möchte, den versetzen zauberhafte Menüs und mittelalterliche Tefeleyen in märchenhafte Stimmung! ■

Horn-Bad Meinberg

(Kreis Lippe)

Im Teutoburger Wald – zwischen dem Hermannsdenkmal und der 468 m hohen Velmerstot, der neben dem Köterberg zweithöchsten Erhebung des Kreises Lippe –, liegt die Stadt Horn-Bad Meinberg (ca. 19 000 Einwohner). Der Stadtteil Bad Meinberg ist lippisches Staatsbad. Aus der ältesten bekannten urkundlichen Erwähnung von Horn als Stadt geht hervor, dass die Gründung um 1248 erfolgt sein muss. Die alte Burg Horn wurde 1348 fertiggestellt und als Wehr- und Wohnbau der Edelherren und späteren Grafen zur Lippe genutzt. Der Ort Meinberg wird erstmals 978 erwähnt. Als Heilbad findet Meinberg dann 1676 Erwähnung, als Andreas von Keil den Meinberger Gesundbrunnen empfahl. 1767 wurde Meinberg durch eine Verfügung des Grafen offiziell zum Kurort ernannt, seit 1903 darf sich der Ort aufgrund fürstlicher Order Bad Meinberg nennen.

Stadtmarketing Horn-Bad Meinberg
Parkstr. 2, 32805 Horn-Bad Meinberg
05234/98903
05234/9577
www.horn-badmeinberg.de

Sehenswertes

Horn

Geschichte zum Anschauen gibt es im Stadtteil Horn an jeder Ecke. Wer am Rathausplatz seine Erkundungstour beginnt, lenkt seinen Blick zunächst auf das große Rathausgebäude. Es wurde 1866 im neugotischen Stil erbaut. Auf der gegenüberliegenden Seite befindet sich das Hotel Vialon. Dieser Adelshof stammt aus dem Jahre 1616 – Bauformen und Bauschmuck der Spätrenaissance prägen sein Erscheinungsbild. Seit der Gründung der Stadt dominiert die Kirche das Zentrum. Der massige Turm zeigt Stilelemente des 12. Jh. Haupt- und Seitenschiffe sind spätgotische Bauteile des 15. Jh. Westlich der Kirche ist der Pfeifenkump zu bestaunen, eines der letzten historischen Brunnenbecken der Stadt. Die Burg Horn wurde um 1348 als mittelalterliche Wehranlage errichtet und 1659 zu einem repräsentativen Wohngebäude umgebaut. Im Obergeschoss befindet sich heute das stadtgeschichtliche Burgmuseum. Am Ende der Burgstraße/Ecke Nordstraße thront mit dem Haus Thies eines der ältesten Fachwerkhäuser der Stadt, das eindrucksvolle Ornamente der Weserrenaissance besitzt.

Kurpark Bad Meinberg

Der 56 ha große historische Kurpark wurde ab 1767 angelegt und immer wieder erweitert. Von dem Landschaftsgarten des 19. Jh. sind bis heute ein großer Teil des alten Baumbestandes und ein Schneckenberg erhalten. Im 20. Jh. kamen drei weitere Areale hinzu. Der 1932 fertiggestellte Berggarten ist durch seine geometrische Gestaltung bestimmt, deren prägendes Element eine große zentrale Treppenanlage ist. Aufwendige Pflanzbeete führen zum Kurpark am See mit einer zwölf Meter hohen Fontäne. Hinzu kommt der Länderwaldpark mit verschiedenen Waldlandschaften aus insgesamt 14 Regionen der Erde.

Museen

Burgmuseum

Der Besuch des stadthistorischen Museums dokumentiert, wie sich Horn als Stadt vom Mittelalter bis zur Gegenwart entwickelt hat. Über das gesamte Jahr runden zudem interessante Sonderausstellungen und Feste das Angebot des Museums ab.

Externsteine

In ein mystisches Ambiente gehüllt sind die Externsteine, eine bis zu 35 m hohe Felsengruppe im Naturpark Teutoburger Wald/Eggegebirge. Die Steine sind Bestandteil der vorwiegend aus Sandsteinen der Unterkreide-Zeit aufgebauten mittleren Gebirgskette des Teutoburger Waldes. Im Zuge der Gebirgsbildung vor etwa 70 Millionen Jahren wurde der ursprünglich flach lagernde Unterkreide-Sandstein im Bereich der Gebirgskette an den Externsteinen senkrecht aufgepresst. Das in die Felsengruppe gemeißelte Relief der Kreuzabnahme Christi stammt von 1150 und ist das bedeutendste Zeugnis seiner Art in Nordwesteuropa. Als markantes Gelände hatten die Externsteine bereits in der Steinzeit Bedeutung, sei es aus kultischen Gründen, um Schutz zu finden oder als Auslug nach Wild. Wie Feuerstein-Geräte, Stielspitzen, Klingen und Steinschlagplätze aus der späten Altsteinzeit beweisen, haben sich Menschen am Fluß der Felsen bereits um etwa 10 000 v. Chr. aufgehalten. Auch von den Jägern und Sammlern der Mittelsteinzeit um 8000–4000 v. Chr. gibt es Belegfunde.

Die Felsen sind ganzjährig zugänglich, aber besteigbar nur von April bis Oktober von 9–18 Uhr. Führungen gibt es jeden 1. Mittwoch im Monat um 15 Uhr ab »Felsenwirt« oder auf Anfrage. ■

Mystik umgibt die bis zu 35 m hohe Felsengruppe der Externsteine bei Horn-Bad Meinberg.

Adresse: Burgstr. 13, 32805 Horn-Bad Meinberg, 05234/201-200, 05234/201-210, www.burgmuseum-horn.de.
Öffnungszeiten: Ostern bis Allerheiligen Di–So 14–16 Uhr.

Traktorenmuseum
Das Museum gibt einen Überblick über die technische Entwicklung in der Landwirtschaft vom Mittelalter bis in die 60er-Jahre. In der Ausstellung zeigt Bauer Johannes Glitz etwa 60 Traktoren aus aller Welt und weit über 100 alte landwirtschaftliche Geräte und Gebrauchsgegenstände. Alle Jahre im Juni findet der Aktionstag »Mit Dampf und Diesel« statt. Ein Erlebnis für die ganze Familie.
Adresse: Hof Glitz, Kempener Str. 33, 32805 Horn-Bad Meinberg, 05255/236, j.glitz@traktoren-museum.de, www.traktorenmuseum.de.

Natur und Freizeit

Wandern und Rad fahren
Schmale, gut gekennzeichnete Pfade führen den Wanderer und Spaziergänger über den faszinierenden Teutokamm auf der schönsten Etappe der Hermannshöhen durch das Silberbachtal in Horn-Bad Meinberg. Lieblicher und sanfter wird das Gelände im ländlicheren Teil von Lippe.
Für Radfahrer stehen rund um Horn-Bad Meinberg 20 Touren zur Verfügung. Fahrräder ausleihen kann man sich bei Udos Rollerschmiede, Schützenstr. 4, 05234/4667.

Freilichtbühne Bellenberg
Die einzige lippische Naturbühne, malerisch unweit des reizenden Bergdorfs Bellenberg gelegen, wird jährlich von über 10 000 Zuschauern besucht. Laienspieler führen Volksstücke, Märchen und Jugendstücke auf.
Adresse: Höhlenweg 8, 32805 Horn-Bad Meingerg (Bellenberg), 05234/2675, www.freilichtbuehne-bellenberg.de.

Veranstaltungen und Feste

Zahlreiche Veranstaltungen und Feste bereichern einen Aufenthalt in Horn-Bad Meinberg: Weinfest, Traktorenfest, Hörnchenfest, Bauernmärkte und vieles mehr.

Hüllhorst

(Kreis Minden-Lübbecke)

Traditionsbewusst und lebendig präsentiert sich die Gemeinde Hüllhorst (ca. 13 500 Einwohner) in einer abwechslungsreichen Hügellandschaft am Wiehengebirge. Historisch reichen die Wurzeln der jetzigen Gemeinde bis zum alten Bistum Minden und zur Domäne Reineberg zurück, die in den Jahren 1220 bis 1230 erbaut und 1723 abgerissen wurde.

Fremdenverkehrsverein
Löhner Str. 1, 32609 Hüllhorst
05744/931530
www.huellhorst.de

Sehenswertes

Mühlen
Mit drei Mühlen unterschiedlicher Bauart reiht sich Hüllhorst in die Mühlenroute des Kreises Minden-Lübbecke ein. Sehenswert ist die gastronomisch genutzte Husenmühle im lieblichen Nachtigallental (Nr. 5), die 1646 erstmals urkundlich erwähnt wurde. Anfragen an 05744/3878 (Restaurant). Aus dem Jahre 1797 stammt die Rossmühle in Oberbauerschaft (Oberbauerschafter-

str. 274), der ältesten ihrer Art im nordwestdeutschen Raum. Besichtigung nach Vereinbarung: 05741/8532. Nicht zu vergessen die Windmühle in Schnathorst-Struckhof.

Museen

▸ Heimatmuseum
Zigarrendrehen und andere handwerkliche Tätigkeiten früherer Zeiten können Besucher anhand zahlreicher Ausstellungsstücke der bäuerlichen und handwerklichen Entwicklung des heimischen Raumes im Hüllhorster Heimatmuseum nachvollziehen.
Öffnungszeiten: So 11–12 Uhr sowie nach Vereinbarung: 05744/931530.

Freizeit und Natur

▸ Freilichtbühne Kahle Wart
Auf einer Waldkuppe des Wiehengebirges liegt im Ortsteil Oberbauerschaft die Naturfreilichtbühne »Kahle Wart«. Hier finden seit über 50 Jahren in den Monaten Juni bis August an den Wochenenden Aufführungen in plattdeutscher Sprache statt.

▸ Wandern und Rad fahren
Ein beliebtes Wanderziel ist die höchste Erhebung des Wiehengebirges, der Reineberg, der in unmittelbarer Nähe der Gemeinde liegt. Der Radwanderweg »Mühlenroute« führt an der Rossmühle in Oberbauerschaft, der Husenmühle im Nachtigallental und an der Windmühle in Schnathorst vorbei.

▸ Ballonfahrten
Die Reise mit dem Ballon ist eine der zahlreichen Attraktionen, die Hüllhorst zu bieten hat. Ein unvergessliches Erlebnis ist die Betrachtung der abwechslungsreichen Landschaft aus der Gondel eines Heißluftballons.

Kalletal

(Kreis Lippe)

Die Gemeinde Kalletal im Lipper Bergland hat knapp 15 000 Einwohner. 16 ehemals selbstständige Ortschaften mit einer zum Teil jahrhundertealten Geschichte gehören dazu. Kalletal verdankt seinen Namen den Bächen Westerkalle und Osterkalle.

Gemeinde Kalletal
Rintelner Str. 3, 32689 Kalletal
05264/644-0
05264/644-100
info@kalletal.de
www.kalletal.de

Sehenswertes

▸ Windmühle Bentorf
Vor über 100 Jahren errichtete der aus dem Ravensbergischen stammende Müller Hermann Ohsiek an dieser Stelle seine Holländermühle aus Bruchsteinen. Im Inneren tragen die drei Etagen quer durch die Mühle reichenden Balken alle für den Mahlgang wichtigen Funktionsteile wie: Wellen, Kammräder, Spindeln, Mahlsteine, Heber usw. Auskunft bei Familie Brink 05264/352. Tage der offenen Tür mit Darstellung des historischen Mahlvorganges sind: 1. Mai, Pfingstmontag, jeweils am 2. So. im Sept. und an weiteren Sonntagen in der Saison.

Museen

▸ Wald- und Forstmuseum
Die ehemalige, 1587 erbaute Schlossmühle in Kalletal-Heidelbeck beherbergt heute das Wald- und Forstmuseum. Eine attraktive, vier Bereiche umfassende Dauerausstellung zu den Themen heimische Tier- und

Pflanzenwelt, Jagdwaffen und -methoden, Forstwirtschaft und Holzverarbeitung damals und heute sowie Gewässer und historisches Fischereiwesen dokumentieren anschaulich die Naturlandschaft des lippischen Weserberglandes.
Adresse: Kurstr. 7, 32689 Kalletal-Heidelbeck, 05264/5109, www.landesverband-lippe.de.
Öffnungszeiten: Sa, So, Feiertag 10–18 Uhr.

Freizeit und Natur

▸ Wandern und Rad fahren

Auf rund 400 km Wanderwegen lässt sich die Umgebung von Kalletal erkunden. Empfehlenswert sind der Kalletalpfad, die Windmühlenroute und die Nord-Süd-Route. Auf ausgeschilderten Radwegen lässt sich das ganze Kalletal erradeln. Auch der beliebte Weserradweg führt durch die Gemeinde.

▸ Tierpark Kalletal

Im Tierpark Kalletal-Hohenhausen können in großzügigen Landschaftsgehegen einheimische und exotische Tiere beobachtet werden. Kleine Käfigbauten und Minigehege findet man hier nicht. Täglich um 15 Uhr können die großen und kleinen Besucher bei einer Fütterungstour dabei sein und die Tiere hautnah erleben. Regelmäßige Veranstaltungen wie Wolfsabend, Katzenabend und Abendspaziergang mit Raubtierfütterung begeistern nicht nur die Kinder. Die Wolfsschule ist weit über die Grenzen Lippes bekannt.
Adresse: Dalbke 1, 32689 Kalletal, 05264/242, 05264/5383, www.tierparkkalletal.de.
Öffnungszeiten: täglich ab 9.30 Uhr.

Für Wissbegierige ein Muss: Das Wald- und Forstmuseum in der Gemeinde Kalletal.

▸ Weserfähre

An Wochenenden von April bis Oktober können Wanderer und Radfahrer von der Anlegestelle Varenholz mit der Weserfähre nach Veltheim fahren.

▸ Weserfreizeitzentrum

Erfrischung und Erholung bietet das Weserfreizeitzentrum mit der Stemmer Seenplatte. Wassersportler, Angler, Minigolfer, Radfahrer, Wanderer und Camper können hier ihre Freizeit in Ruhe genießen oder aktiv sein.

Veranstaltungen und Feste

Tradition und Brauchtum werden insbesondere durch Zieglerfeste, Heimatfeste und Karneval gepflegt.

Kirchlengern

(Kreis Herford)

Im Ravensberger Hügelland liegt die Gemeinde Kirchlengern mit rund 16 500 Einwohnern. Der Süden der Gemeinde liegt in den Niederungen der Else und der Werre. Das Land beiderseits der Else wurde früh besiedelt. Vor dem Einbruch der Franken um 800 gab es bereits sächsische Dörfer. Die erste schriftliche Erwähnung eines Teils der heutigen Gemeinde Kirchlengern stammt aus dem 12. Jh.

Gemeinde Kirchlengern
Rathausplatz 1, 32278 Kirchlengern
05223/7573-0
05223/7573-19
www.kirchlengern.de

Sehenswertes

▸ Stiftskirche
Die Stiftskirche im Ortsteil Quernheim stammt aus romanischer/spätgotischer Zeit und gehört zu den 35 in die Denkmalschutzliste der Gemeinde eingetragenen Baudenkmälern. Eine Besonderheit innerhalb des Kirchenschiffes ist ein mehrteiliger spätgotischer Flügelaltar aus der Zeit um 1525.

Museen

▸ Bauernbad Remerloh
Das historische Bade- und Logierhaus von 1883 diente einst als öffentliches Reinigungsbad für die ländliche Bevölkerung. Das Wasser stammte aus einer natürlichen Quelle unweit des Badehauses. Mit einer Handpumpe, später mit einer elektrisch betriebenen Pumpe, wurde das Quellwasser in den höher gelegenen Vorratsbehälter gepumpt und gelangte durch das natürliche Gefälle in den mit Holzscheiten beheizten Kessel und durch Leitungen in die einzelnen Wannen, wo es sich mit dem heißen Wasser vermischen ließ. Im Erdgeschoss gab es vier Baderäume mit aus Stein gemauerten tiefen Wannen und später zwei moderne Stahlwannen für die »besseren Leute«. Das ganze Gebäude mit der alten Wasserversorgungsanlage, den Inneneinrichtungen und den einzelnen Exponaten steht zur Besichtigung offen.
Adresse: Dreesweg 23, 32278 Kirchlengern-Quernheim.
Öffnungszeiten: Apr. bis Sept. Gruppenführungen nach Vereinbarung.

▸ Feuerwehrmuseum
Die Sammlung umfasst eine Vielzahl von einzigartigen Exponaten. Das Museum dokumentiert neben der technischen Entwicklung im Feuerlöschwesen auch die Veränderungen der Uniformen ab 1880. Die Pferdedrehturmleiter von 1903 mit ihren 23 m Länge ist die größte und die schwerste ihrer Art in Deutschland.
Adresse: Häverstr. 188, 32278 Kirchlengern-Quernheim, 05223/73792.
Öffnungszeiten: Jeden 1. und letzten Sonntag im Monat 11–17 Uhr sowie nach Vereinbarung.

Freizeit und Natur

▸ Wandern und Rad fahren
Durch Kirchlengern führt der Fernradwanderweg R 7 von Bad Bentheim bis Rinteln und der Radrundwanderweg HF 7. Mit dem Else-Werre-Radweg wurde eine attraktive Route für Genussradler entwickelt. Außerdem findet man in der Gemeinde zahlreiche Wanderwege.

▸ Aqua Fun
Ob mit Familie, Freunden, zu zweit oder allein, das Freizeitbad Aqua Fun bietet Erholung und Abwechslung. Das Bad mit Außen- und Innenbecken, 5-m-Sprungturm, 80-m-Rutsche,

Solebecken, zahlreichen Solarien, Saunen, Whirlpool-Garten und Bistro bietet für jeden Geschmack etwas.
Adresse: Am Hallenbad 1, 32278 Kirchlengern, ✆ 05223/78689.
Öffnungszeiten: Di–Sa 13–21 Uhr, So 9–20 Uhr.

Kulinaria

Die Fleischerei Spengemann in der Stiftsstraße produziert eine würzig-kräftige Rostbratwurst Ravensberger Art. Diese Spezialität in hauchzarten Saitlingen wird nicht vorgebrüht, sondern frisch verkauft.

Lage

(Kreis Lippe)

Die Stadt Lage mit ihren rund 36 000 Einwohnern liegt unweit des Teutoburger Waldes im Werretal. Der Ortsteil Hörste inmitten des Naturparks Teutoburger Wald/Eggegebirge ist staatlich anerkannter Luftkurort. Erstmals urkundlich erwähnt wurde Lage im Jahr 1246. Die 1000 Jahre alte Marktkirche St. Johann war Ausgangspunkt der Besiedlung. Im Hochmittelalter erfreute sich der Ort bei einer vergleichsweise großen Zahl von Siedlern hoher Beliebtheit. Grund waren vermutlich die besonderen Privilegien der Bürger Lages. Im 18. und 19. Jh. war Lage als Treffpunkt der lippischen Wanderziegler über die Ortsgrenzen hinaus bekannt.

Städtisches Verkehrsamt
Freibadstr. 3, 32791 Lage
✆ 05232/8193
📠 05232/89531
✉ verkehrsamt@lage.de
🌐 www.lage.de

Sehenswertes

▸ Marktkirche St. Johann
Die Kirche wurde im 10. Jh. dort errichtet, wo sich mehrere Fernwege kreuzten. Über die Jahrhunderte wurden immer wieder bauliche Änderungen an der Marktkirche vorgenommen, z. B. wurde sie zur romanischen, einschiffigen Kirche umgebaut und ein Kirchturm errichtet. Im 15. Jh. geschah der Umbau zur heutigen spätgotischen, dreischiffigen Hallenkirche. Berühmtheit erlangte die Marienglocke aus dem Jahr 1518, eine der ältesten Glocken Lippes. Ebenfalls sehenswert ist die barocke Orgel von 1717.

▸ Schloss Iggenhausen
Das neugotische Herrenhaus wurde um die erste Jahrtausendwende vom Kloster Corvey erworben. Von der mittelalterlichen Turmhügelanlage sind nur noch Teile der Ringmauer erhalten. In der Schlosskapelle wird heute noch Gottesdienst gefeiert. Das Schloss befindet sich in Privatbesitz, die Außenanlagen können jedoch besichtigt werden.

▸ Kirche Stapelage
Das eindrucksvollste Bauwerk von Hörste ist die Kirche in Stapelage. Ihre Gründung geht in die karolingische Zeit (um 790 n. Chr.) zurück.

▸ Johannissteine
Die Johannissteine liegen rechter Hand an der B 239 am Ortsausgang in Richtung Detmold. Es handelt sich um zwei große Granitfindlinge, die von Eiszeitgletschern hierher geschoben wurden. Der größte Brocken ist 6,20 m lang, 5,50 m breit und wiegt ca. 200 t. Ein Stein liegt exakt in Nord-/Süd-Richtung, ein weiterer rechtwinklig dazu. Ergänzt wird das Paar durch kleine Findlinge und Bruchstücke. Zwei exakte Fünfkantlöcher in den Steinen stammen wahrscheinlich aus

frühgeschichtlicher Zeit und erlauben unter Einsatz von Stäben die präzise Lokalisierung der Wintersonnenwende.

Museen

▸ Westfälisches Industriemuseum Ziegelei Lage

In der 1909 gegründeten und 1979 stillgelegten Ziegelei, in der zunächst die Handarbeit dominierte, wurde ab 1922 die maschinelle Produktion eingeführt. Eine Dauerausstellung informiert über die Geschichte der Ziegelproduktion sowie über das Wanderzieglerwesen. Die Ziegelei Lage ist Ankerpunkt der Europäischen Route der Industriekultur. Das Museum bietet Schauvorführungen und spezielle Erlebnisangebote für Kinder.
Adresse: Sprikernheide 77, 32791 Lage, ☏ 05232/9490-0, 📠 05232/9490-38.
Öffnungszeiten: ganzjährig Di–So 10–18 Uhr.

Freizeit und Natur

▸ Wandern und Rad fahren

Für den Wanderer ist ein Streckennetz von über 100 km durch Laub- und Nadelwälder ausgeschildert. Daneben gibt es einige besondere Routen: den historischen Wanderweg, den Familienwanderweg und die therapeutischen Wanderwege. Interessant ist auch der Wildkatzpfad: Insgesamt 13 einbetonierte Wildkatzenfiguren aus Stahl konnten dankt Fördermitteln des Kreises Lippe sowie des Landes Nordrhein-Westfalen von lippischen Künstlern gestaltet werden und bilden im Hörster Wald den Skulpturenpfad. Insgesamt 20 Stationen, vom Bienen-Schmidt bis zum Haus des Gastes gibt es, Verweilorte laden zum Pausieren ein. Das Verkehrsamt Lage-Hörste bietet geführte Wanderungen mit Erläuterungen an.

▸ Luftkurort Hörste

Hörste zählt seit Jahren zu den beliebtesten Urlaubsorten des Lipperlandes. Schon seit 1925 gibt es hier Fremdenverkehr. Außer auf einen der vielen Wanderwege kann man sich auf den Trimmpfad machen, das beheizte und mit Quellwasser gespeiste Waldfreibad besuchen, die Tennishalle, die Reithalle mit angeschlossener Reitschule oder im Haus des Gastes oder im Kurpark verweilen.

Lippische Wanderarbeiter

Wegen schlechter Verdienstmöglichkeiten und der zunehmenden Mechanisierung wanderten viele junge Männer aus dem agrarisch geprägten lippischen Raum im Sommer zu Ziegeleien nach Friesland ab. Im Winter kehrten sie in ihre Heimat zurück, um dort als Leinenweber ihr Brot zu verdienen. Versuchte die lippische Regierung anfangs, die Abwanderung zu unterbinden, erkannte sie in der ersten Hälfte des 19. Jh. den Nutzen der Wanderarbeit, nämlich Geld für den Wirtschaftskreislauf des zurückgebliebenen Landes Lippe. Die Wanderarbeiter waren zu Fuß unterwegs, später auch mit der Eisenbahn. Während der Saison lebten sie in Kotten, kleinen Häusern an der Ziegelei. Sie waren gemeinschaftlich untergebracht und verpflegten sich meist selbst. In kleinen Ziegeleien arbeiteten zumeist fünf bis sieben Ziegeler in einer Gruppe zusammen, dem sogenannten Pflug. Produktionsbedingt arbeiteten ein bis zwei Pflüge in einer Ziegelei. Um jedes Jahr genügend Arbeiter auf den Ziegeleien zu haben, entwickelte sich schon ab dem 17. Jh. eine Arbeitsvermittlung, die sogenannten Ziegelboten. ■

Veranstaltungen und Feste

In Lage finden regelmäßig Veranstaltungen und Feste statt, der Verkehrsverein informiert darüber.

Langenberg

(Kreis Gütersloh)

Im südlichen Teil des Kreises Gütersloh, auf den Höhenausläufern der Oelder- und Stromberger Berge, leben 8000 Menschen in der Gemeinde Langenberg. Der Ort wurde erstmals 1180 in historischen Urkunden erwähnt, in denen die kleine Ansiedlung dem Fürstbistum Osnabrück zugeschrieben wurde. Seit dieser Zeit wurde Langenberg von den Drosten und Amtmännern aus Wiedenbrück verwaltet. Diese Zuordnung blieb auch nach dem Wiener Kongress im Jahr 1815 bestehen, obwohl Preußen in seinen neuen westfälischen Landesteilen Kreise als neue Verwaltungseinheiten schuf. Die Zuordnung wurde erst 1970 aufgelöst.

Gemeinde Langenberg
Klutenbrinkstr. 5, 33449 Langenberg
05248/5080
05248/50860
www.langenberg.de

Sehenswertes

Zu den sehenswerten und unter Denkmalschutz stehenden Gebäuden gehören u. a. das Gut Geissel (Jagdweg 215), das Café »Zur Linde« (Kirchplatz 8), die alte Lippentrupper Schule (Forstbachstr. 22), die ehemalige Vogtei (Hauptstr. 59), die katholische Pfarrkirche St. Lambertus (Kirchplatz 10), die katholische Pfarrkirche St. Antonius (Liesborner Str. 13) sowie verschiedene Kötterhäuser (Bokeler Str. 15, Wiedenbrücker Str. 42 und Höchtestr. 6).

Gut Geissel

Das unter Denkmalschutz stehende Gut liegt eingebettet in einem großen Waldgebiet. Bereits 1231 wurde es urkundlich erwähnt. Das heutige Fachwerkensemble mit seiner kleinen barocken Gartenanlage stammt aus dem 18. Jh. Seit 2006 findet dort im Rahmen der »Langenberger Kulturtage« immer am 1. Sonntag im Juni die »Soirée auf Gut Geissel« statt. Besichtigungen des Anwesens können nach vorheriger Terminabsprache durchgeführt werden.

Hohenfelder Privat-Brauerei

Die mit einer mehr als 150 Jahre währenden Bierbrautradition bekannte Brauerei Langenbergs bietet Besichtigungen mit anschließender Verkostung an.

Der älteste Teil der Pfarrkirche St. Lambertus in Langenberg ist der romanische Turm, der um 1200 erbaut wurde.

Museen

Heimatstube Benteler

Mehr als 2000 Exponate aus den Bereichen Mobiliar und Einrichtung, landwirtschaft-

liche Geräte und Werkzeuge können hier besichtigt werden.
Adresse: Vornholzstr. 3, Langenberg-Benteler
Kontakt: Antonius Handing,
05248/609276

Freizeit und Sport

Wandern und Rad fahren
Mitten in der Natur – umgeben von vielfältiger Flora und Fauna – können sich Interessierte von den gut ausgeschilderten Nordic-Walking-Routen und den ausgewiesenen Wander- und Radwegen einnehmen lassen und das Flair alter Fachwerkhäuser und Höfe sowie die ursprüngliche Atmosphäre der Flussläufe, Biotope, Wiesen und Wälder genießen. Empfehlenswert ist der 39 km lange Radweg »Rund um den Langenberg«.

Kulinaria

Regional bekannt sind die Produkte der Privat-Brauerei Hohenfelde. Neben einem regionstypischen Pils sollte man insbesondere »Lappmann's Dunkel«, das seit 1994 wieder nach einem fast unveränderten alten Rezept gebraut wird, und den »Hohenfelder Weizen Bierbrand« probieren.

Lemgo

(Kreis Lippe)

Die alte Hansestadt Lemgo hat heute ca. 44 000 Einwohner und ist geprägt durch einen besonders großen, planmäßig angelegten mittelalterlichen Grundriss und wunderbar restaurierte Gebäude. Das Alter von 800 Jahren sieht man den farbenfroh gestalteten Häuserfronten nicht an. Um 1290 wurde die Stadt als Mitglied des Hansebundes erwähnt. Eine mächtige Kaufmannsschaft und weitreichende Handelsbeziehungen sorgten für Wohlstand. Viele Bürgerhäuser zeugen vom Reichtum der Bürger, der sich auf den Tuch-, Garn- und Leinwandhandel gründete. Der historische Stadtkern bietet Zeugnisse der Spätgotik und Weserrenaissance: Steinbauten und Fachwerkhäuser stehen an diesem Kreuzungspunkt zweier ehemaliger Handelswege. Stadtführungen und thematische Rundgänge werden regelmäßig angeboten.

Tourist-Information Bad Lippspringe Marketing, Lange Str. 6, 33175 Bad Lippspringe
05252/9770-0
05252/9770-77
www.bad-lippspringe.com

Sehenswertes

Marktplatz
Auf einem der schönsten Stadtplätze herrscht heute noch buntes, pulsierendes Treiben. Mittwochs und samstags ist Wochenmarkt, aber auch viele Veranstaltungen finden auf dem historischen Markt ihre Bühne.

Rathaus
Das Baudenkmal von europäischem Rang (1350–1612) spiegelt Gotik und Renaissance wider. Sehenswert sind besonders die Rathauslaube (1565) mit Lemgoer Rose und Blattmasken und der Apothekererker (1611), u. a. mit zehn Naturforschern, Ärzten und Philosophen in den Nischen der Brüstungsfelder.

Planetenhaus und Torhaus
Prächtig ist der Fachwerkgiebel in der Mittelstraße mit allegorischen Darstellungen der um 1590 bekannten Planeten

und Löwenbilder für Macht und Stärke. Rund 100 m weiter steht das Torhaus mit schmuckvoller Fassade.

▸ Kanzlerbrunnen

Der Brunnen des Bonifatius Stirnberg am ehemaligen Ostertor erzählt die heitere Begebenheit von einem Fass Bier, für das die Steuer nicht bezahlt wurde.

▸ St. Nicolai-Kirche und Kirche St. Marien

Die Kirche in der Kramerstraße fällt wegen der beiden Türme auf: Der höhere gehört der Kirche und trägt die Glocke, der linke mit Luke und Glockenspiel ist ein Stadtturm. Im Innern sehenswert ist die Kanzel, der Voß'sche Hochaltar, die Taufe und die moderne Plastik »Stein des Anstoßes« für Maria Rampendahl, der 1681 als letzter Hexe der Prozess gemacht wurde. Die gotische Hallenkirche St. Marien in der Breiten Straße entstand zwischen 1260 und 1320. Bekannt ist sie durch ihre Schwalbennestorgel (1612) und die hier stattfindenden Lemgoer Orgeltage.

Der historische Stadtkern von Lemgo verführt zu einer Zeitreise in die Vergangenheit.

▸ Alte Abtei

Das barocke Haus mit der zweiläufigen Freitreppe in der Kramerstraße ist der ehemalige Sitz der Äbtissin des Stiftes St. Marien. Rückseitig findet sich ein herrlicher Park, in dem das seltene Steindenkmal für »Hans den Schönen« – ein zahmer Kranich des Grafen Ludwig zur Lippe steht.

Museen

▸ Weserrenaissancemuseum Schloss Brake

Der europäische Baustil der Renaissance erfuhr im 16. und 17. Jh. im Weserraum eine besondere Ausprägung. Kaum irgendwo sonst in Mitteleuropa wurden in dieser Zeit so viele Renaissancebauten errichtet. Besonders an der mittleren und oberen Weser drängen sich die Bauten, die zum größten Teil erhalten sind und das Gesicht der Landschaft prägen. Sie bilden die Grundlage für die Straße der Weserrenaissance, die von Bremen bis München führt und in drei Teilstrecken untergliedert ist. Die Geschichte der Kulturepoche wird im Museum in Lemgo dargestellt. Das Schloss Brake ist ein bedeutendes Architekturdenkmal, dessen beeindruckende Baugeschichte vom 12. bis in das 19. Jh. reicht.

Adresse: Schlossstr. 18, 32657 Lemgo, ☏ 05261/94500, 🌐 www.wrm.lemgo.de. **Öffnungszeiten:** Di–So 10–18 Uhr.

▸ Junkerhaus

Das Junkerhaus ist die Schöpfung des Lemgoer Architekten, Malers und Holzbildhauers Karl Junker (1850–1912). Es handelt es sich um einen zweistöckigen Fachwerkbau mit Backsteinsockel, dessen Fassade skurril verziert ist. Möbel, Holzskulpturen und annähernd 900 im Nachlass überlieferte Gemälde und Skizzen zeugen von Junkers Schaffensdrang und seinen künstlerischen Ideen.

Adresse: Hamelner Str. 36, 32657 Lemgo, ☏ 05261/667695, 🌐 www.junkerhaus.de.
Öffnungszeiten: Apr. bis Okt. Di–So 10–17 Uhr, Nov. bis März Fr–So 11–15 Uhr.

▸ Automuseum

In einer 1400 m² großen Halle kann der Autofan Automobilgeschichte erleben. Ganz bewusst hat das Museum den Schwerpunkt auf Sportwagen gelegt, hier und dort lockern Zweiräder und Fotoapparate aus der Zeit des Wirtschaftswunders die Sammlung auf. Hauptaugenmerk liegt jedoch auf dem Porsche.
Adresse: Industrieweg 4, 32657 Lemgo-Hörstmar
Öffnungszeiten: So 12–17 Uhr.

▸ Hexenbürgermeisterhaus

Die imposante Fassade des Hauses (1568) ist ein Paradebeispiel für den Weserreanaissancestil. Benannt ist es nach dem Bürgermeister Hermann Cothmann, in dessen Amtszeit es zu den letzten Hexenprozessen

Schloss Brake in Lemgo ist ein bedeutendes Architekturdenkmal.

Veranstaltungen und Feste

Besuchen Sie im Mai das Schützenfest in Nienhagen, am letzten Sonntag im August das Sonnenblumenfest oder den Herbst- und Frühjahrsmarkt in Leopoldshöhe oder den Martinsmarkt in Asemissen am zweiten Novemberwochenende!

Lichtenau

(Kreis Paderborn)

Lichtenau liegt reizvoll im Erholungsgebiet Altenautal und im Naturpark Eggegebirge/ südlicher Teutoburger Wald. Der größte Teil des Stadtgebiets gehört zur Paderborner Hochfläche, in den 15 Dörfern leben 11 800 Menschen. Lichtenau gehört zu den ältestbesiedelten Räumen Westfalens. Bis in die Jungsteinzeit etwa 2000 v. Chr. reichen hier die ersten Spuren von Ackerbauern mit festen Siedlungen. Steinkammergräber dokumentieren diese Entwicklung. Lichtenau, 1326 erstmals urkundlich erwähnt, gehörte seit der Gründung zur weltlichen Herrschaft des deutschen Bistums Paderborn, ursprünglich zum Herzogtum Sachsen.

Stadt Lichtenau
Lange Str. 39, 33165 Lichtenau
05295/890
05295/8970
www.lichtenau.de

Sehenswertes

Burg Lichtenau

Die Geschichte der Stadt Lichtenau und ihrer markanten Burg aus dem 14. Jh. hängt eng zusammen mit den großen Fehden des ausgehenden Mittelalters und den daraus resultierenden Verwüstungen zahlreicher Orte. Viele Bürger aus den schutzlosen benachbarten kleinen Siedlungen siedelten sich in dem neu befestigten Lichtenau an, um unter der mächtigen Burg und ihren Herren Schutz zu suchen. Sich nach oben verjüngend, ragt die wuchtige Turmburg 33 m gen Himmel. Im Mittelalter ging es hier nicht gerade komfortabel zu: im ersten Stock der Rittersaal, der Burgkeller mit Tonnengewölbe und Schießscharten, zusammengedrängte Stallungen für Vieh und Pferde, dunkle Kammern vollgestopft mit Geschützen, Pech, Schwefel und sonstigem Zubehör für Waffen und Kriegsgerät, Speicher voller Korn und den wenigen Lebensmitteln, die seinerzeit haltbar gemacht werden konnten. Alten Berichten ist zu entnehmen, dass es sehr eng war und überall stank es nach Vieh, Schießpulver und Rattendreck. Im Winter war es bitterkalt.

Spieker

Der Spieker (Gebäude zur Aufbewahrung gedroschenen Getreides), 1588 erbaut, ist ein restauriertes Fachwerkhaus im Stil der Weserrenaissance, dessen Brüstungsplatten reich mit Fächerrosetten geschmückt sind.
Adresse: Lichtenau-Atteln, Am Spieker 30.

St. Kilian

Auf einer leichten Anhöhe stehend, wacht der mächtige 43 m hohe Wehrturm der St. Kilian Pfarrkirche über die Stadt. Steinmetzzeichen lassen seinen Baubeginn auf das Jahr 1233 datieren. Die frühgotische Kirche selbst stammt vermutlich aus dem Jahr 1273. Nach einem großen Brand 1483 wurde die heutige Ausstattung mit dem Anbau des Chores geschaffen. Ein besonderes Kleinod im Innenraum ist der wertvolle dreistöckige Alabasteraltar im Renaissancestil.

St. Annenkapelle

Am Zusammenfluss von Altenau und Holtheimer Wasser stößt der Wanderer im

Wiesental auf eine ansehnliche Barockkapelle. Es handelt sich um die Amerunger Kapelle oder schlicht Annenkapelle.

‣ Steinkammergrab
Zu den ältesten erhaltenen Zeugnissen menschlicher Besiedlung in der Region gehören die Steinkammergräber aus der Jungsteinzeit, ca. 5000 Jahre v. Chr. Ein besonders imposantes Steinkammergrab befindet sich am Ortsausgang Atteln in Richtung Husen. Bis zu 200 und mehr Menschen wurden in den Kammern solcher Gemeinschaftsgräber bestattet. Wurde das Grab zu klein, verlängerte man es, indem man Kalksteinplatten senkrecht in die Erde rammte, darüber mächtige Kalksteinblöcke als Decke legte und schließlich alles unter einem Erdhügel begrub. 30 m misst das heute teilrekonstruierte Steinkammergrab in Atteln, das archäologisch-pädagogisch aufbereitet wurde. Schaubilder informieren über die Entstehungszeit und die Hintergründe derartiger steinzeitlicher Grabanlagen.

‣ Marienkapelle und Lourdes-Grotte
In der barocken Marienkapelle im Ortsteil Kleinenberg befindet sich der Hochaltar mit dem Gnadenbild aus der Zeit um 1400. Das Bild aus Eichenholz ist 45 cm hoch, seine Verehrung reicht weit über den Paderborner Raum hinaus. An den Sonntagen nach dem 2. Juli (Mariä Heimsuchung) und dem 8. September (Mariä Geburt) pilgern tausende von Wallfahrern zur »Helferin vom Berge«.

Museen

‣ Kloster Dalheim
Das älteste schriftliche Zeugnis des Augustiner-Chorherrenstifts ist eine Urkunde aus dem Jahre 1264. Die größte Blüte erlebte das Kloster in der Barockzeit, in der Dalheim zu den schönsten Klöstern im Paderborner Land zählte. Doch damit war es vorbei, als Dalheim im Zuge der Säkularisation 1803 aufgelöst und zur Staatsdomäne erklärt wurde. Seit 2007 beherbergt das Kloster das erste Landesmuseum für Klosterkultur. Neben der Dauerausstellung geben jährlich wechselnde Sonderausstellungen sowie ein großer Klostermarkt Einblicke in die Geschichte des klösterlichen Lebens und Wirkens. Rings um das Museum erwarten Sie bezaubernde Gärten, reizvolle Wanderwege wie z. B. der »Augustiner Chorherren-Weg« sowie eine

Das Kloster Dalheim – hier eine Gesamtansicht – beherbergt heute das erste Landesmuseum für Klosterkultur.

einzigartige Atmosphäre der spätgotischen Kirche und der imposanten Wirtschaftsgebäude. Im Kellergewölbe der Klosteranlage kann nach über 200 Jahren wieder selbstgebrautes Klosterbier – das »Dalheimer Klosterbräu« – verköstigt werden. Führungen nach Vereinbarung.
Adresse: Am Kloster 9, 33165 Lichtenau, 05292/93190, www.klosterdalheim.de.
Öffnungszeiten: Di–So 10–18 Uhr.

Stadtwüstung Blankenrode
Auf einer Wanderung entlang des Sintfeld-Höhenwegs gelangt man direkt zur Stadtburg Blankenrode. Historiker bezeichnen dieses archäologisch bedeutende Bodendenkmal als eine der prägnantesten mittelalterlichen Stadtwüstungen Mitteleuropas. Ein doppelter Mittelwall trennte die Burg einst in einen West- und einen Ostteil. Im Westteil lebten im Mittelalter die Ackerbürger und Handwerker, im Ostteil die Ritter und Burgmannen. In der starken Rundbefestigung auf der Berghöhe residierte der Burgvogt. Eine weitere Besonderheit erblüht auf der ehemaligen Bleikuhle südlich von Blankenrode, die sogenannte »Blaue Blume von Blankenrode«. In Blankenrode wurde seit dem 13. bis ins 20. Jh. hinein Bleiglanz und später Zink abgebaut. Die Bleikuhle und verstürzte Schächte und Stollen weisen auf die Zeiten des Erzabbaus hin. Heute sind die Bleikuhlen und ihre Abraumhalden Naturschutzgebiete.

Freizeit und Natur

Wandern und Rad fahren
Auf 260 km Wanderwegen können Interessierte die Landschaft erkunden. Der Sintfeld-Höhenweg mit seinen 144 km ist eine der abwechslungsreichsten Wanderrouten in Deutschland. Er verbindet die Städte Bad Wünnenberg, Büren und Lichtenau. Informationen erhalten Sie beim Eggegebirgsverein Lichtenau, 05295/620. Für die sportlich Aktiven gibt es ausgezeichnete Radwanderwege, auf denen die weitläufige Landschaft kennengelernt werden kann.

Arboretum Dalheim
1904 wurde das Arboretum Dalheim, eine Sammlung einheimischer und ausländischer Bäume, vom Forstmeister Graven angelegt. Als eifriger Landschaftgestalter veranlasste er die Anpflanzung von Baumgruppen und Alleen sowie des Arboretums mit vielen exotischen Gehölzen. Ein Rundweg, der auch mit kleineren Kindern in etwa 30 Minuten zu begehen ist, führt an über 70 verschiedenen Bäumen vorbei. Folgen Sie einfach dem Gingko-Blatt! Einen Höhepunkt stellt die Anpflanzung von Mammutbäumen aus Nordamerika und Asien dar.
Kontakt: Forstbetriebsbezirk Dalheim, Hermann Brügge-Feldhacke, Reiß-Weg 6, 33165 Lichtenau-Dalheim, 05292/2676.

Schwimmen
Das an dem viel befahrenen Altenauradweg liegende Naturfreibad Altenau verspricht chlorfreies Schwimmvergnügen inmitten einer schönen Landschaft.
Adresse: Naturfreibad Altenau, Finkestr. 34, 33165 Lichtenau-Altenau, 05292/932176, www.naturbad-altenautal.de.
Öffnungszeiten: Mai bis Sept. täglich 13–19 Uhr.

Veranstaltungen und Feste

Dalheimer Sommer
Alte Musik, gregorianische Gesänge, Jazz – die Dalheimer Musikveranstaltungen mit Konzerten im neuen Schafstall und in der Klosterkirche sind von überregionaler Bedeutung. Vor allem das Festival »Dalheimer Sommer« im August hat sich zu einem der wichtigsten Kulturfeste Westfalens entwickelt. Infos unter www.dalheimer-sommer.de.

Löhne

(Kreis Herford)

Mitten im Ravensberger Hügelland am Fluss Werre liegt Löhne. Die aus fünf Ortsteilen bestehende Gemeinde hat 41 000 Einwohner. Verschiedene archäologische Funde deuten auf eine durchgehende Besiedlung des Löhner Raumes mindestens seit der Mittelsteinzeit (vielleicht ab 5000 v. Chr.) hin. Die früheste urkundliche Erwähnung mit Bezug auf das Löhner Gebiet datiert schon auf das Jahr 993. In früher Zeit im Stammesbereich der Cherusker, später der Sachsen gelegen, gehörte der Raum seit dem Hochmittelalter zum Hochstift Minden und gelangte mit diesem 1648 für knapp 300 Jahre an Preußen.

Kultur- und Verkehrsamt
Alte Bünder Str. 14, 32584 Löhne
05732/100-553
info@loehne.de
www.loehne.de

Sehenswertes

Rürupsmühle

Einen Besuch des Mühlenhofes rund um die Rürupsmühle sollte man nicht versäumen. Unterhalb des Mühlenteiches steht die 400 Jahre alte Wassermühle. Um den Teich herum gruppieren sich ein Backhaus (1841), ein Fachwerk-Speicher, ein Holzschuppen und ein prächtiges, reetgedecktes Bauernhaus (1727). Der Verein »Vom Korn zum Brot« zeigt hier in allen Einzelheiten die Nutzung des Getreides in vorindustrieller Zeit. Das selbst hergestellte Brot, bestrichen mit Schmalz, Honig oder Marmelade, kann in der gemütlichen Stube verzehrt werden.
Adresse: Loher Str., Unter der Burg.
Öffnungszeiten: Arbeitsvorführungen jeden 1. und 3. Samstag im Monat, 14–16 Uhr; geführte Besichtigungen jeden Sonntag ab 14 Uhr.

Wasserschloss Ulenburg

Das Wasserschloss wurde in den Jahren 1568 bis 1570 im Stil der Weserrenaissance gebaut. Zur Anlage gehören ein interessanter Park mit altem Baumbestand und ein restauriertes Mühlengebäude. Der Park ist öffentlich zugänglich und bei Interesse werden gern die Innenräume gezeigt. Das Schloss ist im Besitz der Heil- und Pflegeanstalt Wittekinds.
Adresse: Wittekindshof/Schloss Ulenburg, Ulenburger Buchenallee 16, 32584 Löhne, 05732/97090.

Museen

Mühlenmuseum Kemena

Die Mühle Kemena (1893) liegt im idyllischen Grünen Tal und wird vom Mittelbach umschlossen. In drei Generationen wurden Gebäude und Einrichtung der Mühle erweitert und verbessert. So ist die 1991 stillgelegte Mühle vollständig erhalten, betriebsbereit und ein wichtiger Zeitzeuge der Mühlenentwicklung. Die Mühlengruppe Melbergen führt an mehreren Tagen im Jahr Mühlentage und Bewirtungen durch. Darüber hinaus sind Führungen jedoch jederzeit nach Vereinbarung möglich.
Adresse: Mühlenmuseum Kemena, Koblenzer Str. 56, 32584 Löhne, 05731/84047.

Heimatmuseum

Hier bietet der Heimatverein Löhne Volkskundliches und Heimatgeschichtliches zum Staunen: erdgeschichtliche Funde aus dem unteren Werretal mit eiszeitlichen Tieren, Funde aus der Stein- und Bronzezeit, den Gohfelder Einbaum aus dem 6. Jh. oder den Poppensieker Brautschatz. Im über 100 Jahre alten Zigarrenmacherhaus und im bäuerlichen Speicher lässt sich viel über altes

Löhner Handwerk des Zigarrenmachens und Leinenwebens erfahren.
Adresse: Alter Postweg 300, 32584 Löhne, 05732/3172.
Öffnungszeiten: nach Ostern bis Ende Nov. Sa 15–18 Uhr, So 10–12.30 und 15–18 Uhr.

Freizeit und Natur

Wandern und Rad fahren
Bei Spaziergängen und Wanderungen findet man in der ganzen Stadt Hinweise auf die Geschichte Löhnes, z. B. den durch Erich Maria Remarques »Im Westen nichts Neues« bekannt gewordenen Bahnhof neben anderen alten Bauernhöfen oder die Zigarrenmachervilla Meyer. Mehr über die heimische Natur erfährt man auf dem Waldlehrpfad am Naturfreundehaus. Entlang der Werreauen fährt man den Else-Werre-Radweg bis zur Stadt Melle und zur Weser oder aber man erkundet auf dem Sole-Radweg die Landschaft.

Aqua Magica
Der rund 20 ha große Landschaftspark ist ein ideales Naherholungsgebiet. Familien mit Kindern finden viele Spielgelegenheiten und einen großen Erlebnisbereich mit Hängebrücke, Kletterpyramide, Tanzglockenspiel und vielem mehr. Das Café Magica im Glas-Gewächshaus lädt zum Verweilen ein. Herzstück der Aqua Magica sind der Sprühgarten und der Wasserkrater. Hier können Sie die brodelnde Kraft des Wassers direkt an ihrer Quelle erleben, wenn plötzlich eine 30 m hohe Fontäne tief aus der Erde emporschießt.
Adresse: Bültlestr. 32584 Löhne, 05731/30200-0, 05731/30200-11, info@aquamagica.de, www.aquamagica.de.
Öffnungszeiten: ganzjährig; Wasserkrater von Mai bis Sept.

In Löhne zieht das Weserrenaissance-Wasserschloss Ulenburg die Besucher an.

Golf
Eine reizvolle Herausforderung ist eine Runde auf dem Golfplatz, der, eingerahmt durch die Höhenzüge des Wiehengebirges und die Porta Westfalica, Spannung und Entspannung bietet. Ein Clubausweis mit eingetragenem Handicap ist erforderlich.
Adresse: Golf Club Widukind-Land e. V., Auf dem Stickdorn 65, Löhne-Wittel, 05228/7050, www.gc-widukindland.de.

Mitmachaktionen im Mühlenmuseum kommen bei den Kleinen immer gut an.

Kanuwandern
Zu der Fahrt zwischen Herford und Löhne auf dem Unterlauf der Werre gehört ein Abstecher in die mit Seerosen und Schilf zugewachsene Else. Hier sind zahlreiche Wasservögel zu beobachten. Vor der Kulisse des Wiehengebirges lässt sich eine Tagestour zwischen Löhne und Porta Westfalica unternehmen. Infos bei der Kanutouristik OWL, 05221/346493, www.rionegro.de.

Veranstaltungen und Feste

Löhne präsentiert ein breit gefächertes kulturelles Programm: Konzerte, Kabarett, die Kleinkunstreihe »sonderBar«, Kindertheater, die »Löhner Varieté-Nacht«, Kirchenkonzerte, »Sommertheater an der Ulenburg« und vieles mehr. Zu den Festen in der Innenstadt gehören das Frühlingsfest am Muttertagswochenende, der Sommerzauber am letzten Wochenende im Juli, das Oktoberfest am ersten Wochenende im Oktober und der Weihnachtsmarkt am ersten Adventwochenende.

Lübbecke

(Kreis Minden-Lübbecke)

Lübbecke am Nordhang des Wiehengebirges bietet faszinierende Natur und lebendige Kultur. 27 000 Menschen leben heute in der über 1200 Jahre alten Stadt. Lübbecke wurde erstmals 775 in den fränkischen Reichsannalen erwähnt, bereits 1279 wurde dem Ort das Stadtrecht verliehen. Die Landesburg Reineberg vor den Toren der Stadt wurde überwiegend mit Rittern aus der mindischen Ministerialität besetzt, die auf Burglehen, den Burgmannshöfen in der Stadt, saßen. Die Stadt verfügte über umfangreiche Markengründe, an denen Dörfer und Bauerschaften sowie Bürger und Burgmannen beteiligt waren. Als 1765 auf Regierungsanordnung die Markengründe aufgeteilt werden sollten, protestierten Ritterschaft, Bürgermeister und Rat erfolglos gegen das Regierungsvorhaben. Ein wirtschaftlicher Abstieg folgte, der erst gestoppt wurde, als August Blase 1863 eine Zigarrenfabrik gründete. Neben der Zigarrenindustrie entwickelten sich Großbetriebe der Brauerei, Textil- und Papierverarbeitung, Maschinenherstellung, Holzverarbeitung und der Chemischen Industrie.

Stadt Lübbecke Stadtmarketing
Kreishausstr. 2–4, 32312 Lübbecke
05741/276-0
05741/90561
info@luebecke.de
www.luebecke.de

Das alte Rathaus in Lübbecke ist mehr als eine Sehenswürdigkeit.

Sehenswertes

Als alte historisch gewachsene Stadt hat Lübbecke Sehenswürdigkeiten aus verschiedenen Epochen aufzuweisen. Die Stadt Lübbecke bietet regelmäßig geführte Stadtrundgänge an.

▸ St. Andreaskirche
Die Kirche wurde 1160/1180 im romanischen Stil errichtet und 1350 in eine gotische Hallenkirche umgewandelt. Im Rahmen der historischen Stadtführung kann das Innere der Kirche besichtigt werden.

▸ Ehemaliges Rathaus
Das 1460 erstmals erwähnte Rathaus wurde nach einem Stadtbrand 1709 weitgehend neu errichtet. Es handelt sich um einen zweigeschossigen, verputzten Massivbau mit Satteldach, der bei den 1861 erfolgten Umbaumaßnahmen mit einem neugotischen Stufengiebel versehen wurde. Die Erdgeschossarkaden zeigen expressionistische Formen.

▸ Grapendorffs Hof
Von der ehemals aus mehreren Gebäuden bestehenden Hofanlage blieb nur das Herrenhaus erhalten, dessen Kern aus dem 16. Jh. stammt. Es präsentiert sich als schlichter, siebenachsiger Putzbau mit Mansarddach, dessen Freitreppe aus verkehrstechnischen Gründen in jüngerer Zeit entfernt wurde.

▸ Windmühle Eilshausen
Mit der völlig restaurierten und funktionsfähigen Königsmühle aus dem Jahr 1748 im Ortsteil Eilhausen ist Lübbecke in die Westfälische Mühlenstraße eingebunden. An den Mahl- und Backtagen in den Monaten April bis Oktober lädt die Mühlengruppe zu frischem Brot und Kuchen ein – zur Begrüßung gibt es einen Mühlenschluck.
Kontakt: 05741/6961.

Wo der Wind noch Flügel hat

Ein Besuch im Westfälischen Mühlenkreis Minden-Lübbecke ist auch eine romantische Rückschau in die Zeit der vorletzten Jahrhundertwende, als noch Wind-, Wasser- und Rossmühlen das Getreide für das tägliche Brot mahlten. Nirgendwo in Deutschland wird das Mühlenwesen – die Geschichte technischen Erfindergeistes – in einer solchen Vielzahl und Vielfalt so anschaulich dargestellt wie in der von Feldern, Wiesen und Parks geprägten Landschaft zwischen Wiehengebirge, Weser und Dümmer.
42 liebevoll restaurierte und unter Denkmalschutz stehende Mühlen säumen den Verlauf der rund 320 km langen Westfälischen Mühlenstraße, einen gut ausgeschilderten, in drei Tourenvarianten gegliederten Rundkurs. Dieser Mühlenkreis präsentiert die dekorativen Mühlen mit ihrem nostalgischen Touch idyllisch eingebunden in eine einzigartige Landschaft. Bei der Restauration der Mühlen setzte man gleich zahlreiche Backhäuser wieder instand, sodass den Stadtmenschen heute an bestimmten Tagen vorgeführt werden kann, wie Getreide zu Mehl gemahlen und in Steinöfen zu nahrhaftem Brot gebacken wird. ■

An den Mahl- und Backtagen lockt köstliches Brot aus dem Steinofen.

▸ Golddorf Stockhausen
Das Backhaus mitten im Dorf bietet sich als Ausgangspunkt einer Erkundungstour an – auf Wunsch sogar mit Kaffee und Kuchen. Schmuckstück des Ortes ist das Gut Stockhausen: Die geschlossene Wasseranlage mit ihrem malerischen Torhaus, dem Herrenhaus und den zugehörigen Wirtschaftsgebäuden ist seit etwa 300 Jahren nahezu unverändert, sodass man sich im Innenbereich ins Mittelalter zurückversetzt glaubt. Der Heimatverein Stockhausen bietet Dorfführungen und spezielle Halbtages- und Tagesprogramme für Gruppen nach Anmeldung an. Auch eine Bewirtung, Kutschwagenfahrten oder Fahrradtouren (Fahrradverleih) sind möglich. Am Backhaus finden Backprogramme für Kinder und Erwachsene statt, ein Scheunenladen für Kunsthandwerk und ein Bauernhofcafé laden zum Stöbern und Verweilen ein.
Adresse: Lübbecke-Stockhausen, Blasheimer Str. 27. Kontakt zum Heimatverein: ✆ 05741/40740.

Museen

▸ Brauereimuseum »Barre's Brauwelt«
Auf einer Ausstellungsfläche von 1000 m^2 können die Besucher erleben, wie in der Mitte des 19. Jh. Bier gebraut wurde und welche technischen Neuerungen im Laufe der Jahre die Arbeit der Brauer erleichtert haben. Die Exponate reichen von großen Maschinen und Bottichen bis hin zu Utensilien, die mit dem Biertrinken verbunden sind. Ein vollständig eingerichtetes Labor kann der Besucher ebenso betrachten wie die historische Böttcherei, die Fassreinigung, die Flaschenabfüllanlage oder Teile aus dem Maschinenhaus. Fast genauso beeindruckend ist der 160 Jahre alte Gär- und Lagerkeller, in dem das Museum untergebracht ist.
Adresse: Berliner Str. 121–123, 32312 Lübbecke, ✆ 05741/2304950, 🌐 www.barres-brauwelt.de.
Öffnungszeiten: Di–Sa 12–18 Uhr, So 12–16 Uhr. Museumsführungen: Sa 12, 14, 16 Uhr, So 12, 14 Uhr.

Das Naturschutzgebiet Großes Torfmoor lädt zu einer Wanderung ein.

▸ Heimatmuseum
Im historischen Burgmannshof am Markt ist das städtische Heimatmuseum untergebracht, das neben vor- und frühgeschichtlichen Sammlungen alte handwerkliche Verfahren und historische Einrichtungen dokumentiert. Zu sehen ist überdies eine große Karl-May-Sammlung.
Öffnungszeiten und Führungen nach Vereinbarung: ✆ 05741/276-0.

Freizeit und Natur

▸ Wandern und Rad fahren
Über 125 km markierte Wanderwege im Naturpark Nördlicher Teutoburger Wald sowie die direkte Anbindung an die über 400 km Radwanderwege und Rundtouren machen die Stadt zu einem Eldorado für sportlich Aktive. Empfehlenswert ist das Naturschutzgebiet Großes Torfmoor. Nicht nur im Sommer, wenn die Hitze über dem Moor flimmert, auch in allen anderen Zeiten ist es einen Besuch wert. Vier gut ausgeschilderte Rundwanderwege mit Aussichtstürmen und Schutzhütte erschließen dem Besucher eine faszinierende Landschaft. Der Landfrauenservice bietet geführte Touren auf dem Lübbecker Landweg an, ✆ 05741/8523. Fahrräder können im Ortsteil Stockhausen ausgeliehen werden, ✆ 05741/12690.

▸ Freilichtbühne Nettelstedt
Die Freilichtbühne Nettelstedt wurde im Jahre 1923 von Karl Meyer Spelbrink gegründet und ist damit eine der ältesten Freilichtbühnen Deutschlands. Von Juni bis September werden ein Kinder-/Jugendstück (sonntags 16 Uhr) und ein Schauspiel (samstags 20 Uhr) aufgeführt, dabei reicht das Repertoire von der Komödie bis zum Kriminalstück.
Adresse: Hünenbrinkstr. 4, 32312 Lübbecke-Nettelstedt, ✆ 05741/370192, 🌐 www.freilichtbuehne-nettelstedt.de.

▸ Weitere Angebote
Sportlich geht es zu im Freibad Lübbecke mit 10-m-Sprunganlage, Oberfelder Allee; im Freibad Lübbecke-Gehölenbeck mit 3-m-Sprunganlage, Frotheimer Str.; im Hallenbad Lübbecke, Bohlenstr. 25; in der Reithalle Gehlenbeck, Kreisbahnstr. 1, und in der Reithalle Lübbecke, Jockweg 28.
Von der Einsatzstelle am Yachthafen am Mittellandkanal kann eine Partie mit dem Ruderboot oder dem Kanu gestartet werden: Motor-Yacht-Club Lübbecke, ✆ 05741/5366.

Veranstaltungen und Feste

▸ Bierbrunnenfest
Das dreitägige Stadtfest mit viel Live-Musik im August hat seinen Höhepunkt mit dem Auftritt von Gambrinus, dem König des Bieres, auf dem zum großen Biergarten umgestalteten Marktplatz.

▸ Blasheimer Markt
Der Anfang September stattfindende Markt ist das größte ostwestfälische Volksfest mit Tradition.

Lüdge

(Kreis Lippe)

Mitten zwischen den Erhebungen rund um das Flüsschen Emmer liegt die »mittelalterliche« Stadt Lügde mit ihren 15 000 Einwohnern. Ackerbürgerhäuser aus dem 18. Jh. mit wunderschön restauriertem Fachwerk prägen das Stadtbild. In den Jahren 1235–1240 wurde der Ort planmäßig nach dem lippischen Dreistraßenschema angelegt. Doch Funde aus der Steinzeit sowie Hügelgräber belegen eine noch frühere Besiedlung.

Tourismus-Büro Lüdge
Am Markt 1 (Rathaus), 32676 Lüdge
05281/7798-70
touristinfo@luedge.de
www.luedge-marketing.de

Sehenswertes

Fachwerkhäuser

Kennzeichen der nach altem Brauch benannten »Stadt der Osterräder« sind die frühklassizistischen Fachwerk-Ackerbürgerhäuser mit ihren typischen hallenartigen Deelen. Die ältesten Häuser der Stadt finden Sie in der Hinteren Straße Nr. 10, 12 und 14.

Kilianskirche

Von überregionaler Bedeutung ist die außerhalb der Stadtmauer gelegene 780 gegründete Kilianskirche, eines der ältesten Gebäude Westfalens überhaupt. Ihre jetzige Gestalt als kreuzförmige Gewölbebasilika erhielt sie im 12. Jh. Die Kilianskirche ist Wahrzeichen der Stadt.

Um 780 wurde die Kilianskirche in Lüdge gegründet.

Stadtbefestigung

Gut erhalten ist die Wall- und Grabenzone mit zwei Stadttürmen und der Stadtmauer. Der Brückentorturm war früher das Stadtgefängnis, der Wehrturm »Im Winkel« diente noch im 19. Jh. als Armenwohnung.

Kloster Falkenhagen

1247 wird das Kloster erstmals erwähnt, als es als bereits bestehendes hierher verlegt wird. Bekannt ist Falkenhagen durch seine zahlreichen historischen Baudenkmäler und eines der ältesten Fachwerkhäuser im Kreis Lippe. Besichtigungen sind nach Voranmeldung möglich.

Museen

Heimatmuseum und Dechenmuseum

Das Heimatmuseum mit angeschlossenem Café zeigt sehr anschaulich das ländliche Leben im Spiegel der Zeit. Zu sehen ist in dem 1799 entstandenen Gebäude auch ein mit Stroh gestopftes Osterrad.
Adresse: Hintere Str. 86, 32676 Lüdge, 05281/77571, www.luedge-heimatmuseum.de.
Öffnungszeiten: Di–Sa 15–17 Uhr, So 15–18 Uhr.

Mühlenmuseum

Die historische Mühle zu Lippe-Biesterfeld von 1664 ist täglich ab 15 Uhr zu besichtigen.
Adresse: Paradiesmühle 1, 32676 Lüdge-Rischenau, 05283/949291.

Freizeit und Natur

Wandern und Rad fahren

In der Gegend gibt es ausgeschilderte Wander- und Rundwanderwege, interessant sind z. B. der »Vogellehrpfad« im Ortsteil Elbrinxen und der »Waldlehrpfad« in Rischenau. Lüdge liegt an der regionalen Radstrecke »Lipperadroute« 11, am Fernradweg R 3 und an der Bahnradroute »Hellweg-Weser«.

Köterberg

Eines der beliebetsten Ausflugsziele in der Region ist der 497 m hohe Köterberg mit dem 1929 erbauten »Köterberghaus«. Wegen der guten Aussicht und vor allem wegen seiner exponierten Lage vermittelt der Köterberg den Eindruck, höchster Punkt im Weserbergland zu sein, obwohl der Solling ihn mit vier Gipfeln (Große Blöße, Großer Ahrensberg, Moosberg, Vogelherd) überragt.

▸ Storchenstation Elbrinxen
Elbrinxen ist die Heimat vieler Weißstörche. Ein Besuch des idyllisch gelegenen Storchengeländes entlang der Wörmke in Elbrinxen ist ein Erlebnis. Das Storchengelände ist zugleich auch Etappe des Vogel-Lehrpfades. 🌐 www.storchenverein-elbrinxen.de.

▸ Reiten
Auf der Ponderosa in Lügde können Sie sich auf die Rücken von Ponys oder Pferden schwingen oder einfach nur gemütlich Kaffee und Kuchen genießen.
Adresse: Zur Ponderosa, Südfeld 2, 32676 Lüdge, ✆ 05281/78111, 🌐 www.cafe-ponderosa.de.

Das Kloster Falkenhagen wurde 1247 gegründet.

▸ Schwimmen
In den Sommermonaten sind in Lügde drei Freibäder geöffnet. Das Freibad der Kernstadt befindet sich am Brunnenweg, Richtung Bad Pyrmont. Ein schönes kleines Freibad gibt es in Lügde Elbrinxen am Ortsausgang Richtung Rischenau. Im Ortsteil Hummersen liegt ein kleines Bad direkt an dem Wanderweg vom Köterberg.

▸ Wintersport
Den Wintersportfreunden stehen Skilift, Langlaufloipe und Rodelbahn zur Verfügung.

Veranstaltungen und Freizeit

▸ Kultur im Kloster
Regelmäßig finden Kabarett und Kleinkunstveranstaltungen im ehemaligen Franziskanerkloster in der Mühlenstraße statt. 🌐 www.kulturimkloster.de.

Historischer Osterräderlauf

Jedes Jahr zu Ostern, nach dem ersten Vollmond im Frühjahr, kommen mehr als 20 000 Menschen in die kleine Stadt, um Zeuge des geheimnisvollen Laufs der Osterräder zu sein. Auf dem Osterberg wird in der sich zusammenziehenden Dämmerung ein obskurer, mehr als 2000 Jahre alter Brauch wiederbelebt. Sechs mannshohe, mit Stroh ausgestopfte Eichenräder werden nacheinander angezündet und in Bewegung gesetzt – den steilen Hang hinunter in Richtung des kleinen Flusses Emmer. Jedes Mal, wenn ein Rad seinen wilden Lauf ins Tal beginnt, läutet eine Kirchenglocke als Symbol dafür, dass dieses heidnische Ritual in den christlichen Kalender übernommen wurde. Trotz aller Versuche, die Bedeutung des Brauches zu christianisieren, bleibt er eine archaische Beschwörung des erwachenden Frühjahrs: der Triumph der Sonne über die Tyrannei des Winters. ■

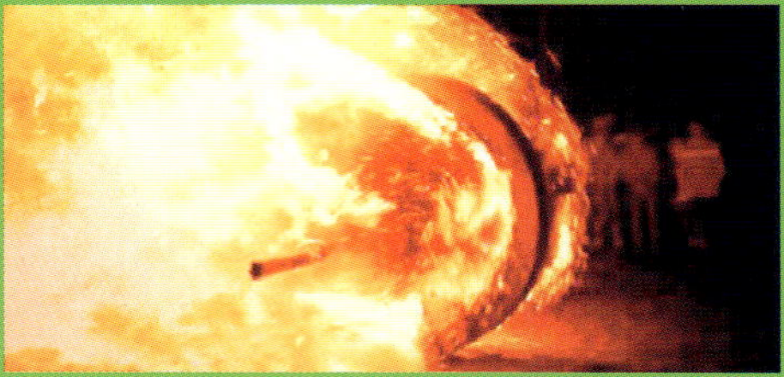

Der Historische Osterräderlauf in Lügde zieht jedes Jahr die Menschenmassen an.

Marienmünster

(Kreis Höxter)

Marienmünster liegt zwischen Weser, Köterberg, Eggegebirge und Teutoburger Wald. Das wirtschaftliche, kulturelle und seelsorgerische Wirken der Mönche im ehemaligen Benediktinerkloster prägte die Ortsteile der heutigen Stadt Marienmünster in den vergangenen Jahrhunderten.

Tourist-Information
Schulstr. 1, 37696 Marienmünster
05276/98980
info@marienmuenster.de
www.marienmuenster.de

Sehenswertes

▸ Benediktinerabtei Marienmünster
Die 1128 geweihte Benediktinerabtei, die im 12. und 13. Jh. eine Blütezeit erlebte, ist Wahrzeichen und Namensgeberin der Stadt. Der Dreißigjährige Krieg legte Kloster und Kirche in weiten Teilen in Schutt und Asche – der Wiederaufbau erfolgte ab 1661 durch Abt Ambrosius Langen, der deshalb auch als »zweiter Gründer« bezeichnet wird. Die ursprünglich romanische Basilika wurde von Baumeister Ludwig Baer aus Lügde als Hallenkirche errichtet, ebenso ein neuer Chor. Der romanische Vierungsturm wurde 1679 aufgestockt. Unter Abt Augustin Müller (1681–1712) entstanden die barocken Altaraufbauten des Josephs-, Michaels- und

Wahrzeichen der Stadt Marienmünster ist die 1128 geweihte Abteikirche.

Hochaltars (1683–1685), das eiserne Chorgitter (1693), die Sakristei (1700) und der Nordostflügel (1704). Nord- und Südturm erhielten barocke Hauben. Die Abteikirche ist täglich geöffnet und kann besichtigt werden.

▸ Herrenhaus Schloss Vörden
Das barocke Herrenhaus mit Mittelrisalit (einem vorspringenden mittleren Gebäudeteil), Eckpavillon, Gartenpaterre und einem Vorhof mit ökonomischen Gebäuden wurde 1730 an der Stelle einer ehemaligen Burg errichtet und befindet sich heute in Privatbesitz. Der Schlosspark ist frei zugänglich und kann besichtigt werden.

▸ Hungerbergkapelle
1779 wurde am Hungerberg ein Heiligenhäuschen gebaut und erstmals eine Prozession dorthin abgehalten, 1851 wurde die Station zu einer Kapelle umgebaut. Sie stellt sich heute als neugotischer Ziegelsteinbau mit Strebepfeilern dar. Das Pyramidendach mit Glockenturmaufsatz ist mit Sandsteinplatten gedeckt, der spitzbogige Eingang mit einem zweiflügeligen Eisengitter versehen. Der barocke Innenraum der Kapelle steht für Besichtigungen offen.

▸ Historisches Windrad
Das Windrad südöstlich von Altenbergen ist eines der wenigen erhaltenen Windmotoren. Es wurde 1908–1911 zur Wasserversorgung der Ortschaft errichtet und war bis 1960 in Betrieb. Seit der Renovierung 1988 ist das »Technische Baudenkmal« wieder funktionstüchtig und speist heute den Altenbergener Dorfteich.

Freizeit und Natur

▸ Wandern und Rad fahren
In Marienmünster erwarten den Besucher 130 km markierte Wanderwege und fünf Radrundwanderwege. Durch das Stadtgebiet führen z. B. der Europaradweg R 1, der von den Niederlanden quer durch Deutschland und Polen ins Baltikum sowie nach St. Petersburg geht, und die Wellnessroute, die Heilbäder in Ostwestfalen umspannt.

▸ ☺ Abenteuerspielplatz
Felsenburg, Wasserspiele und Kletterpyramide – auf dem großzügig angelegten Abenteuerspielplatz am »Hungerplatz« gibt es für kleine Piraten und große Forscher immer etwas zu erleben. Minigolf, Ponyreiten und Ferienpark mit Spielparadies sorgen für weitere Abwechslung.

▸ Freizeithallenbad
Hier fühlt sich die ganze Familie wohl – im römischen Dampfbad, Whirlpool oder in der großen Saunalandschaft. Spaß im Planschbecken, sportliche Runden im Schwimmbecken und sonnige Momente auf der großzügigen Liegewiese sind auch noch drin. Für das leibliche Wohl sorgt in schönem Ambiente das Restaurant-Café Plitsch-Platsch.
Adresse: Schulstr., Marienmünster-Vörden, ☏ 05276/989852.
Öffnungszeiten: Mo–Do 15–21, Fr 11–21, Sa 14–18, So 8–16 Uhr (Familienbad).

▸ Aussichts- und Museumsturm
Eine tolle Aussicht bietet sich demjenigen, der den steilen Aufstieg auf den Hungerberg (325 m) und die 90 Stufen zur Aussichtsplattform erklommen hat. Der Turm besteht aus einem inneren Holztreppenturm und einem äußeren aus schweren Leimholzpfeilern mit horizontalen und diagonalen Verbindungselementen. Beide Turmteile sind über Verstrebungen zu einer Einheit verbunden. Er soll die Erinnerung an die vor 175 Jahren dort errichtete Station Nr. 30 der optischen Telegrafenlinie von Berlin nach Koblenz wachhalten und ist ganzjährig geöffnet.

▸ Freizeitsee Vörden
Wer Inhaber eines Fischereischeins ist, kann hier seiner Angelleidenschaft nachgehen.

▸ Tischlerei Fuhrmann
Diejenigen, die sich für traditonelles Handwerk interessieren, können den Betrieb, in dem zu 100 Prozent mit regenerativen Energien gearbeitet wird, besichtigen.
Adresse: Löwendorf 21, 37696 Marienmünster, ☏ 05277/718.

Veranstaltungen und Feste

▸ Orgelkonzerte
Der typisch barocke Klang der Möller-Orgel in der Benediktinerabtei lockt Gäste aus nah und fern an. Regelmäßig finden Konzerte statt.

Minden

(Kreis Minden-Lübbecke)

Das Mindener Land am Wasserstraßenkreuz von Weser und Mittellandkanal ist reich an grünen Wiesen, idyllischen Orten und historischen Denkmälern. Ein Rundgang durch Minden (87 000 Einwohner) gleicht einer Reise in die Vergangenheit. Die 1200 Jahre alte Stadt verdankt ihre Entstehung der bevorzugten Lage an einer Weserfurt und an der Kreuzung wichtiger Fernhandelsstraßen. Die erste urkundliche Erwähnung geht ins Jahr 798 zurück, als der Frankenkönig Karl in »Minda« sein Lager aufschlug. 977 erhielt die Stadt Markt-, Münz- und Zollrechte. Durch die günstige Verkehrslage und den Bischofssitz entwickelte sich Minden zum geistigen und wirtschaftlichen Zentrum im norddeutschen Raum. Als wichtiger Handelsplatz schloss es sich der Hanse an. Nach dem Dreißigjährigen Krieg begann für 300 Jahre die Zeit als Festungs- und Garnisonsstadt, die bis 1873 andauerte. Trotz Zerstörungen im Zweiten Weltkrieg hat Minden seinen historischen Charakter bewahren können.

Minden Marketing GmbH, Tourist-Information, Domstr. 2, 32423 Minden
☏ 0571/8290659
Fax 0571/8290663
✉ info@mindenmarketing.de
🌐 www.mindenmarketing.de

Sehenswertes

▸ Die Altstadt
Romanik, Gotik, Weserrenaissance, Klassizismus und Historismus prägen das Stadtbild und verleihen ihm seinen unverwechselbaren Charme. Ein Bummel durch die Ober- und Unterstadt ist nicht nur für historisch Interessierte ein Erlebnis: Das historische Rathaus am Markt mit seinem gotischen Laubengang, die Speicherhäuser an der Westseite des Platzes, das Haus Schmieding mit seinem Bilderfries zur Mindener Geschichte, das frühere Proviantmagazin und die ehemalige Heeresbäckerei, die Alte Münze, das Haus Hill, die Martinikirche, das Hanse-Haus, die Museumszeile und vieles mehr … Wer mehr erfahren möchte, kann sich einer geführten Stadtführung anschließen.

▸ Der Dom
798 von Karl dem Großen als Bistum gegründet, ist der 952 geweihte, gotische Dom Wahrzeichen der Stadt. Als größte Kostbarkeit neben anderen bedeutenden Kunstschätzen in der Domschatzkammer gilt das Bronzekruzifix aus der Zeit um 1070.
Adresse: Domschatzkammer im Haus am Dom, Kleiner Dornhof 30, 32423 Minden, 🌐 www.dom-minden.de.
Öffnungszeiten: Di, Do, Sa, So 10–12, Mi, Fr 15–17

▸ Schiffmühle
Einmalig im Mühlenkreis ist die Mindener Schiffmühle, die auf der Weser vor Minden liegt. Nach alter Technik rekonstruiert, gewährt sie voll funktionsfähig detaillierte

Der Dom Mindens – Wahrzeichen der Stadt und großer Publikumsmagnet.

Einblicke in den Mahlvorgang. Die erste urkundliche Erwähnung von Mindener Schiffmühlen geht auf das Jahr 1326 zurück, als die Stadt gleich sechs Liegeplätze für Schiffmühlen auf der Weser verpachtete. Damit gehört Minden zu den ältesten Schiffmühlen-Standorten in Deutschland.
Adresse: Kleiner Domhof 17, 32423 Minden, ☏ 0571/89-375, ✉ info@schiffmuehle.de, 🌐 www.schiffmuehle.de.
Öffnungszeiten: Apr. bis Okt. Di–So 11–18 Uhr.

▸ Wasserstraßenkreuz
Die 370 m lange Schnittstelle des Mittellandkanals ist das größte Brückenbauwerk der Binnenschifffahrt. Nach langer Planung wurde 1906 mit dem Bau eines für die damalige Zeit gigantischen Projekts begonnen: des Rhein-Weser-Kanals. Eine trogähnliche, 341 m lange Brücke führt den Mittellandkanal seit 1914 über die Weser und bildet eines der größten Wasserstraßenkreuze der Welt. Von der Mindener Fahrgastschifffahrt werden »Kreuzfahrten« angeboten, bei denen Sie Schachtschleuse, Pumpwerk, Kanalbrücke und Südabstieg gezeigt und erklärt bekommen.

▸ Schachtschleuse
83 m lang und zehn Meter breit ist der Trog der Schachtschleuse, in dem die Binnenschiffe 13 m Höhenunterschied zwischen Mittellandkanal und Weser überwinden. Eine Schleusung auf einem Schiff der »Weißen Flotte« zählt zu den besonderen Erlebnissen beim Besuch in Minden. Das Informationszentrum veranschaulicht die Binnenschifffahrt auf besondere Weise.

Museen

▸ Preußenmuseum
Nach dem Westfälischen Frieden 1648 wurde Minden brandenburg-preußische Verwaltungs-, Festungs- und Garnisonsstadt. Bis 1873 sicherten die ausgebauten

Eines der weltweit größten Wasserstraßenkreuze gibt es in Minden.

Ein Häuserkomplex aus dem 16. Jh. bildet den reizvollen Rahmen für eines der traditionsreichsten westfälischen Museen.

Festungswälle die Provinz Westfalen gegen das Königreich Hannover ab. Den Spuren dieser Zeit können Besucher im Museum nachgehen. Dort werden sie auf 1500 m² anhand zahlreicher Originale, aufwendiger Inszenierungen und moderner Ausstellungsmedien präsentiert. Sie finden das Museum in der ehemaligen Defensionskaserne, einem der frühesten repräsentativen militärischen Großbauten, die noch heute das Stadtbild prägen.
Adresse: Simeonsplatz 12, 32427 Minden, ✉ minden@preussenmuseum.de, 🌐 www.preussenmuseum.de.
Öffnungszeiten: Di–Do, Sa, So 11–17 Uhr.

▸ Mindener Museum

Ein Häuserkomplex aus dem 16. Jh., der im Stil der Weserrenaissance errichtet wurde, bildet den reizvollen Rahmen für eines der traditionsreichsten westfälischen Museen. Auf über 1000 m² können Besucher eine Dauerpräsentation zu Stadtgeschichte und kulturgeschichtlichen Themen bestaunen. Ein Sammlungsschwerpunkt des Mindener Museums sind die einfachen Dinge des Alltags und der Arbeitswelt. Im angeschlossenen Kaffeemuseum findet man Interessantes zur Kulturgeschichte des Kaffees, im Museumscafé kann der Besucher in gemütlicher Atmosphäre alles Gesehene noch einmal Revue passieren lassen.
Adresse: Ritterstr. 23–33, 32423 Minden, ☏ 0571/97240-10/-20, 📠 0571/9724040, ✉ museum@minden.de.
Öffnungszeiten: Di–So 11–17 Uhr.

▸ ☺ Mitmachmuseum lille Kunterbunt

Das Kinder-Kunst-Museum lädt die Kleinen zum Mitmachen ein.
Adresse: Simeonscarré 3, 32423 Minden, ☏ 0571/24368, 🌐 www.lillekunterbunt.de.
Öffnungszeiten: Di–Fr 11–16 Uhr, Sa, So 13–18 Uhr.

Puppen-Museums-Café
In außergewöhnlichem Ambiente kann der Gast Puppen aus verschiedenen Epochen bewundern.
Adresse: Ritterstr. 38, 32423 Minden, 0571/850538.
Öffnungszeiten: Di–So 10–18 Uhr.

Freizeit und Natur

Wandern und Rad fahren
Empfehlenswert für Wanderbegeisterte ist der »Wanderweg der Müllerburschen«: 60 km entlang des Wiehen- und Wesergebirges mit zehn Mühlen. Radfahrer können von Minden aus die »Mühlenroute« starten: 42 Mühlen, eine einzigartige Landschaft und fahrradfreundliche Unterkünfte auf insgesamt 320 km.

Museums-Eisenbahn
Mit Volldampf durch den Mühlenkreis geht es mit der historischen Bahn. Jeden 2. Sonntag von April bis Oktober fährt ein original preußischer Nebenbahnzug aus der Jahrhundertwende zur Windmühle Südhemmern, zur Alten Brennerei Hille und zum Besucherbergwerk Kleinenbremen. An jedem 3. Sonntag von Mai bis Oktober fährt die Bahn von Preußisch Oldendorf nach Bohmte.
Kontakt: Museums-Eisenbahn Minden e.V., 0571/58300 oder 580337, www.museumseisenbahn-minden.de.

Mit Volldampf fährt die Museums-Eisenbahn Mindens durch den Mühlenkreis.

Planwagenfahrten
Bis zu 20 Personen finden in den Planwagen Platz, die gemütlich zum Uchter Moor, ins Wiehengebirge, in die Stemweder Berge oder die Hausberger Schweiz kutschieren.
Kontakt: BE-Reisen, Bierpohlweg 125, 32425 Minden, 0571/44334, www.be-reisen.de.

Auf dem Wasser
Neben täglich mehrmals stattfindenden Kanal-, Weser- und Porta-Kreuzfahrten steuern die Schiffe der Mindener Fahrgastschifffahrt von Anfang April bis Ende Oktober auch Ausflugsziele in allen vier Himmelsrichtungen an.
Info: Mindener Fahrgastschifffahrt, An der Schachtschleuse, 32425 Minden, 0571/648080-0, 0571/648080-2, welcome@mifa.com, www.mifa.com.

Erlebnispark potts park
Ein Erlebnispark zum Zuschauen, Mitmachen und Staunen: Turm-Riesenrad, Wildwasserbahn, Kinderattraktionen, Gokarts, Karussells, Knopfmuseum, Terra phänomenalis und vieles mehr sorgen hier für Abwechslung.
Adresse: Bergkirchener Str. 99, 32429 Minden-West/Dützen, 0571/51088, 0571/800421, www.pottspark-minden.de, www.terraphaenomenalis.de.

Veranstaltungen und Feste

Blaues Band der Weser
Alle zwei Jahre strömen über 3000 Kanuten, Ruderer und Schwimmer aus ganz Deutschland und dem Ausland in die Weserstadt.

Der Grund: Das Blaue Band der Weser, eine Wassersportveranstaltung, die mehr als bloß das ist. Natürlich misst man sich in Wettkämpfen. Doch darüber hinaus bietet ein kulturelles Rahmenprogramm in der einzigartigen Atmosphäre an der Weser ein einmaliges Erlebnis für Sportler und Besucher gleichermaßen.

Das Mindener Freischießen ist für alle Mindener ein Muss!

▸ Mindener Freischießen
Nachdem Schießübungen im 17. Jh. für alle Mindener zur Pflicht gemacht worden waren, beschloss die Stadtvertretung, im Rahmen eines Festes den besten Schützen zu ermitteln und ihn ein Jahr lang von der Steuer zu befreien: Der Begriff des »Freischießens« war geprägt. Das Mindener Bürgerbataillon pflegt diese Tradition noch heute während eines mehrtägigen Festes.

▸ Jazz Summer Night
Auf eine sehr lange Tradition kann die legendäre »Jazz Summer Night« (Juni/Juli) zurückblicken, organisiert durch den Jazz Club Minden, der sich seit 50 Jahren dem Jazz widmet. An der Freiluftveranstaltung mit Top-Musikern wie Al Jarreau, Dave Brubeck und Klaus Doldinger (um nur einige zu nennen) nehmen jährlich rund 10 000 Besucher teil.

▸ Messe
Die traditionell im Mai und November stattfindenden Mindener Messen (»Kirmes«) auf dem großen Festplatz »Kanzlers Weide« werden ihrem Beinamen »größte Messe an der Weser« mit mehr als 130 Schaustellern pro Veranstaltung zweifellos gerecht.

Nieheim

(Kreis Höxter)

Zu Füßen des Holsterberges liegt Nieheim mit 7000 Einwohnern, eingebettet in eine sanfthügelige Hecken- und Feldlandschaft. Die ehemalige Ackerbürgerstadt blickt auf eine über 750-jährige Geschichte zurück. Charakteristisch für Nieheim ist, dass die um das Jahr 1247 entstandene, kreisförmige Stadtanlage nahezu unverändert erhalten geblieben ist. Bereits im frühen Mittelalter gehörte Nieheim zum Gebiet des späteren Hochstifts Paderborn. Um den kurkölnischen Expansionsbestrebungen etwas entgegenzusetzen, verlieh Fürstbischof Bernhard IV. zur Lippe dem damaligen Dorfe die Stadtrechte mit niederer Gerichtsbarkeit, Markt- und Münzrecht. Der Dreißigjährige Krieg sorgte für einen Niedergang und ein Großbrand um 1700 zerstörte 257 Gebäude. Alle Gebäude (außer der Pfarrkirche St. Nikolaus) stammen aus der Zeit nach 1700.

Tourismus- und Kulturamt
Am Teich 5, 33039 Nieheim
☎ 05274/8304
📠 05274/8672
✉ tourismus@nieheim.de
🌐 www.nieheim.de

Sehenswertes

▸ Holsterturm
Das Wahrzeichen der Stadt – vor rund 750 Jahren als Warte entstanden – ist heute beliebter Aussichtsturm – mit Sicht über die Nieheimer Heckenlandschaft und das Steinheimer Becken bis in den Teutoburger Wald. Hier findet sich das Kunstwerk »ATTACKE« von Aue de Vries: fünf in der Wand des Turms verankerte Speere.

▸ Kirche St. Nikolaus
Ihr heutiges Erscheinungsbild erhielt die Kirche im Altstadtkern in 1497, wie römische Ziffern an einem Strebepfeiler des Chores rechts neben dem Eingang belegen. Im Innern finden sich am Taufbecken Reliefdarstellungen aus dem Alten und Neuen Testament und das Sakramentshäuschen mit kunstvollen Steinmetzarbeiten aus dem 15. Jh.

▸ Weberhaus
In dem Haus in der Friedrich-Wilhelm-Weber-Str. 13 wohnte einst der Dichter Friedrich Wilhelm Weber (1813–1894). Er war zu seinen Lebzeiten einer der meistgelesenen deutschen Dichter. Sein um 900 n. Chr. und zwischen Egge und Corvey angesiedeltes Epos »Dreizehnlinden« erreichte große Auflagen, da es in manchen Gegenden Deutschlands zur obligatorischen Schullektüre zählte. Die Gedenkräume im Weberhaus können nach Vereinbarung besichtigt werden.

▸ Kumpgewölbe
Der Brunnen an der Ecke Marktstr./Langestr. ist einer von drei Brunnen, die früher die Kernstadt mit Wasser versorgten. Unter dem Kump liegt ein mannshohes und ca. 25 m langes mittelalterliches Gewölbe.

▸ Hillehaus in Erwitzen
Von Nieheim aus erreicht man auf Waldwegen das versteckte Dörfchen Erwitzen – den Geburtsort des poetischen Mystikers und Weltwanderers Peter Hille (1854–1904). Der unter Literaturkennern schon wegen seiner freundschaftlichen Verbindung mit der Dichterin Else Lasker-Schüler bekanntes-

Ein beliebter Aussichtsturm bei Einheimischen und Besuchern: der Holsterturm.

te Nieheimer zählt zu den bedeutendsten Wegbereitern der literarischen Moderne in Westfalen. Die 1983 gegründete Peter-Hille-Gesellschaft hat das Haus als »Literarische Gedenk- und Begegnungsstätte« eingerichtet. Hier finden Vorträge und Lesungen aus allen Bereichen der Literatur statt.
Kontakt: ✆ 05274/404.

▸ »Zum Kukuk« in Himminghausen
Schon seiner kulinarischen Genüsse wegen lohnt sich ein Aufenthalt in dem schönen

Dorfkrug »Zum Kukuk« in Himminghausen, dem lebenslangen Domizil des Heimatlyrikers Fritz Kukuk (1905–1987). Zahlreiche Besuchergruppen erfreute er jahrzehntelang bei Kaffee und Kuchen mit seinen wohlklingenden Versen und plattdeutschen »Dönekes«, womit er seiner Heimat, dem »Hagebuttenländchen« zwischen Nieheim und Egge, ein poetisches Denkmal setzte. **Adresse:** Antoniusstr. 13, Nieheim-Himminghausen.

▸ Schloss Holzhausen

Die heutige Anlage im Ortsteil Holzhausen wurde zwischen 1802 und 1809 im klassizistischen Stil errichtet, die Außenanlagen können besichtigt werden. Interessant ist ein Besuch des Hofladens mit seinen hofeigenen Produkten. Sehenswert ist zudem die Eichenallee aus 70- bis 450-jährigen Bäumen.

▸ Optische Telegrafenstation

Als Zeuge der optischen Telegrafie, einer in Vergessenheit geratenen Nachrichtentechnik, ist die wieder aufgebaute und 1984 eingeweihte Station ein einzigartiges Baudenkmal. Die Station Nr. 32 an der Telegrafenlinie Berlin–Koblenz liegt auf der Finnstätte bei Oeynhausen (Stadtbereich Nieheim).

▸ Schloss Grevenburg

Die Wasseranlage im Ortsteil Sommersell wurde 1536 als Vorwerk errichtet und 1566 bis 1579 als Familiensitz ausgebaut. Sehenswert ist das Herrenhaus mit rechteckig umwallter Hofanlage mit Torhaus im Westen. Nur die Außenanlage ist zu besichtigen.

Museen

▸ Museum im Kornhaus

Säcke, Beutel und Tüten beherrschen in erster Linie die Ausstellungsflächen im Ober- und Dachgeschoss des fast 100-jährigen Backsteingebäudes. Hierbei wird deutlich, dass der Sack – neben dem irdenen Krug einer der ältesten Transportbehälter der Menschheitsgeschichte – auch heute nicht aus dem Alltag fortzudenken ist. Daneben findet der Besucher eine Ausstellung zum Nieheimer Käse und eine Museumsküche. **Adresse:** Wasserstr. 6, 33039 Nieheim, ✆ 05274/953639, 🌐 www.sackmuseum.de. **Öffnungszeiten:** Di–Sa 14–17 Uhr, So 10–14 Uhr.

▸ Westfalen Culinarium

Mitten im historischen Stadtkern entlang der Langen Straße widmen sich gleich vier Museen der kulinarischen Vielfalt Westfalens. Auf insgesamt 3000 m² entdeckt man, was ein gutes Bier ausmacht, wie die Löcher in den Käse kommen, warum der westfälische Schinken so würzig schmeckt und wie ein kleines, schwarzes Brot mit Namen Pumpernickel über die deutschen Grenzen hinaus bekannt wurde. Käse-, Brot-, Schinken-, Bier- und Schnapsmuseum sowie ein Museumsshop entführen in die Welt der kulinarischen Genüsse. Zur rechten Zeit am rechten Ort lässt sich ein Blick in Menne's Schaukäserei werfen. Im Hofladen können Sie den Nieheimer Käse und den Brünsterhofkäse probieren und erwerben.
Infos: ✆ 05274/472 oder 🌐 www.westfalen-culinarium.de, 🌐 www.dieschaukaeserei.de. **Öffnungszeiten:** alle fünf Museen und der Museumsshop täglich von 10–20 Uhr.

Freizeit und Natur

▸ Wandern und Rad fahren

Zahlreiche Wanderwege auf insgesamt 130 km führen rund um Nieheim. Vom Haus des Gastes aus können Interessierte den Erlebnispfad Nieheim mit verschiedenen, erläuterten Stationen erwandern. Der Nieheimer Kunstpfad ermöglicht die Begegnung mit Kunst in der Natur. Dabei trifft der Wanderer auf so eindrucksvolle

Kunstwerke wie das Baumhaus, die Windwiege oder die Baumharfe. Empfehlenswert sind auch die Heilklima-Wanderwege. Sieben Wege führen durch die reizvolle und einzigartige Flechtheckenlandschaft rund um den Holsterberg. Fahren Sie mit dem Rad »Rund um Nieheim« oder nutzen Sie die überregionalen Radwanderwege R1, R51 und R53. Fahrräder ausleihen kann man in der Gaststätte »Alter Müller«, Marktstr. 44, ☏ 05274/343.

▸ Nieheimer Flechthecken
In früheren Zeiten dienten sie als »lebender Zaun« zwischen den Weideflächen, aber auch als Lieferant für Brennholz, Haselnüsse und Viehfutter. Ein besonders schönes Beispiel entdeckt man unterhalb des Holsterbergs, z. B. Station 16 des »Erlebnispfads«; auch als Planwagenfahrt zum Gut Externbrock, ☏ 05274/8304.

Veranstaltungen und Feste

▸ Nieheimer Holztage
Auf den Nieheimer Holztagen (in ungeraden Jahren am ersten Septemberwochenende) dreht sich alles um das Holz. Das Gelände im Kurpark wird hierzu in vier Bereiche eingeteilt: »Feuer und Flamme« (Holz als Energieträger), »Holz und Handwerk« (Tischlerarbeiten), »Holz in Künstlerhand« (Holz-

Alles Käse, oder?

Vermutlich schon seit Anfang des 19. Jh. wurde der Nieheimer Käse zumeist von kleinen landwirtschaftlichen Betrieben hergestellt. Damals war das eine der besten und einfachsten Möglichkeiten, Eiweiß über einen längeren Zeitraum haltbar zu machen. Zunächst ließ man die durch die vielen Kräuter auf den Nieheimer Wiesen besonders nahrhafte Milch sauer werden. Dies dauerte je nach Witterung und Jahreszeit zwei bis acht Tage. Anschließend wurde die dicke, saure Milch auf ca. 40–50 °C erhitzt, wodurch sich Quark absetzte. Diese Masse wurde nun in einen Leinenbeutel gefüllt und zum Trocknen aufgehängt, bis die überschüssige Flüssigkeit abgelaufen war und der Quark eine krümelige Konsistenz angenommen hatte. Der nächste Schritt bestand darin, den Quark ganz fein zu mahlen oder zu schlagen, in eine Holzmolle zu geben und an einem warmen Ort vier bis fünf Tage reifen zu lassen. Hatte die Käsemasse eine gelbliche Farbe angenommen, knetete man sie mit Kümmel und Salz und formte sie zu kleinen Handkäsen oder verarbeitete die Masse zu Kochkäse. Wenn der Reifeprozess aber früher unterbrochen wurde, konnte Reibekäse, der sich mehrere Wochen hielt, daraus gefertigt werden. Heute wird der Nieheimer Käse nur noch in zwei Familienbetrieben hergestellt.
Adresse: Hofladen Menne's Schaukäserei, Hospitalstr. 22, ☏ 05274/472.
Öffnungszeiten: Mo–Fr 9–12, 15–18 Uhr, Sa 9–12 Uhr. ■

Viele zehntausend Besucher strömen alle zwei Jahre auf den Nieheimer Käsemarkt.

skulpturen), »Waldmarkt« (Kleinigkeiten aus Holz und regionale Spezialitäten).

▸ Deutscher Käsemarkt
Der Käsemarkt (in geraden Jahren am ersten Septemberwochenende) ist ein Publikumsmagnet. Viele zehntausend Besucher schlendern dann durch die Gassen Nieheims und lassen sich zum Genuss des handwerklich erzeugten Käses verführen.

Oerlingshausen

(Kreis Lippe)

Das liebenswerte Bergstädtchen mit seiner sehenswerten Altstadt und dem unvergleichlichen Ausblick vom Tönsberg ist einen Besuch wert. Mit etwa 17 000 Einwohnern ist Oerlinghausen die fünftgrößte Stadt im Kreis Lippe. Der Höhenzug bei Oerlinghausen war schon in alter Zeit von strategischer Bedeutung. Deutliche Siedlungsspuren hat man bei Ausgrabungen im Stadtgebiet und dem nahen Hausberg, dem Tönsberg, freigelegt. Erstmals wird der Ort in einer Urkunde von 1036 als »Vorwerk Orlinchusen« des Paderborner Haupthofs Barkhausen erwähnt. Fast 300 Webstühle standen hier. Die Weber waren berühmt für ihr besonders feines, gebleichtes Leinentuch, das von Hausierern und fliegenden Händlern (»Leinenhopser« genannt) in ganz Deutschland und dem benachbarten Ausland verkauft wurde.

Tourist-Information, Bürgerbüro
Rathausplatz 1, 32813 Oerlinghausen
☏ 05202/49312
℻ 05202/49393
✉ info@oerlinghausen.de
🌐 www.oerlinghausen.de

Sehenswertes

Die historische Altstadt mit ihren denkmalgeschützten Bürgervillen, Handwerkerhäuschen, Bruchsteinmauern und Tweten lässt sich am besten in einer Stadtführung erkunden (☏ 05202/49312).

▸ Windmühlenstumpf
Weithin sichtbares Wahrzeichen Oerlinghausens ist der Windmühlenstumpf auf dem Tönsberg. Bei einem Sturm verlor die wegen ihrer Lage unwirtschaftlich arbeitende Mühle ihre Flügel. Auf dem Tönsberg befinden sich auch die Umfassungsmauern der Hünenkapelle aus dem 4. Jh. v. Chr. und der Hermann-Löns-Gedenkstein.

▸ Alexanderkirche
Die evangelisch-reformierte Pfarrkirche ist eine dreijochige Hallenkirche. Der heutige Bau entstand nach einem größeren Brandschaden zwischen 1511 und 1514. Vom Vorgängerbau aus der ersten Hälfte des 13. Jh. wurden die Seitenschiffsmauern und der untere Teil des Westturmes übernommen. Bedeutendstes Ausstattungsstück ist der Orgelprospekt von 1688. Den Namen »Alexanderkirche« erhielt sie vermutlich durch die gleichnamige, 1500 kg schwere Glocke Sanderus (»Alexander«), die im Jahre 1547 von Johan Ahns gegossen wurde.

Museen

▸ Archäologisches Freilichtmuseum
Das Freilichtmuseum liegt in einem Waldgebiet am Barkhauser Berg, eingebettet zwischen Senne und den Kämmen des Teutoburger Waldes. Dort erhält man Einblick in menschliches Wohnen und Leben in der Zeit von 10 000 v. Chr. bis 1000 n. Chr. Es gibt Nachbauten der Zelte, Hütten und Häuser der jeweiligen Zeit, umgeben von Pflanzen, die das Landschaftsbild damals prägten. Jeden

Sonn- und Feiertag finden zwischen 10 und 17 Uhr Vorführungen zu alten Handwerkstechniken und/oder Mitmachaktionen statt.
Adresse: Am Barkhauser Berg 2–6, 33813 Oerlinghausen, 05202/2220, www.afm-oerlinghausen.de.
Öffnungszeiten: täglich von 9–18 Uhr. Von Nov. bis März nur Gruppen nach Voranmeldung, 15. Dez. bis 15. Jan. geschlossen.

Freizeit und Natur

Wandern und Rad fahren
Gut ausgeschilderte Wanderwege durchziehen die Heidelandschaft der Senne. Sieben Rundgänge mit dem Ausgangspunkt Stadt und fünf gekennzeichnete Rundwanderwege werden angeboten. Der Fernwanderweg H 1 (Hermannsweg) führt durch Oerlinghausen und über den Tönsberg, aber auch über den Fernradweg R 1 erreicht man Oerlinghausens Radwanderwegenetz.

Segelflugplatz Oerlinghausen
In der internationalen Segelflugschule am Flugplatz werden Lehrgänge in Flugausbildung und Flugweiterbildung durchgeführt. Außer Segelflugzeugen starten hier Motorsegler, Ultraleicht- und Modellflugzeuge, Drachen, Gleitschirme und Heißluftballone.
Kontakt: 05202/9969-0.

Waldfreibad Oerlinghausen
Das herrlich gelegene, beheizte Waldfreibad mit Wärmehalle und Einschwimmkanal hat von Mai bis August geöffnet – normalerweise bis 19 Uhr, an schönen Tagen auch bis 20 Uhr.
Adresse: Holter Straße/Am Kalkofen, 05202/490003.

Veranstaltungen und Feste

Schützenfest
Das Schützenfest der seit 1590 bestehenden Schützengesellschaft am ersten Wochenende im Juli ist einer der Höhepunkte in der Stadt. Es wird auf dem Schützenplatz am Steinbült gefeiert und hat sich zu einem dreitägigen Volksfest entwickelt.

Hermannslauf
Der etwa 31 km lange Hermannslauf vom Hermannsdenkmal nach Bielefeld führt über den Tönsberg und anschließend durch die Oerlinghausener Innenstadt. Parallel zum Lauf wird ein Volksfest in der Stadt gefeiert. Alljährlich am letzten Sonntag im April treffen sich über 7000 Sportler, um diesen anspruchsvollen Lauf über die Kuppen und Kammwege des Teutoburger Waldes zu bestehen.

Paderborn

(Kreis Paderborn)

Die Universitätsstadt (140 000 Einwohner) liegt im südöstlichen Winkel der Westfälischen Tieflandsbucht, am Fuß der hier nach Süden und Osten ansteigenden Paderborner Hochfläche. Östlich der Stadt erhebt sich das Eggegebirge als Teil des Naturparks Teutoburger Wald/Eggegebirge. Nach der Unterwerfung der Sachsen gründete der Frankenherrscher im 7. Jh. die Karlsburg mit der karolingischen Pfalz und Kirche oberhalb der Paderquellen. Die eigentliche Gründung der Stadt erfolgte wahrscheinlich erst um das Jahr 1000. Nach mehreren Stadtbränden, Wiederaufbauphasen und Erweiterungen erreichte Paderborn im 11. und 12. Jh. seine größte Ausdehnung. 1295 wurde die Stadt Mitglied der Hanse. Aufruhr bestimmte den Alltag im Jahre 1528, als die Reformation in der Stadt ihren Anfang nahm. Die Hinwendung Paderborner Bürger zum evangelischen Glauben brachte die Gegenreformation und damit die Rekatholisierung auf den Plan. 1802 wurde das Fürstbistum Paderborn aufgehoben.

Tourist-Information Paderborn
Marienplatz 2 a, 33098 Paderborn
05251/8829-80
05251/8829-90
www.paderborn.de

Dom und Kaiserpfalz in Paderborn – Geschichte zum Anfassen.

Sehenswertes

Trotz der schweren Bombenangriffe im Zweiten Weltkrieg sind in der Innenstadt Paderborns noch über 20 historische Gebäude zu besichtigen. Ein öffentlicher, 90-minütiger Stadtrundgang wird samstags um 11 Uhr angeboten. Die Führungen beginnen vor der Tourist-Information in der Fußgängerzone oder am Dom.

Karolingische Kaiserpfalz

Bei dieser Kaiserpfalz handelt es sich um den Platz, an dem Karl der Große 777 die erste fränkische Reichsversammlung auf sächsischem Boden abhielt. Nur noch die Grundmauern des einstigen Saalbaus sind erhalten. Hinter der karolingischen befand sich die ottonisch-salische Kaiserpfalz aus dem 11./12. Jh. Der etwa 50 m lange Kalksteinbau wurde in den 1970er-Jahren auf den alten Fundamenten neu errichtet. Im Inneren befindet sich das »Museum in der Kaiserpfalz«. Rechts vor dem Museumseingang steht die Bartholomäuskapelle aus dem Jahr 1017, die als die älteste Hallenkirche nördlich der Alpen gilt und eine ungewöhnlich gute Akustik aufweist.

Dom

Den Dom (11.–16. Jh.) betritt man durch das Nordportal, die Rote Pforte. Die dreischiffige Hallenkirche mit zwei Querhäusern wurde in ihren wesentlichen Teilen im Stil der Gotik errichtet. Die Krypta, eine der größten in Deutschland, ist Aufbewahrungsort der Gebeine des heiligen Liborius, des Patrons der Stadt und des Erzbistums. Im Kreuzgang befindet sich das berühmte Drei-Hasen-Fenster aus dem 16. Jh. – ein weiteres Wahrzeichen Paderborns.

Gaukirche

Am Markt steht die um 1180 erbaute Gaukirche mit ihrem auffälligen Achteckturm und der erst um 1740 vorgebauten Barockfassade.

Das dreigiebelige Paderborner Rathaus zählt zu den Prachtbauten der Weserrenaissance.

Rathaus
Berühmt ist das dreigiebelige Paderborner Rathaus. Dieser Prachtbau im Stil der Weserrenaissance wurde 1613 bis 1620 errichtet. Vor dem Rathaus befindet sich einer der drei erhaltenen alten Kümpe, aus denen die Paderborner früher ihr Wasser schöpften.

Helsingsche Haus/Abdinghofkirche
Am Marienplatz findet man das Heisingsche Haus, ein Patrizierhaus aus der Zeit der Weserrenaissance mit schönem Fassadenschmuck. An der Mariensäule (1861) vorbei gelangt man zur Abdinghofkirche mit ihren romanischen Zwillingstürmen, dem Nachfolgebau der um 1015 von Bischof Meinwerk errichteten Benediktiner-Klosterkirche St. Peter und Paul.

Domdechanei/Michaelskirche
An der mit Kopfstein bepflasterten Michaelstraße liegen gleich zwei Barockbauten: die ehemalige Domdechanei, heute Stadtbibliothek, und die Michaelskirche, deren üppig dekorierte Fassade aus Sandstein und Backstein Einflüsse des flämischen Barock zeigt.

Adam-und-Eva-Haus
In der kleinen Straße »Auf den Dielen« sehenswert sind einige sorgsam restaurierte Fachwerkhäuser und in der Hathumarstraße vor allem das Adam-und-Eva-Haus. Es stammt aus der Mitte des 16. Jh. und beherbergt heute das Museum für Stadtgeschichte. Es ist großzügig mit Fächerrosetten verziert.

Busdorfkirche/Jesuitenkirche
Die barocke Portalfront der 1036 geweihten Busdorfkirche stammt aus der Zeit um 1665. Im sehenswerten Kreuzgang, Pürting genannt, sind zwei Flügel aus romanischer Zeit erhalten. Mit dem weiträumigen Gebäudekomplex des Gymnasiums Theodorianum und der Theologischen Fakultät verbunden ist die 1692 geweihte ehemalige Jesuitenkirche. Die dreischiffige Basilika mit Emporen zeigt sich nach ihrer Restaurierung im Inneren ungewöhnlich hell und schmuckvoll. Der im Zweiten Weltkrieg zerstörte Barockaltar wurde originalgetreu wiedererrichtet. Zum Kirchenschatz zählen kostbare Altargeräte aus dem 17. und 18. Jh.

Eines der schönsten Wasserschlösser der Renaissance ist Schloss Neuhaus.

Schloss Neuhaus
Die ehemalige fürstbischöfliche Residenz im gleichnamigen Stadtteil gehört zu den bedeutendsten Renaissance-Wasserschlössern Westfalens. Anlässlich der Landesgartenschau 1994 wurden Schloss und Nebengebäude restauriert und der Barockgarten nach einem Originalplan aus dem 18. Jh. neu angelegt. Im ehemaligen Marstall befinden sich heute das Naturkundemuseum und das Historische Museum. Besichtigungen sind im Rahmen von Führungen möglich.

Museen

Museum in der Kaiserpfalz
In der nach Ausgrabungen und unter Einbeziehung meterhoch erhaltener Originalwände neu errichteten Pfalz des 11. Jh. zeugen die Grabungsfunde von der prächtigen Hofhaltung Karls des Großen in den gerade eroberten sächsischen Gebieten. Die aus

dem Schutt geborgenen Reste von Wandmalereien aus der ersten Pfalzkirche stammen noch aus dem 8. Jh.
Adresse: Am Ikenberg, 33098 Paderborn, 05251/1951-10, www.kaiserpfalz-paderborn.de.
Öffnungszeiten: Di–So 10–18 Uhr, jeden ersten Mittwoch im Monat 10–20 Uhr.

▸ Diözesenmuseum
Das Museum beherbergt eine umfangreiche Sammlung sakraler Kunst des 10. bis 20. Jh.
Adresse: Markt 17, 33098 Paderborn, 05252/125-1495, www. erzbistum-paderborn.de/museum.
Öffnungszeiten: Di–So 10–18 Uhr, jeden ersten Mittwoch im Monat 10–20 Uhr.

▸ Museum für Stadtgeschichte
Frühgeschichtliche Funde, Gemälde, Grafiken, Dokumente, Möbel und Gebrauchsgegenstände veranschaulichen die Geschichte Paderborns von der ersten Besiedlung in grauer Vorzeit bis zum Abschluss des Wiederaufbaus nach dem Zweiten Weltkrieg.
Adresse: Hathumarstr. 7–9, 33098 Paderborn, 05251/8823501.
Öffnungszeiten: Di–So 10–18 Uhr.

▸ Deutsches Traktoren- und Modellautomuseum
Die Sammlung Oskar Vogel zeigt auf über 3000 m² derzeit über 120 historische Traktoren bedeutender Hersteller.
Adresse: Karl-Schoppe-Weg 8, 33098 Paderborn, 05251/4907-11, www.deutsches-traktorenmuseum.de.
Öffnungszeiten: Di–So 10–18 Uhr.

▸ Schulmuseum
Das Schulmuseum gibt Einblicke in die über 1200-jährige Schulgeschichte Paderborns, die mit der Gründung der Domschule durch Karl den Großen im Jahre 799 einsetzt. Ein historisches Klassenzimmer vermittelt einen Eindruck vom Schulunterricht um 1900.
Adresse: Jühenplatz 1, 33098 Paderborn, 05251/32032.
Öffnungszeiten: Di–Do 10–12 Uhr und nach Vereinbarung.

▸ Historisches Museum im Marstall
Das Historische Museum zeigt die Entwicklung des heutigen Paderborner Stadtteils Schloss Neuhaus, die Geschichte der fürstbischöflichen Residenz, die Garnisonsgeschichte, die preußische Zeit bis Kriegsende 1945 sowie die Wirtschafts- und Sozialgeschichte des Residenzstädtchens. Eine Sonderstellung nimmt die Keramik- und Glassammlung Nachtmann ein.
Adresse: Marstallstr. 9, 33104 Paderborn-Schloss Neuhaus, 05251/881052.
Öffnungszeiten: Di–So 10–18 Uhr.

▸ Städtische Galerie in der Reithalle
Die ehemalige Reithalle wurde 1825 für die im Schlossareal stationierte preußische Garnison errichtet. Seit 1994 befindet sich in dem grundlegend restaurierten Bau eine Abteilung der Städtischen Galerie Paderborn. Der anmutige Charakter der Biedermeier-Architektur, den die Reithalle trotz Modernisierung bewahrt hat, verleiht den dort präsentierten Wechselausstellungen ein reizvolles Ambiente.
Adresse: Marstallstr. 12, 33104 Paderborn-Schloss Neuhaus, 05251/881076.
Öffnungszeiten: Di–So 10–18 Uhr.

Freizeit und Natur

▸ Wandern und Rad fahren
Reizvoll ist der Weg entlang der Pader von Paderborn zum Schloss Neuhaus, dann entlang der Lippe bis zum Lippesee im Ortsteil Sande. Freunde des Drahtesels finden in Paderborn und Umgebung ein großes Angebot. Im Nordosten liegt die fast unberührte Senne mit Kiefernwäldern und Heideflächen.

Beiderseits der Lippe erstreckt sich das flache Delbrücker Land mit Äckern und Wiesen.
Im Süden und Osten schließlich präsentiert sich die Paderborner Hochfläche mit weiten Feldfluren und teils tiefen Bachtälern. Auf über 2000 km ausgeschilderten Radwegen können Sie nicht nur beeindruckende Landschaften, sondern auch zahlreiche Sehenswürdigkeiten erleben. Dazu gehört z. B. die Paderborner Landroute ebenso wie lokale Radwege (z. B. die PA-Wege), regionale Routen (wie Alme-Radweg oder Senne-Parcours) und bekannte Fernradwege (wie Römer- oder Wellness-Route), die mitten durch die Paderstadt führen.

▸ Geocaching

Der moderne Freizeitspaß, das Geocaching, ist eine elektronische Schatzsuche, bei der mit Hilfe eines GPS-Empfängers Verstecke, sogenannte Caches gesucht werden können. Die Tourist-Information vermietet GPS-Empfänger und weist in die auch von Kindern ab etwa zehn Jahren zu bedienenden Geräte ein.

▸ Freizeitparadies Lippesee

Das Freizeitparadies in der Nähe Paderborns hält für Wasserfreunde viele reizvolle Angebote wie Segeln, Surfen und Wasserski bereit. Tretboote können ausgeliehen werden.
Adresse: Bundesstr. 64, Paderborn-Sande, ☏ 05251/882980.

▸ Schwimmoper

Mit der 50-m-Bahn bietet die Schwimmoper Paderborn ideale Bedingungen für alle

Die Waschfrauen an der Warmen Pader erinnern daran, dass früher hier Wäsche gewaschen und gebleicht wurde.

Wasserratten. Daneben gibt es separate Becken für Nichtschwimmer und Babys bzw. Kleinkinder sowie das Variobecken für behinderte Schwimmer. Darüber hinaus kann der Besucher sich in einer der Saunen oder Solarien entspannen oder sich in der Viatbar stärken. Die Kleinen finden ein umfangreiches Spielangebot vor.
Adresse: Schützenweg 1 a, 33098 Paderborn, ✆ 05251/148740, 🌐 www.schwimmoper.de.
Öffnungszeiten: Mo–Sa ab 6, So ab 7 Uhr.

Veranstaltungen und Feste

▸ Paderborner Schloss-Sommer
Von Mai bis Oktober sind Schloss Neuhaus, Schloss- und Auenpark Mittelpunkt eines vielfältigen Veranstaltungsprogramms.

▸ Liborifest
Libori ist eines der ältesten Volksfeste in Deutschland. Jedes Jahr zieht es gegen Ende Juli über eine Million Besucher an und wird auch als Paderborns »Fünfte Jahreszeit« bezeichnet. Der Ursprung des Festes geht auf das Jahr 836 zurück. In diesem Jahr wurden die Reliquien des heiligen Liborius von Le Mans in die Bischofsstadt Paderborn geholt. Als die Gruppe Geistlicher, die nach Le Mans aufgebrochen war, Paderborn wieder erreichte, feierten die Menschen neun Tage lang. Dies machen Paderborner und ihre Gäste auch heute noch. Im Herbst folgt eine kleinere Wiederholung des Liborifestes.

Kulinaria

In Paderborn und Umgebung kennt man unter Paderborner Landbrot ein Roggenmischbrot. Die Brauerei Haus Cramer stellte früher das Paderborner Goldpilsener her. Mittlerweile wird dies von der Warsteiner Brauerei vertrieben.

Petershagen

(Kreis Minden-Lübbecke)

Erstmals wurde Petershagen erwähnt, als Karl der Große durch ein Hochwasser an der Überquerung der Weser gehindert wurde. Die Weser ist auch heute noch dominierendes Element der Landschaft, eingerahmt durch weitläufige Naturschutzgebiete. In Petershagen leben heute rund 27 000 Menschen. Das Stadtbild wird geprägt durch die zwei Mittelzentren Lahde und Petershagen sowie seine 27 weiteren unverwechselbaren Ortschaften.

Tourist Info
Mindener Str. 16, 32469 Petershagen
✆ 05707/9001-0
✉ tourismus@petershagen.de
🌐 www.petershagen.de

Sehenswertes

▸ Schloss Petershagen
Beherrschendes Bauwerk des alten Stadtkerns direkt an der Weser ist Schloss Petershagen. 1306 erbaut, war die Burg Residenz der Mindener Bischöfe und wurde unter Bischoff Franz II. von Waldeck durch den schwäbischen Baumeister Jörg Unkair im 16. Jh. zum Schloss umgebaut. 1649 bis 1669 war es Sitz der brandenburgischen Regierung, heute wird es als Hotel- und Restaurantbetrieb geführt. Der Schlossherr bringt Besuchern die bewegte Geschichte dieses Wahrzeichens gerne bei einer Führung nahe (✆ 05707/93130).

▸ Scheunenviertel Schlüsselburg
Etwas außerhalb der Ortschaft Schlüsselburg liegt das einzigartige Ensemble des Scheunenviertels, das überwiegend aus dem 19. Jh. stammt. Das Fachwerk der Gebäude besteht

Das Scheunenviertel in Schlüsselburg an der Weser, einem Orteil von Petershagen, ist ein denkmalgeschütztes Fachwerkensemble.

vielfach noch aus Eichenholz, die Gefache weisen zum Teil noch ihre ursprüngliche Füllung aus Lehm auf, einige Dacheindeckungen bestehen noch aus Feldbrand-Hohlziegeln. 26 Scheunen sind in ihrer ursprünglichen Konstruktion des Zweiständerfachwerkbaus erhalten.

▸ Mühlen

Petershagen liegt an der Westfälischen Mühlenstraße. Nirgendwo in Deutschland gibt es noch eine solche Vielzahl funktionstüchtiger Mühlen unterschiedlichster Bauarten. Allein in Petershagen wurden elf Mühlen restauriert. Von April bis Oktober finden an den Wochenenden die sehr beliebten Mahl- und Backtage statt.
Kontakt: Mühlenkreis Minden-Lübbecke, ✆ 0571/8072316.

Museen

▸ ☺ Westfälisches Industriemuseum Glashütte Gernheim

Der Glasmacherort, gegründet 1812, war zeitweilig mit über 200 Mitarbeitern eine der bedeutendsten Glasfabriken in Nordwestdeutschland. Heute dokumentiert die Glashütte die Lebens- und Arbeitsbedingungen der Glasmacher. Im Gernheimer Glasturm von 1826, einem der letzten beiden erhaltenen Gebäude dieser Art in Deutschland, erleben Besucher täglich, wie Glasmacher mit Pfeife, Holzform und Schere aus der glühenden Glasmasse Gefäße herstellen. Gleich nebenan sieht man, wie die Gläser durch Schliff und Gravur veredelt werden. Für Kinder wird der Besuch durch die beiden »Glasmacherkinder« Auguste und Wilhelm zum spannenden Erlebnis. Als Figuren begleiten sie die Kleinen auf ihrer Entdeckungstour

Die Klostermühle Lahde – eine der elf restaurierten Mühlen Petershagens.

durch das Museum. Am Schmelzofen schauen die kleinen Entdecker den Glasmachern bei ihrer Arbeit zu und dürfen sogar probieren, wie schwer es ist, Glas zu blasen.
Adresse: Gernheim 12, 32469 Petershagen, OT Ovenstädt, 05707/93110, www.glashuette-gernheim.de.
Öffnungszeiten: Di–So 10–18 Uhr.

Der Gernheimer Glasturm von 1826 dokumentiert anschaulich die Lebens- und Arbeitsbedingungen früherer Glasarbeiter.

Heimat- und Heringsfängermuseum in Heimsen

Das Leben der Heringsfänger von der Mittelweser veranschaulicht das Heimat- und Heringsfängermuseum in Heimsen. Die Sammlung informiert sich über die Arbeitswelt des Heringsfängers und sein Leben in der Heimat und auf See. Das Museum hat an bestimmten Sonntagen geöffnet, Auskunft bei der Tourist-Information.
Adresse: Am Mühlenbach 9, 32469 Petershagen, 05768/941855, www.heringsfaengermuseum.de.

Westfälisches Storchenmuseum

Viel Interessantes über die Weißstörche gibt es im Westfälischen Storchenmuseum im Haus Windheim zu erfahren. Präparate, Grafiken, Modelle, Filme und Medieninstallationen geben Einblicke in die Biologie und die Lebensweise der Störche. Ein großer Teil des Museums widmet sich intensiv der kulturgeschichtlichen Bedeutung des Storches und der besonderen Beziehung zwischen Meister Adebar und Mensch.
Adresse: Im Grund 4, 32469 Petershagen-Windheim, 05705/144643, www.westfaelisches-storchenmuseum.de.
Öffnungszeiten: Mi, Fr 14–18, Sa, So 11–18 Uhr.

Webstube Ilse

Die Webstube zeigt auf anschauliche Weise das traditionelle Handwerk des Webens. Elf Webstühle klappern hier.
Adresse: Ilser Postweg 8, 32469 Petershagen, 05702/7165 oder 1896, www.webstube-ilse.de.
Öffnungszeiten: März bis Nov. jeden zweiten Sonntag im Monat 14–17 Uhr, Mi 20–22 Uhr.

Freizeit und Natur

Wandern und Rad fahren

Das Stadtgebiet wird durch über 300 km gut ausgeschilderte lokale Radwege erschlossen, so z. B. von der Storchenroute oder den beiden Radrundtouren von je 30 km Nat(o)ur und Kult(o)ur. Auch auf den überregionalen Radwanderwegen »Mühlenroute«, »Weserland-Route«, »Weser-Radweg« und dem Radfernweg Hannover/Steinhuder Meer/Dümmer See lädt Petershagen als beliebtes Etappenziel zur Rast ein.

PetraSolara

Die Weserfähre »PetraSolara« ist die einzige Solarfähre in Nordrhein-Westfalen und verbindet die beiden Weserdörfer Hävern und Windheim. Ihr kommt damit eine bedeutende Funktion zu, denn sowohl die Storchenroute, die Kult(o)ur-Route, die LandArt-Route wie auch eine Nebenstrecke des Weserradweges führen in der Nähe der Dörfer Hävern und Windheim über die Weserfähre.

▸ Schwimmen
Das Freibad Lahde bietet Erholung, Fitness und Badevergnügen pur. Kleinkinder finden Abwechslung im Planschbecken mit Wasserpilz und Mini-Rutsche, die größeren können sich im Nichtschwimmerbecken mit der Wasserrutsche austoben. Mit Liegewiese und Beach-Volleyball-Anlage.
Öffnungszeiten: Mo–Fr 6.30–20 Uhr, Sa, So 8–19 Uhr.

▸ Reiten
In Petershagen kommen auch die Pferdefreunde und Reiter nicht zu kurz.
Adresse: Reithalle Petershagen, Mühlenweg 16, 32469 Petershagen, ✆ 05707/8209, 🌐 www.rv-petershagen-eldagsen.de.

Veranstaltungen und Feste

Im jährlichen Festkalender sind besonders erwähnenswert die Lahder Maile (Mai), das Altstadtfest in Petershagen (September) und der Herbstmarkt in Windheim (Oktober).

Porta Westfalica

(Kreis Minden-Lübbecke)

Aus 15 selbstständigen Gemeinden entstand die Stadt an der Pforte Westfalens. Eingerahmt von dem Weser- und Wiehengebirge zeichnet sich die Landschaft an der Weser durch dichte Laubwälder und weitläufige Wiesenflächen aus. In der Stadt leben heute knapp 36 000 Menschen. Die erste bekannte Ansiedlung datiert auf das Jahr 1096, als erstmalig die Schalksburg urkundlich erwähnt wurde. Sie war damals im Besitz der Herren vom Berge, die bis 1397 die Vogteirechte im Hochstift Minden ausübten. Die Schalksburg entwickelte sich zu einem bedeutenden Verwaltungssitz der Region und war mehrere hundert Jahre Sitz des Amtes Hausberge. Um diese herum entwickelte sich der heutige Stadtkern von Porta Westfalica. Der lateinische Name stammt aus dem 18. Jh., als die lateinische und französische Sprache bei den Adeligen in Mode war.

Tourist-Information
Kempstr. 6, 32457 Porta Westfalica
✆ 0571/791280
📠 0571/791279
✉ info@portawestfalica.de
🌐 www.portawestfalica.de

Sehenswertes

▸ Kaiser-Wilhelm-Denkmal/Wittekindsburg
An der Westfälischen Pforte, am Wittekindsberg im Wiehengebirge, steht das eindrucksvolle Monument. Das 88 m hohe Denkmal wurde zu Ehren Kaiser Wilhelms I. (1797–1888) nach Plänen des Architekten Bruno Schmitz aus Porta-Sandstein in 268 m Höhe erbaut. Das tempelartige Bauwerk ist in Ringterrasse, Baldachin und Standbild dreigeteilt. Das Standbild, entworfen vom Bildhauer Kaspar von Zumbusch, zeigt den Kaiser barhäuptig, die linke Hand auf den Palasch gestützt, die rechte Hand erhoben und das vor ihm liegende Westfalenland segnend. Von den Terrassen hat man einen wunderbaren Ausblick bis ins Schaumburger Land. Nicht weit vom Denkmal entfernt finden Sie die Wittekindsburg und das Grabungsgelände mit den Grundmauern der 1000 Jahre alten Kreuzkirche.

▸ Kapelle St. Laurentius
Mitten im Dorf Nammen steht ein kleines Fachwerkgebäude, das sofort ins Auge fällt: die St.-Laurentius-Kapelle. Zwischen 1350 und 1450 soll sie errichtet worden sein. Die Kapelle war ursprünglich ein katholisches

Gebetshaus, wurde aber nach der Ausbreitung der Reformation im Mindener Land um 1550 evangelisch.
Öffnungszeiten auf Anfrage: ✆ 0571/3852621.

Museen

▸ Besucherbergwerk Kleinenbremen
Im stillgelegten Teil der Eisenerzgrube »Wohlverwahrt« kann unter sachkundiger Führung die Welt aus Gestein erkundet und die harte Arbeitswelt der Bergleute nachempfunden werden. Riesige Hohlräume in den bis zwölf Meter dicken, erzführenden Gesteinsschichten, mächtige Bohrwagen und andere Förder- und Ladegeräte in den Abbaufeldern vermitteln eindringliche Vorstellungen von Ausmaß und Härte der Arbeit unter Tage im Inneren des Wesergebirges.
Adresse: Rintelner Str. 396, 32457 Porta Westfalica, 🌐 www.bergwerk-kleinenbremen.de.
Öffnungszeiten: Apr. bis Okt. So 10–16 Uhr, Di, Do, Sa 10–16 Uhr auf Anfrage.

Freizeit und Natur

▸ Wandern und Rad fahren
Allein elf Fernwanderwege beginnen, enden oder durchqueren die Hänge des Weser- und Wiehengebirges am Fuße des Kaiser-Wilhelm-Denkmals. Auf ausgezeichneten Wegen können Sie Natur pur und den weiten Blick ins Wesertal genießen. Das herrliche Panorama von Weser- und Wiehengebirge macht den besonderen Reiz für Radwanderer an der Porta Westfalica aus. Der Weser-Radweg ist der beliebteste Radwanderweg in Deutschland, doch auch zahlreiche weitere Radwanderwege und Rundwanderwege können hier genutzt werden.
Infos: Wanderverein Porta Westfalica-Mittelweser e.V., Weidenstr. 19, 32457 Porta Westfalica, ✆ 0571/76033.

▸ Großer Weserbogen
Die Camping- und Freizeitanlage ist ein Familienparadies. Ob Sonnenanbeter oder Paddelfreak, Windsurfer oder Segler, hier kann jeder seinem Hobby nachgehen. Tretbootfahren, Tischtennis sowie Animation für Kinder und Erwachsene sorgen zusätzlich für Abwechslung in der Freizeitanlage. Als Ausgangspunkt für Wanderungen und Rad-Etappen ist der Große Weserbogen ideal.
Adresse: Zum Südlichen See 1, 32457 Porta Westfalica, ✆ 05731/6188, 🌐 www.grosser-weserbogen.de.

▸ Badezentrum Porta Westfalica
Mehr als nur Badespaß bietet die Hallen- und Freibadanlage in Hausberge. Das Freibad mit Großrutsche und Erlebnisbecken sowie das Hallenbad mit Kinderbadeland, beheiztem Außenbecken und die Saunaanlage mit Blockhaus- und Panoramasauna, römischem Dampfbad und Regenbogensauna stehen für Wellness, Erholung und Sport. Ganzjährig geöffnet.
Adresse: Sprengelweg 10, 32457 Porta Westfalica, ✆ 0571/71409, 🌐 www.badezentrum-porta.de.

▸ Jakobsberg mit Fernsehturm
Der Jakobsberg, die westlichste Erhebung des Wesergebirges, ist mit seinen Rundwegen ein guter Ausgangspunkt für ausgedehnte Wanderungen. Von der Aussichtsterrasse des Fernsehturms erstreckt sich die Sicht bis weit ins Land.

▸ Goethe-Freilichtbühne in Barkhausen
Von klassischen über zeitgenössische Stücke bis zu Kinder- und Jugendaufführungen bietet die Freilichtbühne eine eindrucksvolle Darstellung vor einer malerischen Kulisse.
Spielzeit: Juni bis Sept., ✆ 0571/71368, 🌐 www.portabuehne.de.

▸ Vogelparadies Hausberge
Die reizvolle Landschaft hat mehrere Naturschutzgebiete wie z. B. das Vogelparadies, das als Naherholungsgebiet gern besucht wird. Auf 38 ha kann man hier seltene Vogelarten bewundern.

▸ Wesertreff
Der Wesertreff am Schiffsanleger Barkhausen ist Start für zahlreiche touristische Aktivitäten wie Ausflugsfahrten mit der »Weißen Flotte« zum beliebten Wasserstraßenkreuz, Kanutouren, Radtouren oder Wanderungen in der Porta Westfalica. Die Weserpromenade mit der Fahrradstation lädt zum Verweilen ein. Ein vielfältiges Angebot an Gastronomie können Besucher direkt am Weser-Radweg genießen oder einfach im idyllischen Kurort Hausberge bummeln.

Veranstaltungen und Feste

Jedes Jahr am Pfingstmontag findet das Portafest unterm Kaiser statt. Bei diesem Trachtenfest am Kaiser-Wilhelm-Denkmal treten Volkstanz- und Trachtengruppen aus der Umgebung, aber auch aus dem Ausland auf. Am zweiten Wochenende im September ist in Hausberge Stadtfest. Künstler treten auf und Live-Musik wird gespielt. Hinzu kommen die Schützenfeste der elf örtlichen Schützenvereine.

Beeindruckend: das 88 m hohe Denkmal Kaiser Wilhelms am Wittekindsberg.

Preußisch Oldendorf

(Kreis Minden-Lübbecke)

Preußisch Oldendorf liegt im nördlichen Teil des Landes Nordrhein-Westfalen im Mühlenkreis Minden-Lübbecke. Der beliebte Luftkurort im Wiehengebirge wurde urkundlich im Jahr 969 erstmals erwähnt. 1719 erhielt er die Stadtrechte. Die kleine Bergstadt in landschaftlich reizvoller Umgebung wartet mit historischen Bauwerken, Rittergütern und bedeutenden Kirchen auf.

Touristik der Stadt Preußisch Oldendorf, Hudenbeck 2
32361 Preußisch Oldendorf
05742/703494
touristik@preussischoldendorf.de
www.preussischoldendorf.de

Sehenswertes

Schloss Hollwinkel
Im Norden der Bergstadt befindet sich in Hedem das Schloss Hollwinkel, ein altes Wasserschloss aus dem 13. Jh. mit Rundturm und Wasseranlage sowie Vierflügelherrenhaus auf spätmittelalterlicher Grundlage (Privatbesitz). 1870 erfolgten größere Umbauten. Die gesamte Anlage ist von einer weitläufigen Gräfte umgeben, außerhalb liegen nur der Wirtschaftshof und das Torhaus.

Schloss Hüffe
Das Schloss Hüffe in Lashorst (1775–1784) ist in der Region das einzige Bauwerk im Stil des spätbarocken Klassizismus mit siebenachsigem Mittelbau und zwei fünfachsigen Flügelbauten sowie einer Wasseranlage. In der Belle Étage des Mittelbaus befindet sich ein Spiegelsaal (letzte Nachklänge des Rokoko). Geführte Besichtigungen sind möglich.

Schloss Crollage
Es handelt sich um ein ehemaliges Rittergut aus dem 16. Jh., das im Stil der Weserrenaissance erbaut wurde. Das Schloss befindet sich in Privatbesitz und kann nur von außen besichtigt werden.

Wehrkirche
Die älteste Wehrkirche des Minden-Ravensberger Landes (um 1300) können sich Besucher im Stadtteil Börninghausen ansehen.

Schloss Hüffe in Lashorst besticht durch seinen spätbarocken Klassizismus.

▸ Burgruine Limberg
Die restaurierte Ruine aus dem 13. Jh. inmitten des Naturparks am Limberg ist ein lohnender Abstecher. Von der Anlage ist nur noch der Burgfried erhalten. Der Turm kann täglich von 10–20 Uhr auch von innen besichtigt werden.

▸ Gut Engershausen
In Engershausen liegt das um 1500 gegründete Gut Groß-Engershausen (Privatbesitz), ein zweigeschossiges Herrenhaus mit Park und Wasseranlage. Zu sehen ist ferner im Park ein Mausoleum aus dem Jahre 1805. In unmittelbarer Nähe befindet sich das im 14. Jh. gegründete Haus Klein-Engershausen. Hier handelt es sich um ein kleines, eingeschossiges Fachwerkherrenhaus mit Wasseranlage (Privatbesitz).

▸ Rittergut Holzhausen mit Gutswassermühle
Bis in das Jahr 1529 geht das heutige Aussehen des Ritterguts zurück, in dessen stilecht restaurierten Gemäuern das Haus des Gastes seinen Sitz hat. Umgeben vom Kurpark mit altem Baumbestand und angelegten Teichen bietet dieses Haus zahlreiche Freizeitmöglichkeiten.
Infos: Verkehrsverein Bad Holzhausen, Mühlenweg 3, ☎ 05742/931141.
Öffnungszeiten: täglich 9–12, 14.30–17.30 Uhr, ☎ 05742/4224. Die Gutswassermühle ist an jedem Sonntag von Apr. bis Okt. 10–12 und 14–17 Uhr geöffnet.

▸ Fachwerkdorf Offelten
Bei den Offelter Fachwerkbauernhöfen handelt es sich nicht um ein Museum, sondern um lebendige Landwirtschaft sowohl im Voll- als auch im Nebenerwerb. Alle Liebhaber westfälischer Fachwerkbaukunst und bäuerlicher Volkskunde kommen in Offelten auf ihre Kosten, bietet der Ort doch das Bild eines in Jahrhunderten gewachsenen und nur wenig veränderten Bauerndorfes in Westfalen. Besonders erwähnenswert ist der Offelter Zimmerbaumeister Blomenkamp, von dessen Hand zahlreiche Fachwerkbauten mit seinem markanten Namenszug im Torbogen in Offelten erhalten sind.

Für kleine und große Feuerwehrmänner ein Muss: das Feuerwehrmuseum in Preußisch Oldendorf.

Museen

▸ Feuerwehrmuseum
Das Feuerwehrmuseum in der Dahlinghauser Str. 5 ist als erstes Museum dieser Art in Ostwestfalen ein beliebter Anziehungspunkt. Es ist in der ehemaligen Schröttinghauser Schule aus dem Jahre 1862 untergebracht und wird seit 1980 durch den »Verein Feuerwehrmuseum Preußisch Oldendorf-Schröttinghausen e.V.«betreut. ☎ 05742/9311-23.
Öffnungszeiten: Anfang Mai bis Mitte Sept. So 12.30–17 Uhr, sonst täglich 15–18 Uhr.

Freizeit und Natur

▸ Wandern und Rad fahren
Bei mäßigen Steigungen des Wiehengebirges können Spaziergänger auf gut ausgeschilderten Wanderwegen mit Schutzhütten und zahlreichen Ruhebänken die Natur

genießen. Neben den vielen Rundwanderwegen bieten sich Etappenwanderungen auf dem 32 km langen Limberg-Nonnenstein-Weg und Wittekindsweg (90 km von der Porta Westfalica nach Osnabrück) an. Umfangreiches Kartenmaterial gibt es beim Verkehrsverein Bad Holzhausen, der auch regelmäßig geführte Wanderungen anbietet (☏ 05742/931141). In der grünen und ländlichen Umgebung von Preußisch Oldendorf gibt es ein hervorragend ausgeschildertes Radwanderwegenetz (über 100 km). Auf ausgebauten und ebenen Wirtschaftswegen, aber auch auf Wegen durch das Wiehengebirge können die Radwanderfreunde die Sehenswürdigkeiten erkunden. Es besteht Anschluss an überregionale Radrouten in der Region.

▸ Museumseisenbahn
Es ist ein schon ein besonderes Erlebnis, wenn die Museumseisenbahn in der Hauptsaison als nostalgische Dampflokomotive von Preußisch Oldendorf nach Bohmte fährt. Da Fahrräder kostenlos befördert werden, bietet sich hier eine kombinierte Dampfzug-/Radtour an.

▸ Weitere Angebote
Beheiztes Waldschwimmbad im Kurgebiet der »Oldendorfer Schweiz«, Linkenstr. 17, ☏ 05742/4983. Reitmöglichkeiten werden vielfach angeboten, wenden Sie sich bei Interesse an den Reiterverein Holzhausen-Heddingshausen, Wiehenstr. 10, ☏ 05742/1067, an den Reitsportclub Echterbrock, Echterbrocksweg 9, Holzhausen, ☏ 05742/4175 oder an den Reiterverein St. Georg in Preußisch Oldendorf, Engershauser Str., ☏ 05742/2355. An jedem ersten, zweiten und dritten Sonntag von Mai bis Sept. kann man als Gast der »Weißen Flotte« im Hafen von Preußisch Oldendorf-Detmold an Bord gehen und und bei einer Fahrt bis zum Mindener Wasserstraßenkreuz die herrliche Landschaft genießen. Außerdem werden einstündige bis Tagestouren mit bis zu 20 Personen im Planwagen oder in der Kutsche mit Pferdegespann angeboten. Ansprechpartner ist der Tannenhof Michaelis, Im Glanetal 57, 32361 Preußisch Oldendorf, ☏ 05742/1061, ✉ mail@t-michaelis.com, 🌐 www.t-michaelis.com.

Rahden

(Kreis Minden-Lübbecke)

Rahden ist die nördlichste Stadt Nordrhein-Westfalens im Mühlenkreis Minden-Lübbecke. Mit rund 17 000 Einwohnern hat sich Rahden zu einer attraktiven und liebenswerten Kleinstadt entwickelt. Die erste Erwähnung datiert aus dem Jahr 1033. In einer Urkunde Kaiser Konrads II. bestätigt der Kaiser eine Hufe in Rodun als Besitz des Stifts St. Martini in Minden. Der Name »Rodun« leitet sich wohl von den Rodungen der Wälder ab. Schon früh steht das Gebiet um Rahden damit wie das gesamte Mindener Land unter dem Einfluss des Bistums Minden bzw. dessen säkularer Herrschaft Fürstbistum Minden.

Stadt Raden Fremdenverkehrsamt
Lange Str. 9, 32369 Rahden
☏ 05771/7317
📠 05771/7360
✉ j.kameier@rahden.de
🌐 www.raden.de

Sehenswertes

▸ Nordpunkt
52° 32' nördliche Breite und etwa 8° 39' östliche Länge: Dort liegt der nördlichste Zipfel Nordrhein-Westfalens. Man findet dort eine

Sitzgruppe und einen Steintisch in der Form des Landes Nordrhein-Westfalen. Eine Attraktion am nördlichsten Punkt ist das »Nordpunkt-Haus«. Am Nordpunkt vorbei führt der Fernradweg Bremen–Bad Oeynhausen.

Kunst am nördlichsten Zipfel Nordrhein-Westfalens.

▸ Burgruine Rahden

Zwar gibt es hier keine Ritter mehr, doch die Ruine der ehemaligen Wasserburg vom Beginn des 14. Jh. mit den verbliebenen Außenmauern des abgebrannten Schlosses ist ein Hingucker. Heute ist sie vor allem ein beliebtes Revier für Vögel.

▸ Bockwindmühle Wehe

Sie ist die älteste Bockwindmühle an der Mühlenstraße, die noch an ihrem ursprünglichen Standort steht und betriebsbereit ist. Die Mühle lässt sich mit Hilfe des »Steerts« der jeweiligen Windsituation anpassen. Bemerkenswert ist das alte Balkenwerk der um 1650 erbauten Mühle. Regelmäßig finden kulturelle Veranstaltungen statt. Traditionelles, wie Volkstanz- und Theateraufführungen, Bilderausstellungen, Kunstgewerbeverkauf und der plattdeutsche Gottesdienst am Himmelfahrtstag locken die Besucher an. An den Mahl- und Backtagen wird in dem liebevoll errichteten Backhaus im Steinbackofen der leckere frische Butterkuchen gebacken. Die Besucher können dem Bäcker hierbei über die Schulter schauen.
Kontakt: Heimatverein Wehe, ✆ 05771/3560.

▸ Hochzeitsmühle Tonnenheide

Die Windmühle Tonnenheide, eine Galerie-Holländerwindmühle, stammt aus dem Jahr 1878. Seit 1996 steht sie auch heiratswilligen Paaren als Standesamt zur Verfügung. Der starke, zweigeschossige Unterbau aus Ziegeln hat einen achteckigen Grundriss.
Kontakt: W. Möhring, ✆ 05771/3516.

▸ Großer Stein

Der »große Stein von Tonnenheide« ist zehn Meter lang, sieben Meter breit und drei Meter hoch. Sein Gewicht beträgt etwa 350 t. Er ist der größte zurzeit bekannte Findling in Norddeutschland. Das Steinmaterial ist etwa eine Milliarde Jahre alt.

Museen

▸ Museumshof Raden

Der Museumshof ist ein vollständig eingerichtetes Bauerngehöft mit allen dazugehörigen Nebengebäuden, das die Lebensweise des 19. Jh. widerspiegelt. Die Dauerausstellung »Vom Flachs zum Leinen« informiert im »Lütken Hus«. Mehrmals in der Saison von März bis Oktober werden Mahl- und Backtage durchgeführt, an denen verschiedene

alte, bäuerliche Tätigkeiten vorgeführt werden. Die Rossmühle ist dann in Betrieb und im alten Steinbackofen werden Brot und Kuchen gebacken.
Adresse: Museumshof 1, 32369 Rahden, 05771/2282, www.museumshofrahden.de.

Freizeit und Natur

Wandern und Rad fahren
Rund 100 km Wander- und Radwanderwege sind markiert. In den Naturschutzgebieten »Weißes Moor« (Tonnenheide) und Schnakenpohl (Varl) sind ebenfalls Rundwanderwege ausgezeichnet.

Museumseisenbahn
Mit dem Schienenbus aus den 1960er-Jahren oder dem historischen Triebwagen können Interessierte sich durch die parkähnliche Landschaft von Rahden nach Tonnenheide und ins Niedersächsische transportieren lassen. Die Eisenbahn verkehrt von Himmelfahrt bis Oktober.
Adresse: 32364 Rahden, 05771/3304, www.meb-rahden-uchte.de.

Sommerspaß im Freibad Rahden..

Veranstaltungen und Feste

Seit einigen Jahren hat sich im Oktober die Veranstaltung »Rahden kocht über« etabliert. An diesem Wochenende präsentiert sich die Rahdener Gastronomie mit ihren Spezialitäten.

Kulinaria

Ein typisches Getränk ist der »Ströher Schwaten«, den man, so sagt der Volksmund, immer dann trinken kann, wenn die Tannen grün sind. Er besteht zu je einem Drittel aus Bohnenkaffee, Weizenkorn und Wasser.

Der Bauerngarten im Museumshof Raden ist ein Idyll.

Rheda-Wiedenbrück

(Kreis Gütersloh)

Die Doppelstadt Rheda-Wiedenbrück (47 000 Einwohner), an der Ems gelegen, hat gleich zwei schöne Altstädte zu bieten. Im Jahr 758 erfolgte die erstmalige Nennung von Wiedenbrück. 785 wird hier die Urpfarrkirche vermutet, die das Zentrum eines Missionsgebietes bildete. 860 wurde der Wiedenbrücker Sprengel als zum Bistum Osnabrück gehörig genannt. Rheda wurde frühestens im Jahre 1085, spätestens 1088 erstmals urkundlich erwähnt. Das große Schloss zeugt von der früheren Herrschaft Rheda. Sowohl Rheda als auch Wiedenbrück warten mit zahlreichen Fachwerkhäusern auf und machen die Vergangenheit wieder lebendig.

Flora Westfalica, Mittelhegge 11
33378 Rheda-Wiedenbrück
05242/9301-0
05242/9301-20
info@flora-westfalica.de
www.flora-westfalica.de

Sehenswertes

Stadtteil Rheda

Die Altstadt besticht durch ihre verschiedenartigen Baustile, die wiederum eindrucksvoll die Geschichte der kalvinistisch geprägten Stadt dokumentieren. Sehenswert sind der Doktorplatz mit seinen Bürgerhäusern und die schmalen Altstadtgässchen mit den prächtig restaurierten Häusern. Mitten in der Fußgängerzone thront die evangelische Stadtkirche, eine der ältesten Kirchen der Region. Verschiedene Kirchenschätze, u. a. ein Taufstein von 1567 und die noch heute genutzte Fürstenempore, geben der Kirche ihr unverwechselbares Gesicht. Die St.-Clemens-Kirche an der Wilhelmstraße hat sich vor allem durch die große Fischer- und Krämerorgel einen Namen gemacht. Hier finden regelmäßig Orgelkonzerte statt. Die Geschichte Rhedas ist untrennbar mit dem Wasserschloss verbunden, das noch heute von der Fürstenfamilie Bentheim-Tecklenburg bewohnt wird. Erstmals 1170 erwähnt, vereint es gleich mehrere Baustile: einen Kapellenturm aus dem 13. Jh., einen Renaissancetrakt mit Galerie und einen Barockflügel. In unmittelbarer Nähe liegt die Orangerie. Hier finden Kammerkonzerte und Ausstellungen statt. Das Schloss bietet zahlreiche Angebote für Kinder.
Adresse: Steinweg, 05242/94710.

Zahlreiche Fachwerkbauten schmücken Rheda und Wiedenbrück.

Stadtteil Wiedenbrück

Historische Fachwerkhäuser aus dem 16. bis 18. Jahrhundert, sorgfältig restauriert, prägen das Bild der mehr als 1000 Jahre alten Stadt. Über 200 Gebäude sind denkmalgeschützt. Ein Bummel durch die Lange Straße lohnt sich. Wer mehr über die Geschichte erfahren möchte, sollte sich angesichts der Flut bedeutender Fachwerkensembles einer Stadtführung anschließen. Sehenswert ist auch die

St. Aegidius-Kirche auf dem Kirchplatz. Bereits um das Jahr 785 ist hier ein erster Kirchbau nachgewiesen. Der Grundstein für den heutigen Bau wurde im Jahre 1502 gelegt. Der mächtige, 56 m hohe Turm ist das höchste Bauwerk der Stadt. Eine Besichtigung wert ist die Marienkirche von 1470. Ein auffälliger Bogen verbindet das Gotteshaus über die Straße hinweg mit dem Franziskanerkloster.

Museen

▸ Leineweber-museum

Altes Handwerk in einer historischen Umgebung erlebt der Besucher des Leinewebermuseums. Das kleine Fachwerkhaus in der Rhedaer Altstadt beherbergt eine private Sammlung zur Flachsverarbeitung, u. a. einen funktionstüchtigen Webstuhl. Alte Wäschestücke, Trachten und Hauben erinnern an Großmutters Zeiten.
Adresse: Kleine Str. 11, Rheda,
✆ 05242/47335.
Öffnungszeiten: Di–Fr 10–12, 14–18 Uhr, Sa, So 10–18 Uhr.

▸ Latüchtenmuseum

Hier sitzt man gemütlich zwischen 160 Petroleumlampen, den sogenannten Latüchten. Daneben kann man über 700 alte Küchengerätschaften, Schmuck und Mobiliar bewundern.
Adresse: Großer Wall 25, Rheda,
✆ 05242/46416.
Öffnungszeiten: täglich ab 14.30 Uhr.

▸ Westfalia-Automuseum

Fahrzeuge aus der über 140-jährigen Geschichte des Werkes vom Pferdewagen bis zum Wohnmobil können hier besichtigt werden. Die meisten Oldies sind noch funktionstüchtig.
Adresse: Franz-Knöbel-Str. 34, Wiedenbrück,
✆ 05242/150.
Öffnungszeiten nach Vereinbarung.

Ein Paradies für Erwachsene und Kinder ist der Flora-Westfalica-Park, der beide Stadtteile miteinander verbindet.

▸ Wiedenbrücker Schule

Das »Künstlerhaus« (Fachwerkhaus von 1903) ist eine museale Begegnungsstätte und den Ursprüngen und den Werken der »Wiedenbrücker Schule«, einer Gruppe von Künstlern und Kunsthandwerkern, die zwischen 1864 und 1918 in Wiedenbrück tätig waren, gewidmet. Daneben findet sich eine umfangreiche Ausstellung zur Stadtgeschichte, die etwa die Befunde archäologischer Grabungen, einzelne Beispiele Wiedenbrücker Münzen, die Geschichte der Gilden und Zünfte oder auch die Ereignisse des Dreißigjährigen Krieges beleuchtet.
Adresse: Rietberger Str. 6a, Wiedenbrück,
✆ 05242/7797.
Mehrmals wöchentlich geöffnet.

▸ Radiomuseum
Das Radiomuseum im Verstärkeramt bietet eine Sammlung mit mehreren tausend Radio-, Fernseh- und Fernsprechgeräten.
Adresse: Eusterbrockstr. 44, ☏ 05242/931016.
Öffnungszeiten: Sa, So 14–18 Uhr.

Freizeit und Natur

▸ Wandern und Rad fahren
Attraktive Strecken stehen zu Verfügung. Der Flora-Westfalica-Park, der Stadtwald und der Hambusch laden zum Wandern ein. Empfehlenswert ist der Eichenweg, der die Städte und Gemeinden des Kreises Gütersloh verbindet. Der 210 km lange Wanderweg kann in Teilabschnitten erkundet werden. Mehrere bis zu 42 km lange Radrundwege führen um die Stadt.

▸ Flora Westfalica
Der Flora-Westfalica-Park ist ein Paradies für Naturliebhaber und Blumenfreunde. Als grünes Band verbindet er die beiden Stadtteile. An jedem Sonntag im Sommer finden in der Aktionsmulde und im Rosengarten Open-Air-Konzerte statt, Fronleichnam verwandelt sich der Park in ein großes Freilichtatelier mit Live-Musik. Der große Wasserspielplatz am Emssee, der Seilzirkus an der Mittelhegge, ein Wasserspielgarten, Minigolf, Streichelwiese und vieles mehr bereiten Kindern viel Spaß.
Infos: Flora Westfalica, Mittelhegge 11, ☏ 05242/9301, www.flora-westfalica.de.

▸ Golfen
Der Golfplatz Marienfeld liegt eingebettet in eine idyllische Parklandschaft. Teiche, renaturierte Bäche, alte Bäume und einige Doglegs machen ihren besonderen Reiz aus. Die 18-Loch-Anlage ist mit Driving-Range, Pitching und Putting Grün ausgestattet.
Adresse: Golfclub Marienfeld e. V., Remse 27, 33428 Marienfeld, ☏ 05247/8880.

▸ Kutsch- und Planwagenfahrten
Wer es entspannt angehen möchte, für den bietet sich eine Planwagen- oder Kutschfahrt in die Umgebung an.
Information: M. Meyer, ☏ 05242/43417.

Veranstaltungen und Feste

Es gibt eine Reihe von jährlich wiederkehrenden Veranstaltungen in Rheda-Wiedenbrück, u. a. das Altstadtfest in Rheda im September, Music Painting und »Feuer und Flamme« in der Flora Westfalica, der Wein- und Gourmetmarkt sowie das Frühlingsfest.

Rietberg

(Kreis Gütersloh)

Rietberg liegt mit seinen sieben Stadtteilen im Süden des Kreises Gütersloh am Oberlauf der Ems. Rund 30 000 Menschen leben in besonderer Landschaft und einem geschichtlich bedeutsamen Umfeld. Der historische Stadtkern mit seinen kleinen Gassen und restaurierten Fachwerkgebäuden ist geprägt durch die geschichtliche Vergangenheit Rietbergs als Grafschaftsresidenz und Landeshauptstadt. Der berühmteste Landesvater war Fürst Wenzel Anton von Kaunitz-Rietberg, Staatskanzler von Maria Theresia, der österreichischen Kaiserin. Landläufig wird Rietberg auch als »Stadt der schönen Giebel« bezeichnet.

Touristikinformation
Rügenstr. 1, 33397 Rietberg
☏ 05244/986-201
✉ info@stadt-rietberg.de
www.rietberg.de

Sehenswertes

▸ Rathaus und Pfarrkirche
Wahrzeichen und Mittelpunkt der Stadt ist das Rathaus von 1805. Es gilt als eines der schönsten Rathäuser Westfalens. Die Doppeltreppe ist besonders reizvoll. Unmittelbar daneben steht die Pfarrkirche St. Johannis Baptist mit spätmittelalterlichem Chor und Turm sowie barocken und neugotischen Erweiterungen. Im Innern sehenswert ist ein alter Taufstein von 1515.

Eines der schönsten Rathäuser Westfalens hat in Rietberg sein Zuhause.

▸ Ehemaliges Franziskanerkloster
Bis 1979 wurden Kirche (1629) und Klostergebäude (1726) von den Franziskanern genutzt. Der Kirchenraum wurde bei der jüngsten Restaurierung nach historischen Befunden neu gefasst. In der ebenfalls neu gestalteten Krypta wurden zwölf Mitglieder der gräflichen Häuser Ostfriesland, Rietberg und Kaunitz beisgesetzt.

▸ St.-Johannes-Nepomuk-Kapelle
Die in der Nähe des ehemaligen Schlosses gelegene Kapelle wurde im Auftrag von Wenzel Anton Fürst von Kaunitz-Rietberg von einem unbekannten mährischen Baumeister 1747 bis 1753 im spätbarocken Stil erbaut. Sie ist dem Schutzheiligen der Grafschaft Rietberg Johannes Nepomuk geweiht.

Ein Highlight ist Rietbergs ältestes Haus in der Müntestraße.

Museen

▸ Bibeldorf
Das Bibeldorf der evangelischen Kirchengemeinde ist ein deutschlandweit einzigartiges Projekt. Der pädagogische Lernort mit seinem Freilichtmuseum macht das Alltagsleben zurzeit der Bibel erlebbar.
Adresse: Perlbruch 2, 33397 Rietberg, 05244/981953, www.bibeldorf.de.
Öffnungszeiten: Apr. bis Sept. Mo–Sa 10–18 Uhr, So 14–18 Uhr.

▸ Rietberger Heimathaus
Das Haus, ein Fachwerkbau aus dem Jahre 1645, ist eine Begegnungsstätte und bietet einen Einblick in die Wohnkultur der Rietberger Ackerbürger des 17. bis 19. Jh.
Adresse: Klosterstr. 3, 33397 Rietberg.
Öffnungszeiten: Mi, So 15–18 Uhr.

‣ Kunsthaus Rietberg/Museum Wilfried Koch
Das denkmalgeschützte Ackerbürgerhaus beherbergt das Lebenswerk des Künstlers Dr. Wilfried Koch aus Rietberg-Varensell. Es wird zudem für wechselnde Ausstellungen genutzt.

Freizeit und Natur

‣ Wandern und Rad fahren
Die reizvolle Umgebung und eine weitläufig intakte Natur mit den europaweit bedeutsamen Vogel- und Naturschutzgebieten »Emsniederungen« und »Fischteiche« verführen zu Wanderungen und Radtouren. Wege verbinden den historischen Stadtkern mit der Umgebung. Genießen Sie die Natur z. B. auf der Rietberger Stadtteilroute »Sieben Mal sympathisch«. Empfehlenswert ist der Eichenweg, der die Städte und Gemeinden des Kreises Gütersloh verbindet, doch auch die Landesgartenschau-Route oder die Wellness-Radroute laden zu Erkundungen der Umgebung ein. Wer kein eigenes Rad dabei hat, kann sich eines ausleihen: Lind Hotel an der Ems, ✆ 05244/700100.

‣ Gartenschaupark
Das Gartenschau-Gelände umfasst ein Areal von rund 3,5 km Länge und zieht sich von der Johanneskapelle im Süden der Stadt zum historischen Stadtkern und entlang des Naturschutzgebietes »Rietberger Emsniederung« bis zum Stadtteil Neuenkirchen. Die Gartenschau bietet

Wallanlage mit Umflut in Rietberg.

Natur- und Gartenvergnügen, Attraktionen und kulturelle Highlights, Veranstaltungen wie Theater, Kleinkunst, Kindertheater, Mitmach-Events.
Adresse: Rathausstr. 36, 33397 Rietberg, ✆ 05244/986-111, 🌐 www.lgs-rietberg.de.

‣ Weitere Angebote
Kanutouren auf der Ems, Surfen, Angeln, Reiten, Tennis, Golf, Minigolf, Kutsch- und Planwagenfahrten, Heißluftballonfahrten und vieles mehr.

Eine Radtour im Naturschutzgebiet »Fischteiche«

Rödinghausen

(Kreis Herford)

Rödinghausen erstreckt sich vom Kamm der sonnigen Seite des Wiehengebirges bis zum Elsetal. Hier leben rund 10 600 Menschen. Die Gemeinde blickt auf eine lange Geschichte zurück, die bis in das frühe Mittelalter reicht. 851 wurde »Haus Kilver« erstmalig schriftlich erwähnt. Die einzelnen Orte sind wenig jünger: Schwenningdorfs Geburtsstunde fällt in das Jahr 1088, Rödinghausens in das Jahr 1147. Bieren wurde zum ersten Mal im 12. Jh. erwähnt, Ostkilver im Jahr 1150. Im Mittelalter lebten die Menschen hier von Land-, Vieh- und Waldwirtschaft sowie vom Flachsanbau. Später verdiente man mit der Zigarrenmacherei einen Großteil des Brotes, bis die Möbelindustrie Einzug hielt. Der direkt am Wiehengebirge gelegene Teil entwickelte sich zu einem Kur- und Urlaubsgebiet.

Bürger- und Touristikservice
Pemberville Platz 1, 32289 Rödinghausen
05746/948-200,
05746/948-201
info@roedinghausen.de
www.roedinghausen.de

Sehenswertes

Aussichtsturm Nonnenstein
Der 1897 errichtete Aussichtsturm auf dem gleichnamigen Nonnenstein, das Wahrzeichen Rödinghausens, bietet einen weiten Blick bis zum Bielefelder Fernsehturm und – bei sehr gutem Wetter – bis zum Hermannsdenkmal bei Detmold.

Kirche St. Bartholomäus
Die größte Kirche, St. Bartholomäus, wurde erstmals im Jahr 1233 genannt. Die Ursprünge der Pfarrkirche liegen wahrscheinlich im 9. Jh., die ältesten Teile des romanischen Baus stammen aus dem späten 12. und dem 13. Jh. Im 16. Jh. wurde die Kirche gotisch umgebaut. Die Querhausarme wurden am Ende des 19. Jh. angefügt. Der Flügelaltar im Innern gehört zu den größten Kunstschätzen des Wittekindslandes Herford.

Haus Kilver
Das unter Denkmalschutz stehende Haus geht auf eine ehemalige Wasserburg mit zweiflügligem Herrenhaus zurück. Es kann auf eine 1150-jährige Geschichte zurückblicken. Beide Flügel sowie Teile des Wassergrabens sind noch erhalten. Das im Renaissancestil ausgeführte Herrenhaus mit Brücke, Torweg und massigem, rundem Eckturm entstand 1605. Haus Kilver befindet sich in Privatbesitz.

Westfälische Höfe
Auf dem Gemeindegebiet befinden sich zahlreiche westfälische Höfe. Ein typischer Ravensberger Hof lag nicht in einem geschlossenen Dorf, sondern vereinzelt in einem »Drubbel«. Zahlreiche Nebengebäude (z. B. der Heuerlings-Kotten) umgaben den Haupthof und bildeten einen Gebäudekomplex. Beispiele sind der Vierständerhof Hof Oberschulte mit Altenteiler von 1729 im Ortskern von Rödinghausen oder der Heerhof, der erstmals 1603 erwähnt wurde und in seiner jetzigen Form ab 1820 errichtet wurde. Jede Hofgruppe besaß früher eine Bauernschaftsglocke, wie sie heute noch in Bieren-Stukenhöfen oder in Bieren-Dono erhalten ist.

Gut Böckel
Gut Böckel wurde 1350 erstmalig erwähnt. Der weitläufigen Anlage sind Wirtschaftsgebäude vorgelagert, dahinter erhebt sich – von einer Gräfte umgeben – die hufeisenförmige Vorburg aus dem Jahr 1680. Von hier

eröffnet sich der Blick auf das eigentliche Gutshaus, eine 1682 bzw. 1884 errichtete zweiflügelige Anlage, in deren Westturm Rainer Maria Rilke 1917 lebte und arbeitete. Der Bielefelder Horst-August Bollweg hat über 200 Schlitten, vom Pferdeschlitten bis zum Kinderschlitten, gesammelt und restauriert. Im ehemaligen Schweinestall von Gut Böckel sind mehr als 50 davon ausgestellt. Außerdem sind einige alte hölzerne Webstühle in einer rekonstruierten Spinn- und Webstube zu sehen. Solche Stuben waren früher typisch für die westfälischen Bauernhöfe. Weiterhin gibt es den Lehrbienenstand des Imkervereins Bierens und eine kleine Ausstellung mit altem Schulmobiliar in der Grundschule in Bieren. Auf Gut Böckel finden herausragende Kulturveranstaltungen statt, im ehemaligen Kuhstall oder Gutspark regelmäßig Konzerte. Unter dem Motto »Russischer Sommer« sind hochkarätige Konzerte hörenswert, seit 2000 ist das Gut eine Station der »Wege durch das Land«. Ein viel gerühmter Garten und Landschaftspark gehört seit 2005 zum »European Garden Heritage Network«. Nähere Infos unter www.gutboeckel.de.

Freizeit und Natur

Wandern und Rad fahren

Auf rund 80 km Wanderwegen lässt sich die Landschaft erkunden. Auf dem 5,5 km langen Waldlehrpfad gibt es auf 200 Tafeln Interessantes über Fauna und Flora des Wiehengebirges zu erfahren. Knapp 150 km ausgeschilderte Radwanderwege in sanft hügeliger Landschaft stehen im Angebot. Auf zwei Strecken der Westfälischen Bauernhofroute von jeweils 20 km Länge finden sich insgesamt 31 Bauernhöfe, Mühlen und Kotten.

Gut Bockel in Rödinghausen: In dieser geschichtsträchtigen Idylle finden seit Jahren zahlreiche Kulturveranstaltungen statt.

▸ Naturschutzgebiete
Rödinghausens sechs Naturschutzgebiete sind Gehle, das Aubachtal und seine Nachbartäler Wehmerhorster Wiesental und Schierenbeke, das Habighorster Wiesental und – als größtes Naturschutzgebiet – das Kilverbachtal, in dem noch einige Exemplare des seltenen, farbenprächtigen Eisvogels leben.

▸ Kurpark
Mit 4,5 ha größter Park ist der Kurpark in den Ortsteilen Rödinghausen und Schwenningdorf, in dem im Sommer die Kurparkbeleuchtung stattfindet. Der Park entstand in den 1960er-Jahren, als sich die Gemeinde erstmalig um den Titel Luftkurort bewarb, und wurde 1981 mit dem Bau des Konzertpavillons abgeschlossen. Mittelpunkt sind der große Teich und die ihn überspannende Holzbogenbrücke.

▸ Schwimmen
Das beheizte Freibad Rödinghausen verfügt über mehrere Erlebnisbereiche und eine moderne Röhrenrutsche, die nicht nur Kindern Freude macht.
Adresse: Bruchmühlener Str. 53–56, ✆ 05226/5535.
Öffnungszeiten: Mai bis Sept. Di–Fr 6–19.30 Uhr, Mo 6–8 und 10–19.30 Uhr, Sa, So 10–18 Uhr.

Veranstaltungen und Feste

Im Sommer das Literatur- und Musikfest »Wege durch das Land« und die Konzertreihe »Russischer Sommer« auf Gut Böckel; Kilver Markt mit Fahrgeschäften, historischem Bauernmarkt und Ausstellungen zur historischen Landwirtschaft jährlich im August in Westkilver; Kurparkbeleuchtung Mitte August in Rödinghausen, Weihnachtsmarkt auf Gut Böckel.

Salzkotten

(Kreis Paderborn)

Im Osten Westfalens, nur einige Kilometer von Paderborn entfernt, liegt die alte Sälzerstadt am Hellweg. Heute leben hier 25 000 Menschen. Die Salzgewinnung war während des Mittelalters wesentlicher Bestandteil des wirtschaftlichen Lebens der Stadt und mit besonderen Rechten verbunden. Erstmalig erwähnt wurden die Salzwerke 1160, als das Kloster Hardehausen drei Häuser zum Salzsieden in »Saltcoten« zugesprochen bekam. In der Folgezeit kam es zu kriegerischen Auseinandersetzungen. Zum Schutz der Westgrenze des Bistums Paderborn zwang Bischof Simon I. zur Lippe die Bewohner der umliegenden Dörfer, sich an den Salzquellen anzusiedeln. Aus Bauern wurden Bürger, und diese bildeten mit den Sälzern die Bewohner der neu entstandenen Stadt, der 1247 das Stadtrecht erteilt wurde. Einen großen Rückschlag erlitt Salzkotten im Dreißigjährigen Krieg, doch sie erholte sich schnell, was die stattlichen Fachwerkhäuser aus dieser Zeit bezeugen. 1908 schließlich wurde die Salzgewinnung in Salzkotten eingestellt.

Stadt Salzkotten
Marktstr. 8, 33154 Salzkotten
✆ 05258/507-0
Fax 05258/507-27
✉ Stadtverwaltung@Salzkotten.de
www.salzkotten.de

Sehenswertes

▸ Pfarrkirche St. Johannes Baptist
St. Johannes Baptist ist eine dreischiffige, typisch westfälische Hallenkirche aus der zweiten Hälfte des 13. Jh. mit romanischen

und frühgotischen Elementen, wie z. B. den Spitzbogenfenstern. Die Fundamente und die Bauteile des Turmportals bestehen aus dem langlebigen Kütgestein. Die Inneneinrichtung der Pfarrkirche wurde 1968 neu gestaltet. Sehenswert sind zwei barocke Seitenaltäre von 1751 und die gotische Totenleuchte aus dem 14. Jh. Eine Pieta aus dem frühen 16. Jh. ist im nördlichen Seitenschiff aufgestellt.

▸ Ölmühle

Die alte Salzkottener Ölmühle wurde 1767 als Öl-, Grütze- und Sägemühle, 1838 nur noch als Mahlmühle bezeichnet. 1863 gab man die Mühle auf und vermietete sie zu Wohnzwecken. Der Förderverein für kulturhistorische Bauten Salzkotten stellte sich 1986 der Aufgabe des Wiederaufbaus einer Mühle im Franz-Kleine-Park. Neben der Ölmühle sind auf der entstandenen »Handwerksinsel« eine Holzschuhmacherwerkstatt, ein Backhaus sowie eine Stellmacherei mit Schmiede zu besichtigen. Kostenlose Vorführungen des Ölschlagens finden an jedem ersten Sonntag von April bis Oktober (Mühlensonntage) statt oder sind nach Absprache unter ☏ 05258/6421 möglich.

▸ Hexenturm

Dieser Turm gehört neben dem Westerntorturm und dem Bürgerturm zu den drei noch erhaltenen von ehemals vier Befestigungstürmen der Stadt. Neben der Schutzfunktion dienten sie in früheren Zeiten als Strafzellen.

Vor den Toren der Stadt Salzkotten thront die imposante Dreckburg.

▸ Mutterhaus der Franziskanerinnen

Das Salzkottener Mutterhaus wurde in den Jahren 1870/72 erbaut und befindet sich am östlichen Ortsausgang an der Paderborner Straße. Die im Jahre 1872 erbaute Kapelle des Klosters wurde 1902 zur Mutterhauskirche, einer dreischiffigen Hallenkirche im neugotischen Stil erweitert. 1957/58 erfolgte eine Neugestaltung. Der Brunnen im Innenhof zeigt die vom Künstler Werner Klenk aus Oelde geschaffene Bronzeplastik des heiligen Franziskus von Assisi.

▸ Brunnenhaus
Das sogenannte Pumpenhäuschen wurde 1554 über der Unitas-Quelle, der ältesten Quelle Salzkottens, errichtet. Aus deren Solemineralien entstand der etwa vier Meter hohe Kütfelsen mit ca. 200 m Durchmesser, der heute teilweise überbaut ist. Die ältesten Schichten schätzt man auf 15 000 Jahre. Aus der artesischen Quelle floss die Sole früher in hölzernen und später in Bleirohren zum Gradierwerk. Inzwischen wurden auf dem Felsen von der Biologischen Station Paderborn wieder seltene Salzpflanzen, wie Salzschwaden, Strandaster, Salzbinse, Salzschuppenmiere und Salzdreizack angepflanzt.

▸ Westerntor
Ein erster Versuch zur Befestigung Salzkottens scheiterte 1160 am Widerstand des Kölner Erzbischofs Konrad von Hochstaden und gelang Simon erst 1254. Neben dem Westerntor gehörten dazu das Vielser Tor und das Osterntor. Im Durchgang des alten Tores haben heute die Kanoniere der St. Johannes Schützenbruderschaft Salzkotten ihre Kanone abgestellt.

▸ Dreckburg
Östlich vor den Toren der Stadt unübersehbar ist die mächtige Turmburg. Um 1350 von Domprobst Otto von Bentheim erbaut, diente sie als Wohnsitz geistlicher Herren. An drei Seiten ist die innere Gräfte erhalten. Im dritten Stockwerk sind Reste eines Wandgemäldes aus der Renaissancezeit zu sehen. Die Dreckburg befindet sich in Privatbesitz und wird derzeit restauriert. Der neue Besitzer möchte den Burgturm künftig für kulturelle Veranstaltungen zur Verfügung stellen.

Museen

▸ Deutsches Polizeimuseum
Im historischen Bahnhofsgebäude von 1849 wurde eine Sammlung von zahlreichen Exponaten rund um die Polizeigeschichte Deutschlands und anderer Länder zusammengetragen, eingeschlossen des Bundesgrenzschutzes und der Bahnpolizei. Der Fundus umfasst neben Uniformen, Polizeitechnik und Polizeiliteratur auch alte Dienstfahrzeuge und Original-Einrichtungsgegenstände. Im Gebäude ist eine Gastronomie, die »Davidswache«, untergebracht, die auch für private Feierlichkeiten angemietet werden kann.
Adresse: Verner Str. 11, 33154 Salzkotten, ☏ 05258/930455, 🌐 www.deutsches-polizeimuseum.de.
Öffnungszeiten: jeden ersten Sonntag im Monat 13–18 Uhr.

Freizeit und Natur

▸ Wandern und Rad fahren
In der Ortschaft Niederntudorf finden heimatkundlich, naturkundlich und ökologisch interessierte Besucher ein abgerundetes Angebot: den ökologischen Naturlehrpfad. Er führt auf einer Strecke von fünf Kilometern durch den Wald und besteht aus Informationshütte, Wetterpilz, Pflastersteinbruch, zwei Holzbrücken, Bienenhütte und 18 Informationstafeln, die dem Wanderer Besonderheiten der Umgebung vermitteln. Der Heimat- und Verkehrsverein Tudorf (☏ 02955/6123) bietet Führungen an, weitere Wanderungen der Sauerländische Gebirgsverein (☏ 05258/8605). Auf zahlreichen ausgeschilderten Radwegen sowie überörtlichen Radwanderwegen

(Römer-Route, Kaiser-Route, Alme-Radweg, Wellness-Route) lässt sich die Landschaft erleben.

▸ Kneippen

Das Natrium-Chlorid-Wasser der Quelle »Neuer Sprudel« am Gradierwerk im Stadtkern von Salzkotten ist als Heilwasser anerkannt und eignet sich für Trinkkuren und Heilbäder. Neben der Quelle, die sich direkt am 1997 neu errichteten Gradierwerk südlich des alten Gradierwerkes befindet, wurden ein Wassertret- und ein Armbecken für Kneippsche Anwendungen angelegt. Die Becken sind frei zugänglich und können von allen Besuchern der Stadt genutzt werden.

Kneippen in Salzkotten – sogar Kinder haben großen Spaß daran.

▸ Reiten

Angeboten werden neben der Ausbildung in Dressur-, Spring- und Geländereiten auch Voltigieren und Vielseitigkeitslehrgänge. Auch Kutschfahrten gehören ins Programm. In Salzkotten gibt es mehrere Gelegenheiten: **Adressen:** Reiterverein St. Georg, Thüler Feld 35, ✆ 05258/7896; Reiterhof Gut Wandschicht, Wandschicht 21, ✆ 05258/6120; Reiterhof Keuper, Hedebornstr. 11, ✆ 05258/7861.

▸ Kanusport

Eine Möglichkeit zum Kanusport besteht im Stadtgebiet Salzkotten auf der Lippe in Mantinghausen. Die Kanuabteilung des TUS Mantinghausen unterhält am Holtwiesenweg in der Ortschaft Mantinghausen ein Bootshaus mit Campingwiese. Ansprechpartner ist Matthias Schneider unter ✆ 05251/65278.

▸ Sälzer Lagune

Das solehaltige Freibad ist Sport,- Freizeit- und Gesundheitsbad im Grünen. Hohe Hecken und großkronige Kastanienbäume umgeben das rund 21 000 m² große Gelände am Stadtrand von Salzkotten. Im 28 °C warmen Spaß- und Freizeitbecken bieten Strömungskanal, Sprudelliegen, Wasserpilz, Wasserfontänen, Unterwasserdüsen und Brodelquellen Badefreude pur. Der Clou ist eine 45 m lange Rutsche. Bestens aufgehoben sind die Kleinsten im Eltern-Kind-Planschbecken mit kindgerechten Wasserspielgeräten. Wer es sportlicher mag, wird das 313 m² große Schwimmerbecken favorisieren. Ein großer Freizeitspielplatz und Gastronomie runden das Angebot der Sälzer Lagune ab. In der Saison findet regelmäßig auch ein Animationsprogramm statt.
Adresse: Alte Bleiche 10, 33154 Salzkotten, ✆ 05258/21962.
Öffnungszeiten: Mai bis Sept. Mo–Fr 6–20 Uhr, Sa, So 7–19 Uhr.

▸ Golf
Im Norden der Stadt, auf dem Gebiet der Ortschaft Thüle im »Glockenpohl«, liegt der Golfplatz des Golfclubs Paderborner Land e.V. Neben der 27-Loch-Anlage und einem modernen Clubhaus steht zusätzlich ein den neuesten Erkenntnissen entsprechendes Übungsgelände mit Driving Range, Chipping- und Putting-Grün sowie ein 3-Loch-Kurzplatz zur Verfügung.
Adresse: Im Nordfeld 25, 33154 Salzkotten, 05258/93730, www.gcpaderborner-land.de.

Veranstaltungen und Feste

Das Sälzerfest findet den Sonntag vor Ostern am Gradierwerk und in der Innenstadt statt, am letzten Wochenende im August feiert man in Salzkotten Stadtfest, das Hederauenfest. Drei Wochen vor dem 1. Advent begehen die Bewohner den traditionellen Martinimarkt.

Schieder-Schwalenberg

(Kreis Lippe)

Eine der schönsten Orte in Lippe ist zweifelsohne Schieder-Schwalenberg zwischen dem Teutoburger Wald und dem Weserbergland. Die Trachten-, Maler- und Künstlerstadt präsentiert sich den Besuchern mit einer geschlossenen historischen Altstadt. In Schieder-Schwalenberg leben rund 10 000 Menschen. Erstmals urkundlich erwähnt wurde Schwalenberg 1231, als Graf Volkwin III. auf dem Berg oberhalb des heutigen Schwalenbergs eine Burg errichtete. Im Schutze dieser Burg entstand eine kleine Siedlung, die von sogenannten Knicks (Dornenhecken) bewehrt war. Erst im 16. Jh. erlebte die Stadt dank der umsichtigen Politik des Drosten Heinrich von Mengersen einen wirtschaftlichen Aufschwung. Aus dieser Zeit stammen das prachtvolle Rathaus und zahlreiche Bürgerhäuser. Zu Beginn des 20. Jh. stieg Schwalenberg zu einer gefragten Künstlerkolonie auf: Die Abgeschiedenheit, die besonderen Lichtverhältnisse und die idyllische Lage machten den Ort für Maler zu einem Geheimtipp.

Tourist-Information Schieder-Schwalenberg, Im Kurpark 1
32816 Schieder-Schwalenberg
05282/601-71
05282/601-73
Tourismus@schieder-schwalenberg.net
www.schieder-schwalenberg.net

Sehenswertes

▸ Ackerbürgerhäuser
Ein stattliches Fachwerkhaus von 1611 steht in der Brauergildestr. 5. Der zweigeschossige Dachboden diente früher als Lager für Viehfutter. Im linken Torständer verweist der Krug mit der Rose auf die Nutzung des Hauses als Schankwirtschaft »Zur Rose«. Das Bier wurde damals im hauseigenen Braukeller hergestellt. Im Papenwinkel Nr. 2 stößt man auf eines der beiden sehenswerten Schwalenberger Ackerbürgerhäuser mit Stallungen und Wohnbereich im hinteren Teil. Es wurde 1591 als Wohn- und Wirtschaftshaus des Drosten Heinrich von Mengersen errichtet. Beim Haus in der Marktstr. 32 fallen die beiden zweigeschossigen »Utluchten« beiderseits des Dielentores ins Auge. Das Haus in der Alten Torstr. 14 diente ab Ende des 18. Jh. als Gasthaus und stieg in der zweiten Hälfte des 20. Jh. zum Sammelpunkt für Künstler und Gäste der Malerstadt auf. Besonders beein-

druckend sind die 1931 gestalteten großen Figurengruppen.

▸ Rathaus Schwalenberg

Der giebelständige Kernbau von 1579 wurde 1603 mit reichen Zierschnitzereien der Weserrenaissance erweitert. Die üppigen Schmuck- und Zierformen sind Ausdruck des damaligen bürgerlichen Selbstbewusstseins. Der rückwärtige Bruchsteinanbau stammt von 1853, der rechte Anbau aus den Jahren 1907/08 – ausgemalt von Friedrich Eicke (1961). Markant sind der vorkragende, reich beschnitzte Schaugiebel der Fassade mit den Rundbögen im Erdgeschoss und die einzigartigen Schnitzereien über der mittleren Bogenstellung des Hauptbaus.

▸ Burg Schwalenberg

Sie thront malerisch über der Altstadt. Es handelt sich bei der Burg um die Restbauten einer im 13. Jh. angelegten, geschlossenen Höhenburg, ehemals mit Palas, Bergfried, Kapelle, Torturm und Wirtschaftsgebäuden – umgeben von einer Burgmauer. 1911/13 erfolgte eine durchgreifende Erneuerung, bis vor kurzem dienten Hauptflügel und Treppenturm als Hotel und Restaurant.
Im Burghof steht die »Rolandsfigur« von Friedrich Eicke.

▸ Schloss Schieder

Vor mehr als 300 Jahren erkoren die lippischen Regenten Schieder zu ihrer Sommerresidenz. Das Barockschloss und der ausgedehnte Park zeugen noch heute von adliger Lebenskultur. Der Schlosspark zählt zu den schönsten Landschaftsgärten der Region und lädt zu erholsamen Spaziergängen und zum Verweilen ein. Zugleich ist er das Herzstück des Kneippkurortes Schieder mit Glashütte. Das moderne Gesundheitszentrum mit Bewegungsbad, Saunalandschaft, Fitnessraum und Therapieangeboten ist in den historischen Marställen ganz in unmittelbarer Nähe des Schlosses untergebracht, in dem sich auch das Haus des Gastes befindet.

Der Schieder See ruht inmitten einer Traumlandschaft.

▸ Wöbbel
Einer der ältesten Orte des Lipperlandes ist Wöbbel. Von Bedeutung ist die alte Kirche, die mit ihrem romanischen Turm und der gotischen Turmspitze bis in die Zeit um 1200 zurückreicht. Das Barockschloss (in Privatbesitz, zurzeit nicht zugänglich) wurde 1690 fertiggestellt. Sehenswert sind die imposante Freitreppe und der im Stil eines englischen Landschaftsgartens neu gestaltete Schlossgarten.

Museen

▸ Städtische Galerie und Robert-Koepke-Haus
In beiden Schwalenberger Galerien werden ständig wechselnde Ausstellungen gezeigt.
Öffnungszeiten: Mai bis Okt. Di–Sa 14–17 Uhr, So 10–12, 14–17 Uhr.

▸ Papiermühle Plöger
Fast 300 Jahre lang diente das Wasser der Niese bei Schieder der Familie Plöger zur Papiererzeugung. Etwa genauso lang, seit 1703, steht das Papiermühlengebäude. Die mittlerweile restaurierte Papiermühle präsentiert sich heute als ein äußerst anschauliches Museum für die Darstellung der Papierproduktion um 1900. Es zeigt die fast komplett erhaltene technische Anlage in den Produktionsräumen.
Adresse: Im Niesetal 11, 32816 Schieder-Schwalenberg, 🌐 www.papiermuehle-ploeger.de.
Öffnungszeiten: Mitte Mai bis Ende Okt. Sa 15–18 Uhr, So 10–12, 15–17 Uhr.

Nach guter alter Tradition gehen die Schwalenberger Nachtwächter durch die historische Altstadt.

Freizeit und Natur

▸ Nachtwächter
Nach guter alter Tradition geht der Schwalenberger Nachtwächter von Ostern bis zum 31. Oktober jeden Freitag und Samstag von 22–23 Uhr durch die historische Altstadt und singt das bekannte Lied »Hört ihr Leut und lasst euch sagen ...«. Der Nachtwächter gehört der Europäischen Nachtwächter- und Türmerzunft an.

▸ Wandern und Rad fahren
Ob Schieder, Schwalenberg, Siekholz oder die von Glasbläsern gegründete Waldsiedlung Glashütte, alle Orte liegen am Fuß von bewaldeten Bergen. Hinter Wegebiegungen und auf Hängen öffnen sich überraschende Aus- und Einblicke. Rund- und Streckenwanderwege führen durch den lippischen Hochwald mit seinen Buchen-, Eichen- und Fichtenbeständen. Empfehlenswerte Touren sind: Burgberg und Stadtwasser, Schwalenberger Wald und Mörth und der Rundwanderweg Herlingsburg. Ein hervorragendes Wanderwegenetz erschließt die Landschaft. Radler finden gut beschilderte Radstrecken für kleinere und weitere Entdeckungstouren in die Region. Die »Wellness-Radroute« und natürlich die »Tour de Lippe« sowie die neue Bahnradroute »Hellweg-Weser« führen auf sehenswerten Teilstrecken durch Schieder-Schwalenberg.

‣ Freizeitzentrum Schieder See
Mit seinen 90 ha Wasserfläche ist er der größte aufgestaute Binnensee in der Region. Besondere Attraktionen sind der Familienpark Funtastico, die Spiellandschaft, der 1200 m^2 große Spielsee, der Ponyhof und die Skaterbahn. Auch Segeln, Rudern, Kanusport, Surfen und Tretbootfahren sind möglich. Ein Demonstrationskraftwerk am Staudamm zeigt die Gewinnung von Energie aus Wasserkraft. Aber auch der Badespaß kommt nicht zu kurz: das Freibad hat konstant eine Wassertemperatur von 28 °C. Längs des Uferweges erwarten Sie Gaststätten, in denen Ihnen bei einem herrlichen Blick auf den See erfrischende Getränke und leckere Mahlzeiten serviert werden. 🌐 www.schiedersee.de.

Veranstaltungen und Feste

‣ Trachten- und Folklorefestival
Die Trachtengilde Schwalenberg hat mit dem Internationalen Schwalenberger Trachten- und Folklorefestival, das alle zwei Jahre (in den geraden Jahren) im August stattfindet und mit der Teilnahme von Trachten- und Folkloregruppen aus aller Welt den Ruf Schwalenbergs als Trachtenstadt bekräftigt.

‣ Schiedersee in Flammen
Am Schiedersee finden in den Sommermonaten regelmäßige Veranstaltungen statt. Die älteste und regelmäßigste ist »Schiedersee in Flammen«.

‣ Sommerakademie
Jedes Jahr im Sommer findet die Schwalenberger Sommerakademie für Bildende Kunst statt. Kunstinteressierte können hier in einem Zeitraum von vier Wochen an Kunstkursen unter der Leitung renommierter Künstlerinnen und Künstler in den Bereichen Malerei, Zeichnen, Druckgrafik und Bildhauerei teilnehmen.

Schlangen

(Kreis Lippe)

Die Gemeinde (knapp 9000 Einwohner) liegt nur einen Katzensprung von Detmold entfernt am Rande der sandigen Senne und dehnt sich am Südhang des Teutoburger Waldes aus bis hinauf zu den Höhen des Gebirgszuges. Die Ortsteile Schlangen und Oesterholz-Haustenbeck verbindet die einstige Prachtstraße Fürstenallee, die heute noch als einzige vierreihige Allee in Lippe mit ihrem uralten Baumbestand besonders sehenswert ist.

Gemeinde Schlangen
Kirchplatz 6, 33189 Schlangen
☏ 05252/981-0
📠 05252/74211
✉ info@gemeinde-schlangen.de
🌐 www.schlangen-online.de

Sehenswertes

‣ Evangelische Kirche
Die Kirche Schlangen geht mir ihren Ursprüngen in das 9. oder 10. Jh. zurück. Auf den bei Grabungen im Kirchenschiff 1969 gefundenen Fundamenten eines älteren Gotteshauses wurde um 1200 ein Kirchengebäude im romanischen Stil errichtet. Das Südschiff wurde im Jahre 1590 angebaut. Nach Abbruch und Neuerrichtung des Kirchenschiffes 1878 erhielt die Kirche durch Baumeister Ferdinand Ludwig August Merckel ihr heutiges Gesicht. Unter alten Farbschichten im Kirchturm stieß man 1970 auf ein Wandbild des Christopherus aus dem 13. Jh., der ältesten Darstellung des Christopherus in Westfalen.

‣ Jagdschloss Oesterholz
Graf Simon VI. zur Lippe beauftragte im ausgehenden 16. Jh. Baumeister Hermann Wulff

sowie Zimmermeister Iggenhausen Voßhagen mit der Errichtung der Anlage. Der Komplex war von einem Wassergraben umgeben und nur über eine Zugbrücke zu erreichen. Der Gelände um Jadgschloss und Meierei bedeckte eine Grundfläche von 14 000 m². Während das »gräfliche Gemach« (heute Kreisaltenheim) erhalten geblieben ist, wich das einstige Jagdschloss rechts davon Mitte des 17. Jh. dem großen steinernen Gebäude. Eine Außenbesichtigung ist jederzeit ohne Voranmeldung möglich.

Der Brunnen am Rathausplatz von Schlangen.

▸ Burgruine Kohlstädt
Von der Burg erhalten sind die bis zu zwölf Meter hohen Mauern eines quadratischen Turms mit einem Zugang im ersten Obergeschoss und die Fundamente eines seitlich an den Turm angeschlossenen Nebengebäudes. In den fast 2,40 m dicken Turmwänden waren ursprünglich 15 cm breite und einen Meter hohe Schlitze für die Abwehr von Angriffen ausgespart. Der Hügel, auf dem die Burg aus Gründen der besseren Verteidigung einst gebaut wurde, ist heute kaum noch erkennbar.

Museen

▸ Dorfmuseum Schlangen
Mehr als 5000 Objekte zur Landwirtschaft, Hausschlachtung, zum alten Handwerk und zur Textilherstellung sind zu sehen, daneben Einrichtungsgegenstände, die zeigen, wie »Gute Stube«, Küche und Schlafzimmer früher einmal ausgestattet waren. Das Bekleidungshandwerk von der Schuhmacherwerkstatt bis zum Putzmacheratelier, die Nahrungsmittelerzeugung mit Bäckerei und Brauerei, aber auch die Stellmacherei und die Sattlerei repräsentieren sich mit ihren typischen Werkzeugen und Geräten.
Adresse: Rosenstr. 11 (Bürgerhaus), 33189 Schlangen.
Öffnungszeiten: jeden 3. Sonntag im Monat 15–18 Uhr.

▸ Schmiede Mötz
Die Schmiede Mötz wurde 1814 gegründet. Ihr letzter Inhaber, der Schmiede- und Hufbeschlagmeister Richard Mötz, betrieb sie bis 1975. 2005 wurde die Schmiede in das Museumsprogramm des Dorfmuseums Schlangen aufgenommen. Die ursprüngliche Ausstattung mit Werkzeugen und Maschinen ist noch vollständig vorhanden. Eine zu dem historischen Rundweg durch Schlangen gehörende Informationstafel veranschau-

licht in Wort und Bild die Geschichte der Schmiede.
Adresse: Langetalstr. 4, 33189 Schlangen.

Freizeit und Natur

▸ Archäologischer und landschaftlicher Lehrpfad
Einen interessanten Lehrpfad können Sie in Oesterholz-Haustenbeck besuchen. Hier wurde eine Gruppe von zehn beschädigten Grabhügeln vom Bewuchs befreit und restauriert. Informationstafeln zum jeweiligen Grabungsbefund belegen sehr eindrücklich das hoch entwickelte Bestattungsbrauchtum und die Totenverehrung vergangener Zeiten. Der Lehrpfad liegt an der Heidestraße in Schlangen-Oesterholz in unmittelbarer Nähe der Fürstenallee.
Auskunft: Heimat- und Verkehrsverein Oesterholz-Haustenbeck e. V., Fritz Werner, Finkenweg 32, 33189 Schlangen.

▸ Fürstenallee
Einen 2,5 km langen Abschnitt der historischen Straße zwischen der lippischen Residenzstadt Detmold und dem Bischofssitz Paderborn säumt ein markantes Naturdenkmal: Alte Eichen- und Buchenbestände bilden in vier Baumreihen die »Fürstenallee«. Unweit des traditonsreichen Kreuzkruges am Südrand des Teutoburger Waldes beginnend, reicht sie bis an den Ortseingang der Gemeinde Schlangen.

▸ Wandern und Rad fahren
Ein gut ausgeschildertes lokales Rad- und Wanderwegenetz lädt dazu ein, Schlangen und Umgebung zu erkunden. Empfehlenswert ist u. a. der Rundwanderweg Bauernkamp, der überwiegend durch geschlossenen Wald führt. Ein besonderes Erlebnis bietet im März/April die Lerchenspornblüte im Langen Tal. Die Hänge zu beiden Seiten des Weges sind von der bis zu 60 cm großen, weiß, rosa oder violett blühenden Pflanze bedeckt, von der ein intensiver, süßer Duft ausgeht.

Veranstaltungen und Feste

▸ Schlänger Markt
Dieser beliebte Markt findet alljährlich am Wochenende Ende Oktober/Anfang November statt.

Schloss Holte-Stukenbrock

(Kreis Gütersloh)

Die Stadt liegt in der Emssandebene in der östlichen Westfälischen Bucht, am östlichen Ausläufer des Münsterlandes. Große Teile des Stadtgebiets gehören zum Naturraum Senne. 26 000 Menschen haben hier ihr Zuhause. Die erste urkundliche Erwähnung der Stukenbrocker Urhöfe »Brechtme« und »Gokersterteshusen« (Brechmann und Gauksterdt) stammt aus dem Jahre 1153. Seit 1531 ist die Bezeichnung »Stukenbroike« für Stukenbrock überliefert.

Stadt Schloss Holte-Stukenbrock
Rathausstr. 2. 33758 Schloss Holte-Stukenbrock
05207/8905-0
05207/8905-541
www.schlossholtestukenbrock.de

Sehenswertes

▸ Pfarrkirche St. Johannes Baptist
Die flach gedeckte Saalkirche von 1614 mit Westturm bekam 1820 ein Querschiff. Zur Ausstattung gehören ein 1683 vom Fürstbischof Ferdinand von Fürstenberg gestifteter

Hochaltar, zwei 1774 vom Paderborner Hofbildhauer Johann Jakob Pütt geschaffene Rokoko-Seitenaltäre, die Kanzel, der um 1680 geschaffene Taufstein, das Orgelgehäuse von 1696 sowie die Skulptur der Mater Dolorosa aus dem Jahr 1636.

▸ Brinkkapelle in Stukenbrock
Der kleine Fachwerkbau mit Dachreiter entstand um 1730, wurde später nach beiden Seiten erweitert und ist dem heiligen Antonius von Padua geweiht. Von 1983 bis 1985 wurde er restauriert.

▸ Schloss Holte
Die Wasserschlossanlage wurde erstmals im 15. Jh. erwähnt und entstand durch die Grafen von Ostfriesland zwischen 1616 und 1664. Im 19. Jh. wurden Umbauten durchgeführt.

Museen

▸ Heimathaus
Im Heimathaus Stukenbrock werden Fotos und Geräte gezeigt, die einen Eindruck des früheren bäuerlichen Lebens im Senneraum vermitteln. Weiterhin gibt es eine Sammlung von Öfen der Holter Eisenhütte, ein Uhrenzimmer mit der alten Stukenbrocker Turmuhr der Pfarrei St. Johannes-Baptist und eine umfangreiche Heimatbücherei.
Adresse: Am Pastorat 18, 33758 Schloss Holte-Stukenbrock.
Öffnungszeiten: März bis Okt. So 10.30–12 Uhr.

Freizeit und Natur

▸ Hollywood- und Safari-Park Stukenbrock
Der Safaripark, in dem zahlreiche exotische Tiere die eigentlichen »Attraktionen« sind, wurde am 15. Juli 1969 eröffnet. Als Ergänzung wurde ein Vergnügungspark mit Fahrgeschäften eingerichtet, darunter das erste Swinging-Boat Europas.
Öffnungszeiten: Apr. bis Okt. täglich 9–18, Juli und Aug. 9–19 Uhr.

▸ Wandern und Rad fahren
Ein gut ausgeschildertes Rad- und Wanderwegenetz macht Lust darauf, die Umgebung zu erkunden. Für jeden ist etwas dabei: von lokalen Rundwegen bis hin zu Fernwander- und Fernradwegen wie dem Ems-Radweg mit den Emsquellen oder dem R 1. Zum Wandern laden überdies die Landschaftsgebiete Sennebäche, Sennegrün und Sennesand ein.

▸ Weitere Angebote
Sport und Spiel kommen nicht zu kurz: Es gibt Reitplätze, Tennisplätze, einen Golfplatz, Schießsportanlagen, ein Hallenbad und ein Gartenhallenbad.

Veranstaltungen und Feste

Auf der Karnevalshochburg in Ostwestfalen-Lippe werden ein Kinderkarnevalsumzug und eine große Weiberfastnachts-Party mit Umzug organisiert. Immer am dritten Wochenende im Oktober findet der Pollhans-Markt von Samstag bis Montag statt, der über 250 000 Besucher aus der Region mit seinem breiten Angebot lockt. Weitere Highlights sind das Serengeti-Festival, das Holter Meeting und hochkarätige Kulturveranstaltungen.

Spenge

(Kreis Herford)

Spenge (15 000 Einwohner) liegt im Ravensberger Hügelland nördlich des Teutoburger Waldes. Die Gemeinde besteht aus fünf Ortsteilen, die älteste urkundliche Erwähnung eines Ortsteils geht bereits auf das Jahr 1096 zurück. Das Gebiet gehörte zunächst den sächsischen Engern, wurde jedoch nach Unterwerfung des Sachsenherzogs Widukind durch Karl den Großen um 1000 fränkisch.

Stadt Spenge
Lange Str. 52–56, 32139 Spenge
05225/8768-0
05225/8768-55
info@spenge.de
www.spenge.de

Sehenswertes

▸ St. Martinskirche
Vermutlich geht ein Vorgängerbau der St. Martinskirche bis ins 9. Jh. zurück. Der jetzige Bau ist eine Eigenkirche der bis 1220 genannten Edlen von Spenge. Sehenswert ist im Innern der Martinsaltar, der um 1470 entstand und ein besonders schönes Exemplar mittelalterlicher westfälischer Holzbildhauerkunst darstellt.

▸ Mühlenburg/Werburg
Zwei historische Wasserburgen gehören zum Stadtbild: die Mühlenburg und die Werburg. Beide Anlagen gehen auf die Spenger Adelsfamilie von Ledebur zurück. Sie wurden urkundlich erstmals 1468 erwähnt, als Heinrich Ledebur seine beiden Güter an die Söhne übergab. Von der Werburg hat sich das reizvolle Torhaus aus dem Jahre 1596 erhalten. Dabei handelt es sich um einen Bruchsteinbau im Stil der Weserrenaissance mit Hausteingliederung sowie einzelnen Zier- und Spitzquadern. Erhalten ist ebenfalls ein ansehnliches Wirtschaftsgebäude.

Freizeit und Natur

▸ Wandern
Ein besonderer Anziehungspunkt ist das Hücker-Moor im Ortsteil Hücker-Aschen. In landschaftlich reizvoller Umgebung gibt es hier viele Wander- und Erholungsmöglichkeiten. Empfehlenswert ist ein Fußweg von

Das Hücker Moor ist ein beliebtes Naherholungsgebiet im Ortsteil Hücker-Aschen.

der Mühle in Hücker-Aschen, einer 1831 erbauten Wall-Holländer-Windmühle, die 1980 renoviert wurde, zum Hücker-Moor. An der Mühle ist eine Tafel mit weiteren empfehlenswerten Rundwanderwegen angebracht. Ein Spaziergang ins Naherholungsgebiet Katzenholz bietet sich ebenso an.

Veranstaltungen und Feste

Jährlich gibt es das Spenger Schützenfest, den Spenger Poll (im Frühsommer) sowie das Spenger Stadtfest (2. Septemberwochenende), das Tausende von Besuchern aus der Region anlockt. Alljährlich wird im Sommer das Spenger Rockfestival in den Anlagen des Jugendzentrums Charlottenburg durchgeführt.

Steinhagen

(Kreis Gütersloh)

Steinhagen mit seinen knapp 20 000 Einwohnern liegt in der Emssandebene am Südhang des Teutoburger Waldes, der das Stadtgebiet von Nordwesten nach Südosten durchzieht. Die Gemeinde gliedert sich in drei Ortsteile. Konrad III. bestätigte 1147 dem Stift Herford Besitzrechte an mehreren Hagen (also Höfen oder Hofstellen), darunter »Schabbehardt« und »Burde« im Siedlungsgebiet des heutigen Steinhagen. Man vermutet, dass diese Höfe die Keimzellen des heutigen Ortes sind. Urkundlich belegt ist, dass im Jahr 1300 ein Hagen in Burde mit zwölf Höfen dem Stift Herford zu Zinsleistungen verpflichtet war. In späteren Urkunden wird »Burde« auch »Nienhagen« genannt. In einer Paderborner Urkunde des Jahres 1258 wird die Siedlung als »Hagen« bezeichnet.

Gemeinde Steinhagen
Am Pulverbach 25, 33803 Steinhagen
05204/997314
05204/997225
gsthkontakt@gt-net.de
www.gemeinde-steinhagen.de

Sehenswertes

Im Ortskern von Steinhagen haben sich einige Fachwerkbauten des 18./19. Jh. erhalten. Die ehemalige Kirchringbebauung wurde weitgehend durch Neubauten ersetzt. Erhalten blieb das Heimathaus Alte Kirchstraße 4. Es handelt sich um ein Dielenhaus aus dem Jahr 1609. Am Kirchplatz 22 steht die Alte Schmiede, ein eingeschossiger Fachwerkbau aus der Mitte des 19. Jh. mit Krüppelwalmdach. Das abseits des Kirchplatzes gelegene Brinkhaus ist ein stattliches, 1715 bezeichnetes Fachwerk-Dielenhaus mit Utlucht, das später durch Anbauten erweitert wurde.

▸ Evangelische Kirche
Seit 1334 ist die Kirche in Steinhagen eine Pfarrei. Die zweischiffige, aus dem 14. Jh. stammende Halle wurde 1901 mit einer querschiffartigen Erweiterung versehen. Dem Bau ist im Westen ein Turm mit Satteldach vorgelagert. Zur Ausstattung gehören ein bemerkenswerter Flügelaltar, der wohl um 1450/60 im Umkreis des Johann Koerbecke entstand, eine Kanzel mit spätgotischen Maßwerkfüllungen, ein Taufstein von 1693 sowie ein bemerkenswertes Mosaik über dem Haupteingang, das Erzengel Michael im Kampf mit einem Drachen zeigt.

Museen

▸ Historisches Museum Steinhagen
Das Museum stellt in den Räumen der ehemaligen Brennerei Schlichte eine Sammlung von historischen Brenngeräten und Werkzeu-

gen zur Herstellung von Wacholderbranntwein aus. Darüber hinaus können alte Fotos, Urkunden, Trachten und andere mit der Entwicklung und Siedlungsgeschichte Steinhagens zusammenhängende Gegenstände betrachtet werden.
Adresse: Kirchplatz 26, 33803 Steinhagen, ☏ 05204/2286.
Öffnungszeiten: Do 15–17 Uhr, Sa 10–12 Uhr.

Freizeit und Natur

▸ Wandern
Auf insgesamt 13 Rundwanderwegen kann die Umgebung von Steinhagen erkundet werden. Interessant ist u. a. der 15 km lange Burgenweg, der am Wasserschloss Patthorst (nicht zugänglich) beginnt und bis nach Borgholzhausen führt. Um Steinhagen befinden sich zudem fünf ausgewiesene Naturschutzgebiete.

▸ Waldbad
Das Naturbad wird aus einem Quellenzufluss gespeist und bietet an heißen Tagen eine willkommene Erfrischung.
Öffnungszeiten: Mitte Mai bis Mitte Sept. täglich 10–20 Uhr.

Kulinaria

Bekannt ist Steinhagen durch seinen Wacholderbranntwein, den Steinhäger.

Steinheim

(Kreis Höxter)

Steinheim bildet den wirtschaftlichen, kulturellen und sozialen Mittelpunkt der Steinheimer Börde, einer der Hauptlandschaften des früheren Fürstbistums Paderborn. Landschaftlich reizvoll ist das hügelige Vorland des Eggegebirges. In Steinheim und seinen Ortsteilen leben ca. 13 500 Menschen. Das Gebiet wurde in der Zeit um Christi Geburt von den Cheruskern bewohnt. Ihr herausragender Heerführer war Arminius, der im Jahr 9 n. Chr. in einer Schlacht drei römische Legionen vernichtete. Steinheim wird zum ersten Mal um 970 in den Güterschenkungen des Klosters Corvey erwähnt. Der Fürstbischof verlieh Steinheim 1275 das Stadtrecht. Bedingt durch die fruchtbaren Böden in der Steinheimer Börde stand die Landwirtschaft früh in großer Blüte. Die Bauern gründeten 1583 ein Acker- und Hausleuteamt. Aber auch Handwerker und Kaufleute waren in zahlreichen Gilden vertreten.

Stadtmarketing Steinheim
Marktstr. 2, 32389 Steinheim
☏ 05233/21-0
🖷 05233/21-202
✉ info@steinheim.de
🌐 www.steinheim.de

Eines der schönsten Schlösser Westfalens ist das barocke Wasserschloss Vinsebeck.

Sehenswertes

▸ Wasserschloss Vinsebeck

Es gilt als eines der schönsten Schlösser Westfalens. Die einzigartige Barockschöpfung aus dem Jahre 1720 steht auf einer quadratischen Insel, die von einer 17 m breiten, wassergefüllten Gräfte umgeben ist. Zur terrassenförmigen Fläche vor der Hauptfront gelangt man über eine seitliche Brücke. Der Schlossgarten mit Neptunbrunnen und Steinfiguren ist nur noch teilweise in seinen barocken Formen erhalten. Die Innenausstattungen des Italienischen Zimmers, des Driburger Zimmers, des Grünen Zimmers, des Mohrenzimmers und des Chinesenzimmers sind weitgehend erhalten und machen den bezaubernden Reiz des Schlosses aus. Das Schloss ist Eigentum von Simeon Graf Wolff Metternich. Schlossführungen sind nach telefonischer Absprache möglich, ☏ 05233/9538804.

▸ Kump

Der Kump ist das Wahrzeichen der Stadt. Mitten auf dem Marktplatz stand an seiner Stelle früher das alte Fachwerk-Rathaus. 1855 wurde der Kump erbaut. Zu ihm führte die erste Steinheimer Wasserleitung. Bis 1933 diente er als Löschwasserspeicher, Brauch- und Trinkwasserentnahmestelle. Heute ist er von einem Baumkranz mit Ruhebänken umgeben, die mitten in der Fußgängerzone zur Rast einladen.

Wahrzeichen der Stadt Steinheim ist der Kump auf dem Marktplatz.

▸ Wasserschloss Thienhausen

Das romantische Schloss wurde 1609 von Tönnis Wolf von Haxthausen errichtet und ist ein eindrucksvolles Beispiel für die Weserrenaissance. Seinen Südgiebel ziert wertvolle Bildhauerarbeit – eine gekrönte Madonna mit einem Kind. Im Innenwinkel der zweiflügeligen Anlage befindet sich ein quadratischer Treppenturm; den Abschluss des Außenwinkels bildet ein Eckturm mit Kegeldach. Friedrich Wilhelm Weber lebte 20 Jahre im Schloss Thienhausen und schrieb hier sein bekanntes Versepos »Dreizehnlinden«. Eine Besichtigung ist nur von außen möglich.

Adresse: Dreizehnlindenweg 1, 32839 Steinheim (Nähe Rolfzen)

Kontakt: Guido Freiherr von Haxthausen, ☏ 05233/4376.

Museen

▸ Möbelmuseum

Steinheim ist traditionsreicher Standort der Möbelindustrie. Diese Tradition dokumentiert das Möbelmuseum. Ein Querschnitt durch die verschiedenen Epochen der letzten Jahrhunderte gibt den Besuchern anhand von wunderschönen antiken Möbeln und auch einigen Werkzeugen aus vergangenen Zeiten einen interessanten Einblick in die Handwerkskunst.

Adresse: Rolfzener Str. 1, 32839 Steinheim, ☏ 05233/8552.

Öffnungszeiten: Mi und So 14–17 Uhr.

Freizeit und Natur

▸ Vulkan Sandebeck
Der Vulkan von Sandebeck ist zwischen sieben und 14 Millionen Jahre alt und streng genommen ein Vulkanembryo (Vulkanit), da er in der Erdkruste stecken geblieben ist. Er ist nicht nur Deutschlands nördlichster Vulkan, sondern auch einer der kleinsten: Sein Basaltgang ist nur zehn Meter breit und 300 m tief. Der Kern des Vulkanits besteht aus hellem blaugrauem Basaltgestein, das die königlich-preußische Regierung schon im Jahre 1834 abbauen ließ, um es als Straßenschotter einzusetzen. Seit 1974 steht der Basaltbruch des Sandebecker Vulkans unter Naturschutz.

▸ Wandern und Rad fahren
Um die Kernstadt Steinheim herum gibt es viele regionale und überregionale Spazier- und Wanderwege. Zu den überregionalen zählen der 72 km lange Emmerweg, der 156 km lange Kreiswanderweg Nord und der 33 km lange Egge-Bäder-Weg. Empfehlenswert ist eine Wanderung über den Eggekamm, der zu den reizvollsten der deutschen Mittelgebirge zählt. Steinheim liegt am Fernradwanderweg R 1, der von der holländischen Grenze durch Polen bis an die russische Grenze führt. Die zwölf Steinheimer Radrouten führen Sie auf erprobten Tagestouren durch die Kreise Höxter und Lippe und wieder zurück. Fahrräder ausleihen kann man deim Pedalo Fahrradservice, Sedanstr. 2–4, ☏ 05233/951192.

▸ Segelflugplatz Vinsebeck
Für Gäste, die hoch hinaus wollen, bietet das Segelfluggelände des LSV Egge e. V. im Ortsteil Vinsebeck die Möglichkeit für Segel- und Drachenflug. Bei guter Witterung hat man von dort eine ca. 30 km weite Sicht über das gesamte Steinheimer Becken sowie in Richtung Weserbergland.
Kontakt: ☏ 05233/99670.

Stemwede

(Kreis Minden-Lübbecke)

Umgeben von Äckern, Wiesen, Wald und Moor liegt die Großgemeinde Stemwede (15 000 Einwohner). Jede der 13 Ortschaften hat sich ihre Ursprünglichkeit bewahrt, manche von ihnen blicken auf eine über 1000-jährige Vergangenheit zurück. In einer Urkunde von 969 wurden die Dörfer Levern, Destel und Wehdem erstmalig erwähnt, 1198 erscheint im Osnabrücker Urkundenbuch erstmals die Bezeichnung Stemwede.

Fremdenverkehrsamt
Buchhofstr. 17, 32351 Stemwede
☏ 05474/206-207
Fax 05474/206181
✉ fremdenverkehrsamt@stemwede.de
🌐 www.stemwede.de

Sehenswertes

▸ Stiftsort Levern
Von 1227 bis 1558 war Levern Sitz eines Zisterzienserinnenklosters, das während der Reformation in ein freiweltliches, adliges Damenstift umgewandelt wurde. Die zahlreichen Fachwerkstiftshäuser mit den Wappen der Stiftsdamen über den Hauseingängen bilden mit der weithin sichtbaren Kirche den historischen Ortskern von Levern. Im sogenannten Pfarrwitwenhaus in der Buchofstraße, einem Fachwerkhaus aus dem 17. Jh., wohnte die Autorin des bekannten ersten deutschen Kochbuches »Man nehme«, Henriette Davidis. Im Heimathaus, dem ehemaligen Küsterhaus von 1704, befindet sich heute das Heimatmuseum. Es bietet interessante Einblicke in die frühe Arbeitswelt der ländlichen Hausfrau.
Adresse: Propsteiweg 12. Öffnung auf Anfrage, ☏ 05745/623.

▸ Windmühlen
Die Bockwindmühle Oppenwehe, Speckendamm 22, stammt aus dem Jahr 1705 und wurde in den Jahren 1989 bis 1992 vollständig restauriert. Im Obergeschoss, dem Mühlenkotten, befindet sich eine Ausstellung, die nach telefonischer Vereinbarung (05474/206207) besichtigt werden kann. Die kleine, sechseckige Holländer-Galeriemühle Levern, Auf der Imlage 9, stammt von 1922 und ist betriebsfähig. An den Mahl- und Backtagen wird in beiden Mühlen das Mahlen vorgeführt.

Museen

▸ Heimathaus Wehden
Im Heimathaus Wehden erfährt der Besucher Wissenswertes über den Flachsanbau und die Leinenherstellung. Geöffnet wird auf Anfrage, ✆ 05773/8767.

Der historische Ortskern in Stemwede-Levern.

Adresse: Stemwederbergstr. 81, Stemwede-Wehden.

Freizeit und Natur

▸ Wandern und Rad fahren
Aktive Freizeit bieten die Wanderwege im Stemweder Berg (mit Waldlehrpfad) und im Oppenweher Moor. Auf über 100 km ausgeschilderten Radwegen (Rundwege ca. 20 km) kann die Stemweder Parklandschaft ausgiebig erkundet werden. Für Gruppen werden auf Wunsch naturkundliche Führungen angeboten.

▸ Dümmer See
Freunde des Wassersports verbringen ihre Freizeit am Dümmer See. Das Angebot reicht vom Baden, Surfen, Segeln, Rudern bis zum Tretbootfahren. Der Wanderweg auf dem Seedeich ist 18 km lang, zeigt im Osten das bunte Strandleben und im Süden des Sees ein unberührtes Wasservogelreservat.

▸ ☺ Erlebnishof Grummert
Hier kann man nicht nur im Heuhotel übernachten, hier findet man – hoffentlich – auch den richtigen Weg aus dem großen Maislabyrinth. Auch Nachtwanderungen, Kindergeburtstage und Schatzsuche werden angeboten.
Adresse: Familie Gerhard Grummert, Zur Großenheide 5, 32351 Stemwede-Niedermehnen,
✆ 05745/911859,
www.erlebnishof-grummert.de.
Öffnungszeiten: Juli bis Nov. täglich 10–18 Uhr.

▸ Milchstraße im Mühlenkreis
Eine der größten Radrouten im Kreis ist die Mühlenroute. Sie führt über sechs ausgesuchte Standorte (Stemwede-Nieder-

mehnen, Lübbecke-Stockhausen, Rahden-Tonnenheide, Minden-Todtenhausen, Petershagen-Heimsen, Petershagen-Seelenfeld) und rund um das Thema »Milch«. Neben den Milchstationen, an denen man Milchprodukte genießen kann, gibt es die Möglichkeit, Milcherzeugung hautnah mitzuerleben.
Adresse: Hof Osterwisch, Mehner Dorf 28, 32351 Stemwede-Niedermehnen, ☏ 05745/1779.

▸ **Planwagenfahrten**
Fahrten in der weiten Moorlandschaft des Oppenweher Moors oder zum Dümmer See sind eine beliebte Alternative zur Wanderung oder Radtour.
Auskunft: Moorhof Huck, Oppenwehe, ☏ 05773/374.

Veranstaltungen und Feste

Im Mai geht es in Stemwede jedes Jahr wieder um den Spargel. Das Stemweder Open Air findet seit 1976 immer im August in Haldem statt und zieht als Umsonst-und-Draußen-Festival über 20 000 Besucher an. Der Oppenweher Bünselmarkt wird im September abgehalten, im Rahmen dieses Volksfestes werden u. a. Rasentreckerrennen, Dorfabend und Zeltgottesdienst veranstaltet. Das Volksfest Leverner Markt findet im Oktober statt und beinhaltet eine Gewerbeschau.

Kulinaria

Der Oppenweher Spargel ist überregional bekannt und wird auf den sandigen Böden der Gemeinde angebaut. Obstanbaubetriebe am Stemweder Berg und große Flächen von Erdbeer- und Spargelfeldern eröffnen Möglichkeiten für den »Einkauf auf dem Bauernhof«.

Das Oppenweher Moor ist ein Idyll für Spaziergänger und Wanderer.

Verl

(Kreis Gütersloh)

Das knapp über 25 000 Einwohner zählende Verl am Südrand des Teutoburger Waldes ist die größte Gemeinde im ostwestfälischen Kreis Gütersloh. Die Gemeinde kann auf ihre Vergangenheit stolz sein: Der erste urkundliche Beleg für eine Hofstelle im Verler Land stammt aus dem Jahre 1088, die erste urkundliche Erwähnung unter dem Namen »Verlo« (Vier Wälder) aus dem Jahr 1256. Im Jahr 1512 wurde in der Bauernschaft Verl eine Kapelle erbaut. Diese wurde um 1577 zur Pfarrkirche erhoben und bildete seitdem den Mittelpunkt des aus den

Bauernschaften Verl, Sende und Bornholte bestehenden Kirchspiels.

Gemeinde Verl
Paderborner Str. 3–5, 33415 Verl
05246/961-0
05246/961159
verl@gt-net.de
www.verl.de

Sehenswertes

▸ Heimathaus Verl
Das Heimathaus Verl ist ein um 1615 entstandenes Ackerbürgerhaus, das heute vom Heimatverein der Gemeinde Verl für Kulturveranstaltungen genutzt wird. Nachdem 1512 das erste Gotteshaus, die St. Anna-Kapelle, im Verler Land errichtet worden war, entstanden um sie herum die ersten Kötterstellen. Auch das Heimathaus war ursprünglich eine derartige Kötterstelle. Im Dachgeschoss findet sich heute die Dauerausstellung »1000 Jahre Siedlungsgeschichte Verl«, im Erdgeschoss befinden sich weitere Ausstellungen über altes Handwerk im Verler Land, die Ereignisse im Zusammenhang mit den Weltkriegen sowie eine Dokumentation über die Siedlungsgeschichte der Verler Höfe.
Adresse: Sender Str. 8, 33415 Verl, 05246/82209.
Öffnungszeiten: So, Mi 15–17 Uhr und nach Vereinbarung.

▸ Pfarrkirche St. Anna
Bei der nach der Heiligen Anna benannten Kirche (1792–1801) handelt es sich um eine dreischiffige, klassizistische Hallenkirche mit Ostturm. Der westliche Anbau stammt von 1933. Die gesamte Innenausstattung – mit Ausnahme der Orgel – wurde ursprünglich vom Hofmaler und Möbelfabrikanten Philipp Ferdinand Ludwig Bartscher aus Rietberg geschaffen. Hiervon ist nur noch die um 1800 entstandene Kanzel erhalten.

Freizeit und Natur

▸ Wandern und Rad fahren
Die gut beschilderten Rundwanderwege lassen kaum einen Wunsch offen. In Ost-West-Richtung kreuzt der Fernradweg R 1 die Gemeinde. Ein gut ausgebautes Radwegenetz ermöglicht es, die Umgebung auf dem Drahtesel zu erkunden. Wer keinen dabei hat, kann sich ein Rad ausleihen.
Adresse: Heier, Gütersloher Str. 100, 05246/4595.

▸ Naturschutzgebiete
In Verl befinden sich drei Naturschutzgebiete. Das mit 131 ha größte und zugleich eines der größeren Feuchtwiesenschutzgebiete im Kreis Gütersloh sind die »Grasmeerwiesen«. Mit der »Fleckernheide« befindet sich ein weiteres Naturschutzgebiet direkt in Verl. Es ist 10,5 ha groß und wurde am 18. Juli 1989 unter Schutz gestellt. Außerdem liegt das 228 ha große Naturschutzgebiet »Große Wiese« zum Teil auf dem Gebiet der Gemeinde.

▸ Freibad
Zur Abkühlung lockt ein Besuch des Freibads. Neben einem 50-m-Schwimmbecken gibt es hier einen großen Nichtschwimmerbereich mit Strand, ein Kinderplanschbecken, eine Sprunganlage, Wasserpilz und Kinderrutsche, Strömungskanal und Whirlpool, eine große Liegewiese und vieles mehr.
Adresse: Zum Meierhof 91, 33415 Verl, 05246/82212.
Öffnungszeiten: Mo, Mi, Fr 6–20 Uhr, Di, Do 6–19 Uhr, Sa, So 7–18 Uhr.

▸ Reiten
Auf dem Rücken eines Pferdes kann man in der Reithalle Verl mit Außenreitgelände glücklich werden.
Adresse: Lönsweg 72, 05246/8582.

Veranstaltungen und Feste

▸ Hobbymarkt Kaunitz
Der Hobbymarkt ist einer der größten Tier- und Trödelmärkte Deutschlands und findet an jedem ersten verkaufsoffenen Samstag im Monat in der Zeit von 5–14 Uhr in und um die Ostwestfalenhalle im Ortsteil Kaunitz statt.

▸ Verler Leben
Immer am ersten September-Wochenende (Freitag bis Sonntag) findet die traditionelle Kirmes Verler Leben statt. Mitten im Ortskern werden mehrere Straßen und Plätze den Schaustellern zur Verfügung gestellt. Offiziell beendet wird das Fest mit einem traditionellen Feuerwerk am Sonntagabend.

Kulinaria

In Verl ist traditionell die deftige Westfälische Küche anzutreffen. Als besondere Spezialität ist hier der pfannkuchenartige Pickert zu nennen. Als Getränk beliebt ist der Magenbitter. Dieser ist so eng mit der Gemeinde verbunden, dass er den Namen »Verler Heimatwasser« trägt.

Versmold

(Kreis Gütersloh)

Versmold liegt in der Emssandebene an der Grenze des Münsterlands zu Ostwestfalen südlich des Teutoburger Waldes. Die Stadt, eine der ältesten Siedlungen des Ravensberger Landes, hat heute 21 000 Einwohner. Versmold erhielt 1719 vom preußischen König Friedrich Wilhelm I. die Stadtrechte. In der Folge kam es zur Ansiedlung von Leinenhändlern und die Stadt entwickelte sich schnell zu einem Handelszentrum für die in der Region schon lange verbreitete

Das Heimatmuseum Versmolds – eine friedliche Oase inmitten geschäftigen Citytreibens.

Leinenweberei und Garnspinnerei. Insbesondere Segeltuch wurde hier hergestellt. Mitte des 19. Jh. fand mit dem Umstieg auf die Herstellung von Fleischwaren, die insbesondere in Form von Schweinemast in bäuerlicher Tradition bereits seit altersher betrieben wurde, ein tiefgreifender Strukturwechsel statt.

Stadt Versmold
Münsterstr. 16, 33775 Versmold
05423/954-0
www.versmold.de

Sehenswertes

Viele Fachwerkhäuser erfreuen das Auge. Bei einem Stadtrundgang sollten einige Exemplare in der Innenstadt begutachtet werden, u. a. die alte Apotheke in der Ravensberger Straße, die 1789 von A. F. Delius erbaut wurde. Heute befinden sich in dem Haus zwei Cafés. Sehenswert ist der »Wurstträger-Brunnen«auf dem Marktplatz, der im Volksmund auch »Schweinebrunnen« genannt wird. Ein Wurstträger und drei Schweine verweisen auf das örtliche Erfolgsrezept Fleisch und Wurst. Zahlreiche Themen-Stadtführungen stehen im Angebot, u. a. »Eine Kuh hat mehr als vier Viertel«, »Gärten, Parks und Blütenträume«, »In Versmold sind die Nächte lang« und »Rundgang durch den historischen Stadtkern«.

Museen

Heimatmuseum

Wie eine Oase inmitten des geschäftigen Treibens im Versmolder Industriegebiet mutet die kleine Museumsanlage des Heimatvereins Versmold an. Mit Schmiede und Wagenremise, historischem Backhaus und einem liebevoll restaurierten, typisch ravensbergischen Heuerlingskotten gehört das Heimatmuseum zu den kulturellen Highlights der Stadt. Gezeigt werden Ausstellungsstücke, welche die besondere Entwicklung der Versmolder Geschichte dokumentieren, aber auch eine Reihe von typischen Alltagsobjekten aus der ländlichen Kulturgeschichte.

Adresse: Speckstr. 12, 33775 Versmold, 05423/2115, www.heimatmuseum-versmold.de.

Öffnungszeiten: Anf. Apr. bis Ende Okt. Mi 14–17 Uhr, So 11–17 Uhr.

Galerie Et

Seit vielen Jahren schon präsentiert der Versmolder Kunstkreis spannende Kunstausstellungen in den Räumen der Galerie Et.

Adresse: Knetterhauser Str. 34, 33775 Versmold, 05423/5383, www.versmolder-kunstkreis.de.

Öffnungszeiten: Do, Sa 16–18 Uhr, So 11–13, 15–18 Uhr.

Freizeit und Natur

Wandern und Rad fahren

Das südlich von Versmold gelegene Versmolder Bruch, das aus lichtem Erlen-Bruchwald zwischen den Auebereichen der Bäche Aa, Neue und Alte Hessel besteht, ist nicht nur ein Refugium für Vögel. Auch Wanderer und Radfahrer kommen hier voll auf ihre Kosten. Im Norden des Stadtgebietes lädt das Naturschutzgebiet Salzenteichs Heide zu Erkundungen ein. Einladend ist auch der Versmolder Stadtpark, der 1901 angelegt wurde. Das sieben Hektar große Gelände ist ideal für Spaziergänger und im Anschluss kann man sich im Biergarten stärken.

Golf

Auf dem 18-Loch-Platz des Golfclubs Schultenhof Peckeloh e. V. sind Gäste willkommen, wenn sie einen Clubausweis mit eingetragener Platzreife vorweisen können.

Adresse: Schultenallee 1, 05423/42872.

▸ Schwimmen
Das kombinierte Frei- und Hallenbad im Caldenhofer Weg garantiert das ganze Jahr über Badespaß. ✆ 05423/7749.

Veranstaltungen und Feste

▸ Sünne Peider
Sünne Peider gehört zu den ältesten Jahrmärkten Westfalens überhaupt. In Versmold ist es Tradition, mit Sünne Peider im Februar den Winter zu beenden und das lebensfrohe Frühjahr beginnen zu lassen.

Die Fleisch- und Wurststadt

Die Versmolder Fleisch- und Wurstwaren sind bundes- und europaweit bekannt und beliebt. Zu den Spezialitäten gehören der Versmolder Schinken, die Bockhorster Knackwurst, das Wurstebrot, die Adventspastete und die Geflügelwurst von Gutfried, der einzigen deutschen Geflügelwurstmarke im deutschsprachigen Raum. Wie das Schwein in die Wurst kommt, kann der interessierte Besucher an der Entwicklung von der Hausschlachtung zur Wurstfabrik im Heimatmuseum nachvollziehen. Zu sehen sind Werkzeuge, die für das häusliche Schlachten und die Wurstherstellung erforderlich waren, aber auch Maschinen, die später in den hiesigen Fleischwarenfabriken eingesetzt worden sind. Ergänzt wird dieser Bereich durch eine historische Dokumentation der ältesten und bedeutendsten Versmolder Fleischwarenfabriken. ■

▸ Spargelmarkt Bokhorst
Der Mai-Spargelmarkt in Bockhorst, direkt an der Bahnrad-Route Teuto-Senne gelegen, gehört mit Sicherheit zu den kulinarischen Highlights der Region. Die Besucher erwartet nicht allein ein hochwertiges Dorffest rund um das königliche Gemüse, sondern auch viele bunte Marktstände, altes Handwerk und eine einzigartige Atmosphäre im historischen Dorfkern.

▸ Stadtfest
Eine ganze Fülle von Publikumsmagneten erwartet den Besucher hier: Tolle Fahrgeschäfte, die die Innenstadt zu einer besonderen Erlebnismeile werden lassen, und tolle Musik ganz unterschiedlicher Stilrichtungen auf den beiden Open-Air-Bühnen am Wursträgerbrunnen und auf dem Vorplatz des Versmolder Rathauses. Das Stadtfest findet jedes Jahr an einem Wochenende im August statt.

Vlotho

(Kreis Herford)

Die Stadt liegt am Übergang zwischen dem Ravensberger Hügelland im Westen und Norden, dem Lipper Bergland im Süden und dem oberen Wesertal im Osten. Rund 20 000 Menschen sind hier zu Hause. Um 1100 lebten dort, wo jetzt die Weserbrücke die Bahnlinie überquert, in der Wasserburg »Schune« die Herren von Vlotho. Als der Letzte dieses Geschlechtes 1214 starb, kam die Herrschaft an die Grafen von Ravensberg. Um 1250 erhielt der kleine Ort das Stadtrecht. Trotz der Wirren des Dreißigjährigen Krieges folgte nach 1600 ein neuer Aufstieg. 1650 erhielt Vlotho, das nunmehr zu Brandenburg gehörte, wieder das Marktrecht und wuchs dank der damals gegründeten Schiffergilde so schnell, dass 1687 bereits 220 Bürgerstätten gezählt wurden. Erste Fabriken, vor allem der Zigarren- und Zuckerindustrie, entstanden im 19. Jh. Heute erinnern nur noch Teile alter

Fabrikanlagen an diese einstmals für die Stadt bedeutenden Erwerbszweige.

Touristinformation der Stadt Vlotho
Lange Str. 60, 32602 Vlotho
05733/924-492,
05733/924-220
touristik@vlotho.de
www.vlotho.de

Sehenswertes

▸ Burgruine auf dem Amtshausberg
Mit fast 150 m Höhe beherrscht der Amtshausberg die Altstadt Vlothos. Seinen Namen hat er nach dem Wohnsitz des Amtsmannes oder Drosten. Die Wallburg bestand wahrscheinlich schon vor 2000 Jahren. Ausgrabungen ergaben, dass in der Wallburg ein karolingischer Königshof gewesen sein muss. Die erhaltenen Ruinen erinnern an die wechselvolle Geschichte von Burg und Stadt. Burgruine und Burgrestaurant auf dem Amtshausberg sind nun beliebte Ausflugsziele für Bürger und Gäste.

▸ Kirche St. Stephan
Die Kirche des ehemaligen Klosters Seegnstal in der Langen Str. 108 wurde 1650 erbaut. An ihrer Nordseite befindet sich ein Bild Luthers, das zum 300-jährigen Geburtstag des Reformators erworben wurde.

▸ Wasserrad
Durch Linenbeeke und Forellenbach wurden seit dem 13. Jh. bis zu 20 Wassermühlen betrieben. Das restaurierte Wasserrad veranschaulicht, dass Vlotho einst die »Stadt der Mühlen« war. Das im Durchmesser 5,4 m große Rad befindet sich in der Klosterstraße.

▸ Wittekindstein
Hier soll sich der Überlieferung nach der Sachsenherzog Wittekind von der Jagd ausgeruht haben. Der Stein, wahrscheinlich ein »germanischer Treuestein«, befindet sich in der Wittekindstraße.

Museen

▸ Heimatstube
Hier gibt es Wissenswertes über Zigarrenmacherei, Weben, Tante-Emma-Laden und Trachten.
Auskunft und Führungen: Rudolf Klocke, 05733/8631.
Adresse: Lange Str. 53, 32602 Vlotho.

Freizeit und Natur

▸ Wandern und Rad fahren
Auf mehreren ausgeschilderten Rundwanderwegen kann man Vlotho erkunden. Empfehlenswert ist der Rundweg »Naturlehrpfad«, der hinter dem Parkplatz am Naturschutzgebiet Bonstapel/Steingrund beginnt. Er führt durch das Naturschutzgebiet Linnenbeeke mit seinen mehr als 1000 Findlingen aus der Eiszeit. In und um Vlotho gibt es rund 25 km markierte Radwanderwege. Weserradweg, Soleweg und Wellness-Route stehen zur Auswahl. Wer kein Rad im Gepäck hat, kann sich eines leihen: Stefan Müller Zweiradtechnik, 05733/963386.

▸ Golf
Auf dem 9-Loch-Platz des Golfclubs Herford e. V. können Sie spielen, wenn Sie einen Clubausweis mit eingetragener Platzreife vorweisen können.
Adresse: Vlotho-Exter, Heideholz 8, 05228/7434, www.golfclubherford.de.

▸ Reiten
Reithalle Valdorf, Lemgoer Str. 69, 05733/18233; Reithalle Exter, Zum Mergelbruch 2, 05228/488; Völkers Reiterhof, Plögereistr. 22, 05733/20762.

▸ Freizeitzentrum Borlefzen
Im 42 ha großen Freizeitzentrum Borlefzen, einer ehemaligen Kiesgrube mit mehreren Seen und einer Zufahrt zur Weser, finden Wassersportler ein vielfältiges Angebot: Baden, Angeln, Wasserski, Surfen, Bootfahren. Kinderspielplätze und Minigolfanlage sind ebenso vorhanden.

▸ Weitere Angebote
In den Sommermonaten werden Dampferfahrten und Floßfahrten durch die Mindener Fahrgastschifffahrt (🌐 www.mifa.com) angeboten. Außerdem gibt es ein beheiztes Waldfreibad, einen Kurpark, Kutschfahrten, Malschule, Tennis, Tierpark und einiges mehr.

Veranstaltungen und Feste

Mittelalterlicher Markt auf der Burg, Brückenfest, Hafenfest am Weserhafen (Sommer), Stadtfest im Juni, Tag des Bauernbades in Bad Seebruch und Bad Senkelteich (2. Sonntag im Sept.), Weihnachtsmärkte und mehr.

Warburg

(Kreis Höxter)

Warburg liegt im Dreiländereck Nordrhein-Westfalen, Hessen und Niedersachsen. Die alte Hansestadt im Diemeltal mit 24 000 Einwohnern besteht aus 13 Ortsteilen und hat ihr geschlossenes mittelalterliches Stadtbild bis heute bewahrt. 1036 wurde sie erstmals urkundlich erwähnt, um 1200 erhielt sie die Stadtrechte. Erst im Jahre 1436 wurde aus den beiden Siedlungen, der Altstadt und der Neustadt, eine »einrätige« Stadt. Dem Besucher präsentieren sich neben den teilweise gut erhaltenen alten Wehranlagen liebevoll restaurierte Fachwerkhäuser. Die mächtigen Kirchenbauwerke und Massivbauten aus der Blütezeit der Hanse zeugen von der einstigen Wohlhabenheit und dem Kunstsinn der Einwohner dieser Stadt.

Info Center Warburg am Neustadt-Marktplatz, 34414 Warburg
📞 05641/90850
📠 05641/90852
✉ info@warberg-touristik.de
🌐 www.warberg-touristik.de

Sehenswertes

▸ Stadtbefestigung
Der Biermannsturm ist ein runder Wehrturm aus Bruchstein mit verschieferter Schweifhaube, an dessen Seiten noch Reste der Befestigungsmauern zu sehen sind. Das Sacktor ist ebenfalls ein Teil der ehemals 13 Tore und Türme, die die Stadt sicherten. Erhalten sind die Schlüssellochscharten, der tiefe Torzwinger sowie der Sackturm daneben.

▸ Häuser der Stadt
Das Eckemänneken ist das älteste Fachwerkhaus Westfalens (1471) und das frühere Gildehaus der Bäcker. Sein Name leitet sich von zwei geschnitzten, hockenden Männerfiguren an den Knaggen der nordwestlichen Hausecke ab. Das Haus zum »Stern« ist ein im gotischen Stil errichtetes Steinhaus aus dem 14. Jh. Im 18. Jh. wurde es umgebaut und erhielt ein stattliches Barockportal.
Im Innern befinden sich das Stadtarchiv und das Museum für Stadtgeschichte. Das Engelhardsche Haus ist eines der schönsten Fachwerkgiebelhäuser der Stadt, erbaut um 1550 und mit reich verzierten Füllhölzern und Balken an der vorkragenden Giebelfront. Eine der ältesten Straßen der Altstadt ist die von zahlreichen Fachwerkhäusern gesäumte

Schwerte. Im Mittelalter nahmen Reisende diesen Weg, um zur Diemelfurt und von dort weiter in Richtung Hessen zu gelangen.

▸ Burg Calenberg
Etwa vier Kilometer südlich der Kernstadt erhebt sich auf einem steilen Berg oberhalb des Ortes Calenberg die Burg. Ihre heutige Gestalt verdankt sie einem Umbau in den Jahren 1880/1882, der Zeit der Burgromantik, im Kern geht sie auf die Zeit um 1300 zurück. Nur die Außenanlage ist zu besichtigen.

▸ Desenberg
Weithin sichtbar, erhebt sich als Wahrzeichen des Warburger Landes und drei Kilometer nordöstlich der Kernstadt der Vulkankegel des Desenbergs, 245 m hoch, von einer Burgruine gekrönt. Von dort eröffnet sich ein herrlicher Rundblick auf Egge, Warburger Börde und hessisches Bergland.

Museen

▸ Museum im »Stern«
Der Ausstellungsschwerpunkt liegt auf der Stadtgeschichte. Dazu gibt es eine Abteilung für Vor- und Frühgeschichte und eine Abteilung für Kunst und Kultur mit Werken berühmter Warburger Künstler. Im Dachgeschoss werden Sonderausstellungen präsentiert.
Adresse: Sternstr. 35, 34414 Warburg, 05641/741988, museum@warburg.de, www.warburg.de.
Öffnungszeiten: Di–So 14.30–17 Uhr.

▸ Syrisch-orthodoxes Kloser
Das ehemalige jüngere Dominikanerkloster (bis 1993) dient heute als Kloster und Bischofssitz der syrisch-orthodoxen Kirche. Wer sich über die Geschichte und die gelebte Religiosität der Kirche informieren will, ist herzlich willkommen.
Adresse: Klosterstr. 10, 34414 Warburg, 05641/740564.

Die alte Hansestadt Warburg hat ihr mittelalterliches Stadtbild bewahren können.

Beliebter Treffpunkt in Warburg ist der Neustadtmarktplatz.

▸ Waldinformationszentrum Hammerhof
Der Hammerhof (1603) bildet das Tor zur Südegge im vier Kilometer langen Tal zwischen Scherfede und Hardehausen. Zum Hof gehören das Wisentgehege und der Naturerlebnispfad »Wald« in Marsberg-Meerhof. Im Informationszentrum werden Führungen und Ausstellungen zu den Themenbereichen Wald, Holz und Natur sowie zur heimischen Kulturgeschichte veranstaltet. Die Angebotspalette reicht von einstündigen bis zu halbtägigen Veranstaltungen. Auf Wunsch kann eine Planwagenfahrt mit Pferden integriert werden.
Adresse: Walme, 34414 Warburg-Scherfede, ☏ 05642/94975-0, 🌐 www.forstamt-baddriburg.nrw.de.

Freizeit und Natur

▸ Wandern und Rad fahren
Sie können zwischen einem gut ausgeschilderten Radwanderwegenetz von 300 km mit überregionaler Anbindung und 48 markierten Wanderwegen durch naturbelassene Landschaft wählen. Empfehlenswert ist der Diemel-Radweg, von der Diemelquelle oberhalb von Willingen-Usseln führt er 20 km leicht bergab durch Wiesen und Waldstücke des Waldecker Landes zum Naturpark Diemelsee. Der Nordic-Walking-Park Warburg wurde 2005 angelegt und führt ebenfalls die Diemel entlang durch eine herrliche Wald- und Auenlandschaft.

▸ Kanuwandern
Wer Lust hat, die Umgebung vom Wasser aus zu genießen, kann eine Expedition auf Diemel und Weser unternehmen. Verschiedene Kanutouren werden Freitag, Samstag und Sonntag von Mai bis September angeboten.
Information: ☏ 05642/7682 oder 🌐 www.kanu-schumacher.de.

▸ Schwimmen
Wer sich in kühle Fluten stürzen möchte, der hat im Sommer die Möglichkeit, sich im Warburger Waldschwimmbad sportlich zu

betätigen oder einfach nur in wunderschöner Umgebung die Seele baumeln zu lassen. Im Winter steht das Hallenbad zur Verfügung.

▸ Wisentgehege

Das 1958 errichtete und ganzjährig geöffnete Wisentgehege ist einzigartig in Deutschland. Auf insgesamt 170 ha Wald- und Wiesenflächen sind seit Bestehen fast 140 der vom Aussterben bedrohten Wisente geboren. Im Gehegebereich zu beobachten sind außerdem erfolgreich rückgezüchtete Tarpan-Pferde, weißes Rotwild und Schwarzwild.

Adresse: Walme, 34414 Warburg-Scherfede, 05642/94975-0, www.forstamt-baddriburg.nrw.de.

▸ Kurmittelhaus Germete

Der Stadtteil Germete mit modernem Kurmittelhaus und Kurpark ist ein staatlich anerkannter Luftkurort. Die in Germete zutage tretende »Franziskus-Quelle« ist als Heilquelle anerkannt und klinisch erprobt. Der Genuss des Heilwassers ist im Kurmittelhaus Germete kostenlos.

Informationen: www.kurmittelhaus-germete.de.

▸ Segelfliegen

Vom Segelflugplatz Hainberg aus können Rundflüge unternommen werden. Auskunft erteilt der Luftsportverein Warburg, 05641/3913.

Veranstaltungen und Feste

▸ Kälkenfest

Alljährlich im August feiern die Warburger das Kälkenfest. Sein Name leitet sich von den Kalkgruben der Gerber ab. Vor der schönen Kulisse des Rathauses in der Altstadt lassen die Bürger in historischen Kostümen die Stadtgeschichte aufleben. Diese historischen Bürgerspiele, Volkstänze, Bänkelgesänge und farbenprächtigen Umzüge machen das Fest zu einem besonderen Erlebnis.

▸ Warburger Oktoberwoche

Das beliebteste und größte Volksfest der Region ist die Warburger Oktoberwoche. Sie zeigt die wirtschaftliche und kulturelle Leistungsfähigkeit der Stadt. Ortsansässige Unternehmen stellen ihre Produkte und Dienstleistungen vor. Ein Vergnügungspark mit großem Festzelt sorgt neun Tage lang für Unterhaltung.

Kulinaria

Regional sehr bekannt ist das Warburger Bier (Pilsener, dunkler untergäriger Urtyp und bernsteinfarbenes mild gehopftes Landbier), welches seit dem Mittelalter dort gebraut wird, wobei heute die einzig verbliebene Brauerei seit 1721 Brauereirechte besitzt. Ferner ist das Warburger Brot, ein dunkles Kantenbrot, über Warburg hinaus ein Begriff.

Werther

(Kreis Gütersloh)

Die idyllisch am Nordhang des Teutoburger Waldes liegende Stadt hat 12 000 Einwohner. Werther wuchs im 9. bis 10. Jh. von einer Hofsiedlung zu einem Kirchdorf heran. Erstmals schriftlich erwähnt wird es um 1009. Die Verleihung der Stadtrechte durch König Friedrich Wilhelm I. in Preußen im Jahre 1719 war ein Markstein in der Geschichte. Für die Stadt Werther fielen die Handelsschranken, sodass sich jetzt Gewerbetreibende niederlassen konnten. Im 18. Jh. bildeten Flachsanbau und Leinengarngewinnung die wirtschaftliche

Grundlage Werthers. Denkmalgeschützte Gebäude aus jener Zeit sind Blickpunkte im Stadtbild. Zu Beginn des 19. Jh. bestimmte das wirtschaftliche Leben in der Stadt nicht mehr der Handel, sondern das Handwerk der Zigarrenmacher und der Leineweber.

Stadt Werther, Rathaus
Mühlenstr. 2, 33824 Werther
05203/705-0
05203/70588
info@stadt-werther.de
www.stadt-werther.de

Sehenswertes

Haus Werther
Das alte Rittergut wurde erstmals 1295 erwähnt. Bis 1966 wurden im Hause Zigarren produziert, bis Ende der 1980er-Jahre war es noch Sitz eines Zigarrenvertriebs. Seit 1994 dient das Haus als Bürgerbegegnungsstätte und Bibliothek.

Evangelische Pfarrkirche
Die Kirche ist eine im Kern gotische Saalkirche aus dem 14. Jh. Sie wurde 1743 erneuert und 1876/77 nach Osten erweitert. Der romanische Westturm verfügt über ein gotisches Obergeschoss.

Museen

Peter-August-Böckstiegel-Haus
Das Geburtshaus von Peter August Böckstiegel, in dem er in den Sommermonaten lebte und arbeitete, ist in seiner ursprünglichen Art erhalten. Durch die von Böckstiegel gestaltete Farbgebung, Schnitzereien, Mosaike und Glasfenster ist das Haus zu einem Kunstwerk geworden, in dem Einheit von Werk und Künstler noch heute spürbar ist. Zu sehen sind neben Gemälden, Zeichnungen, Aquarellen und Grafiken auch Plastiken verschiedener Schaffensperioden aus dem Nachlass des Künstlers. Das bis Anfang 2007 als Privathaus genutzte Böckstiegelhaus kann fast ganzjährig, jedoch nur nach vorheriger Anmeldung und im Rahmen einer Führung besichtigt werden. Öffentliche Führungen finden jeden letzten Samstag im Monat um 11 Uhr statt. Außerdem werden Führungen über den Böckstiegel-Pfad angeboten.
Adresse: Schlossstr. 111, 33824 Werther, 0521/121237.

Freizeit und Natur

Erlebnishof
Auf einem Islandpferd mit fliegender Mähne ein Stoppelfeld entlanggaloppieren, nach Herzenslust mit den Hunden auf dem Hof herumtoben, neue Freunde kennenlernen, eine Kissenschlacht machen, sich mal einfach Äpfel vom Baum pflücken, tolle Grillparties feiern, bunte Abende veranstalten oder am Lagerfeuer spannenden Geschichten lauschen: Für Kinder ist der Odinshof ein großer Fantasie- und Abenteuerspielplatz.
Adresse: Heide 12, 33824 Werther-Theenhausen, 05203/3587, www.odinhof.de.

Freibad
Im solarbeheizten Warmwasser-Freibad können Sie im 50-m-Becken Ihre Bahnen ziehen. Außerdem laden die großen Liegewiesen zum Entspannen und Verweilen ein. Für Kinder bietet das Freibad ein neugestaltetes Kinderbecken, einen Spielplatz und ein Beach-Volleyballfeld.
Adresse: Meyerfeld 9, Werther, 05203/6375.
Öffnungszeiten: Mai bis Sept. täglich 11–19.30 Uhr, Frühschwimmen: 6.30–8 Uhr.

Drachen- und Gleitschirmfliegen
Wer mindestens 14 Jahre alt ist, kann sich in Werther seinen Traum vom Fliegen verwirklichen.

Adresse: Flugschule Werther-Westfalen, 05202/158282, www.flugschule-westfalen.de.

Veranstaltungen und Feste

Alle zwei Jahre findet das Stadtfest (»Kukuk«) in Werther statt.

Willebadessen

(Kreis Höxter)

Im staatlich anerkannten Luftkurort zwischen Eggegebirge und Weser leben rund 9000 Menschen. 1065 wurde der größte Stadtteil erstmalig anlässlich einer Grenzbeschreibung unter dem Namen »Wilbotissun« erwähnt. Im Jahre 1318 erhielt Willebadessen die Stadtrechte und das Recht der Befestigung. Die ehemalige Titularstadt Peckelsheim, die neben elf kleineren Ortschaften heute zur Gemeinde gehört, wurde erstmalig anno 836/839 in den »Corveyer Traditionen« erwähnt.

Verkehrsverein Willebadessen
Klosterhof 1a, 34439 Willebadessen
05646/942093
05646/942095
info@verkehrsverein-willebadessen.de
www.verkehrsverein-willebadessen.de

Sehenswertes

Ehemaliges Benediktinerkloster
Die alte Klosterkirche und das ehemalige Konventgebäude des 1149 gegründeten Benediktinerklosters gehören zu den wertvollsten Baudenkmälern des Stadtteils. Sehenswert sind der Kreuzgang mit Kalksteinreliefs und die Gründerkapelle. Aus dem 15. Jh. stammen ein Vituskelch, eine Zylindermonstranz, eine Holzplastik sowie zwei wertvolle Reliquienschränke. Das Kleinod der Kirche ist der Vitusschrein aus dem Jahre 1207. Durch das königlich westfälische Edikt vom 7. Juni 1810 wurde das Kloster aufgehoben, im gleichen Jahr verkauft und 1977 an die Stiftung Europäischer Skulpturenpark e.V. übertragen.
Adresse: Klosterhof 2, 34439 Willebadessen, 05646/777.

Das ehemalige Benediktinerkloster Willebadessen lädt ein.

Vituskapelle
Auf dem Klusenberge befindet sich die Vituskapelle. Die Wallfahrtskapelle ist ein sechseckiger Zentralbau, mit Portal, Wappen und Inschrift von 1687. Herauf führt ein Kreuzweg mit 13 Stationen.

Karlsschanze
Auf dem Eggekamm, oberhalb der Siebenquellen, befindet sich die »Karlsschanze«, ein Befestigungswerk aus heidnischer Zeit der alten Sachsen. Erobert von Karl dem Großen,

zeigt es noch heute Überreste eines Christusbildes, das vermutlich der Kaiser errichten ließ. Dicht bei der Karlsschanze, an einem alten Wanderweg der Germanen, ließ der Kaiser ein Kreuz aufstellen. Die Sachsen nannten es »Kleiner Herrgott«, während ihr großer Gott Wotan auf der Karlsschanze thronte.

Peckelsheim
Sehenswerte Baudenkmäler sind die evangelische Trinitatiskirche (Schinkelbau) von 1840/1841, die katholische Kirche St. Mariä Himmelfahrt und ein altes Burggebäude, die Stammburg der Familie von Spiegel zu Peckelsheim. Im 14. Jh. erbaut, wurde sie nach vielen Veränderungen bereits im 18. Jh. aufgegeben. Erhalten ist unter anderem noch das dreigeschossige Turmhaus des 14. Jh. mit Wappentafel von 1535.

Borlinghausen
Am Steilhang der Egge liegt Borlinghausen, erstmalig 1065 als »Burchartinhusen« erwähnt, und dessen Wasserschloss, erst 1396 erwähnt. Die Gräftenbrücke ist mit einzigartigen Balustern geschmückt. Die Pfarrkirche wurde 1872 im neugotischen Stil erbaut. Beachtenswert sind die Grabsteine an der Ostwand der Kirche. Einen Kilometer von Borlinghausen in Richtung Löwen steht die 1000-jährige Rieseneiche. Auf dem Eggekamm befindet sich der Aussichtsturm »Bierbaums Nagel«, erbaut 1847. Von hier kann man bei gutem Wetter den »Herkules« in Kassel sehen.

Wasserburg Schweckhausen
Die Wasserburganlage war im 14. Jh. im Besitz der Herren von Spiegel. Bis zum Jahr 2004 war Besitzer der Herzog von Croy. Die heutige Anlage mit Gräfte stammt aus dem 16. Jh. Der Mitteltrakt wurde durch Seitenflügel und Umbauten im 17. und 18. Jh. erweitert.

Freizeit und Natur

Wandern und Rad fahren
Urwüchsige Bergwälder, steile Felsklippen, Naturquellen und grüne Talauen prägen die Erholungslandschaft des staatlich anerkannten Luftkurortes Willebadessen im Naturpark Teutoburger Wald/Eggegebirge.

Zwischen Eggegebirge und Weser ruht in traumhafter Lage Willebadessen.

Als Deutschlands erster ausgezeichneter »Qualitätsweg Wanderbares Deutschland« führt der Eggeweg mitten durch diesen Naturpark und ist eine der schönsten Teilstrecken des Europäischen Fernwanderweges Nr. 1. Die Wanderwege A 2 und A 3 führen zu geschichtsträchtigen Orten, sagenumwobenen Felsen und zu einer der eindrucksvollsten Burganlagen Westfalens. Wer die Umgebung mit dem Rad erkunden möchte, sollte die beiden Erlebnistouren Egge- und Börderoute abradeln. Das gesamte Radnetz ist durch eine einheitliche Beschilderung gekennzeichnet.

▸ Bogenschießen

Am Eingang des Skulpturenparks liegt »Das Bogenstübchen«, ein Fachgeschäft für traditionelle Bögen und Zubehör. Hier werden vom Besitzer Peter Rennemann und seinem Team Kurse im traditionellen Bogenschießen angeboten. Im Wald in der Nähe des Wildgeheges befindet sich ein Bogenparcours mit über 30 Freilandzielen, der von Bogenschützen aus ganz Deutschland genutzt wird.

Adresse: Klosterhof 2, 34439 Willebadessen, 0174/7628914 oder www.bogenstuebchen.de.

Bogenparcours im Wald: Der Besitzer des »Bogenstübchens« bietet Kurse im traditionellen Bogenschießen an.

▸ Wildgehege und Gewässerökologischer Erlebnispfad

Schwerpunkt des Wildgeheges ist es, den Besucher die frei lebende heimische Tierwelt (Reh-, Rot-, Dam-, Sika-, Schwarz- und Muffelwild) hautnah erleben zu lassen. Die Gehege sind an einem Rundweg um ein ökologisch interessantes Teichgelände nebeneinander angeordnet. Direkt im Anschluss an das Wildgehege befindet sich der Gewässerökologische Erlebnispfad. Hier erfahren Besucher an sieben Stationen Interessantes über unterschiedlichste Zusammenhänge in Gewässern. Wildgehege und Pfad sind kostenfrei und täglich bis zum Einbruch der Dunkelheit zugänglich.

▸ »Alte Eisenbahn«

In den Wäldern des Eggekamms zwischen Willebadessen und Lichtenau liegt die Schlucht der »Alten Eisenbahn«. Mit ihren schroffen Klippen und dunklen Tümpeln wirkt das Naturdenkmal wildromantisch. Der Name bereits weist darauf hin, dass es sich hier nicht um eine in Jahrmillionen natürlich entstandene Schlucht handelt, sondern um eine verlassene Großbaustelle. Von 1846 bis 1848 bauten hier 500 Arbeiter an einem Eisenbahntunnel, doch aus Geldmangel wurden die Arbeiten wieder eingestellt.

▸ Wintersport

Im Eggewald liegt ein herrliches Skiwandergebiet.

Veranstaltungen und Feste

▸ Vituswoche

Die Vituswoche beginnt jedes Jahr am 15. Juni mit dem festlichen Vitusmahl, am darauffolgenden Sonntag findet die große Vitusprozession statt und am Wochenende danach wird die Vituswoche mit dem Schützenfest abgeschlossen.

Sehenswertes

Altstädte und historische Märkte

Bad Salzuflen ... 15
Bielefeld ... 24
Blomberg ... 29
Brakel ... 39
Detmold ... 51
Gütersloh ... 64
Halle/Westf. ... 68
Herford ... 74
Höxter ... 87
Horn-Bad Meinberg ... 92
Langenberg ... 100
Lemgo ... 101
Lübbecke ... 113
Minden ... 120
Oerlingshausen ... 128
Paderborn ... 130
Rheda-Wiedenbrück ... 145
Steinhagen ... 164
Stemwede ... 167
Versmold ... 172

Brunnen

Lemgo (Kanzlerbrunnen) ... 102
Nieheim (Kumpgewölbe) ... 125
Salzkotten (Brunnenhäuschen) ... 154
Steinheim (Kump) ... 166

Burgen, Schlösser, Herrenhäuser

Bad Driburg ... 6
Barntrup ... 19
Beverungen ... 20
Bielefeld ... 24
Blomberg ... 29
Borgentreich ... 33
Borgholzhausen ... 36
Brakel ... 40
Detmold ... 52
Dörentrup ... 55
Extertal ... 63
Halle/Westf. ... 68
Hiddenhausen ... 79
Höxter ... 89
Lage ... 98
Lemgo ... 102
Lichtenau ... 106
Löhne ... 109
Marienmünster ... 119
Nieheim ... 126
Paderborn ... 131
Petershagen ... 134
Porta Westfalica ... 137
Preußisch Oldendorf ... 140, 141
Rheda-Wiedenbrück ... 145
Rödinghausen ... 150
Salzkotten ... 154
Schieder-Schwalenberg ... 157
Schlangen ... 159
Schloss Holte-Stukenbrock ... 162
Spenge ... 163
Steinheim ... 166
Warburg ... 176
Willebadessen ... 181

Denkmäler

Altenbeken (Bekeviadukt) ... 4
Bielefeld (Leineweber-Denkmal) ... 24
Espelkamp (Schmelztiegel) ... 61
Harsewinkel (Spökenkieker) ... 70
Herford (Reichsstiftstadtdenkmal) ... 74
Herford (Fürstenau-Denkmal) ... 74
Marienmünster (Historisches Windrad) ... 119
Nieheim (Optische Telegrafenstation) ... 126
Porta Westfalica (Kaiser-Wilhelm-Denkmal) ... 137

Fachwerkhäuser

Beverungen ... 20
Enger ... 57
Lüdge ... 116
Paderborn ... 131
Preußisch Oldendorf ... 141
Rheda-Wiedenbrück ... 145
Steinhagen ... 164
Versmold ... 172
Warburg ... 175

Historische Gebäude und Güter

Bielefeld (Altes Rathaus) ... 25
Bielefeld (Grestscher Hof) ... 25
Borgentreich (Steinernes Haus) ... 33
Enger (Sattelmeierhöfe) ... 57
Gütersloh (Alte Heuwaage) ... 64
Gütersloh (Weberhaus) ... 64
Halle/Westf. (Kiskerhaus) ... 68
Herford (Kurienhäuser) ... 74
Hiddenhausen (Bäumerhof Sundern) ... 80
Hille (Glasbonbon) ... 82
Langenberg (Gut Geissel) ... 100
Lemgo (Rathaus) ... 101
Lemgo (Planetenhaus und Torhaus) ... 101
Leopoldshöhe (Gut Eckendorf) ... 105
Lichtenau (Spieker) ... 106
Lübbecke (ehemaliges Rathaus) ... 113
Lübbecke (Grapendorffs Hof) ... 113
Paderborn (Rathaus) ... 131
Preußisch Oldendorf (Gut Engershausen) ... 141
Preußisch Oldendorf (Rittergut Holzhausen) ... 141
Rietberg (Rathaus) ... 148
Rödinghausen (Westfälische Höfe) ... 150
Rödinghausen (Gut Böckel) ... 150
Schieder-Schwalenberg (Ackerbürgerhäuser) ... 156
Schieder-Schwalenberg (Rathaus) ... 157

Lübbecke (Heimatmuseum) ...115
Lüdge (Heimatmuseum) ...116
Minden (Preußenmuseum) ...121
Minden (Puppen-Museums-Café) ...123
Paderborn (Kaiserpfalz) ...131
Paderborn (Historisches Museum) ...132
Petershagen (Heimatmuseum) ...136
Preußisch Oldendorf (Feuerwehrmuseum) ...141
Rahden (Museumshof) ...143
Rheda-Wiedenbrück (Latüchtenmuseum) ...146
Rheda-Wiedenbrück (Wiedenbrücker Schule) ...146
Rietberg (Heimathaus) ...148
Salzkotten (Polizeimuseum) ...154
Schlangen (Dorfmuseum) ...160
Schloss Holte-Stukenbrock (Heimathaus) ...162
Steinhagen (Historisches Museum) ...164
Steinheim (Möbelmuseum) ...166
Stemwede (Heimatmuseum) ...167
Stemwede (Heimathaus Wehden) ...168
Verl (Heimathaus) ...170
Versmold (Heimatmuseun) ...186
Vlotho (Heimatstube) ...174
Warburg (Museum im »Stern«) ...176

▸ Literaturmuseen
Brakel (Literaturmuseum) ...41
Nieheim (Weberhaus) ...125
Nieheim (Hillehaus) ...125
Nieheim (»Zum Kukuk«) ...125

▸ Naturkundliche Museen
Bielefeld (namu-Museum) ...27
Bünde (Doberg-Museum) ...43
Kalletal (Wald- und Forstmuseum) ...95
Petershagen (Storchenmuseum) ...136

▸ Schulmuseen
Büren ...45
Hiddenhausen ...80
Hövelhof (Dorfschulmuseum) ...85
Paderborn ...132

▸ Stadtmuseen
Bad Salzuflen (Stadt- und Bädermuseum) ...15
Gütersloh (Stadtmuseum) ...65
Minden (Mindener Museum) ...122
Paderborn (Museum für Stadtgeschichte) ...132

▸ Technische Museen
Büren (Funkmuseum) ...46
Espelkamp (Automaten-Museum) ...61
Gütersloh (Mielemuseum) ...65
Harsewinkel (Motorradmuseum) ...72
Horn-Bad Meinberg (Traktorenmuseum) ...94
Lemgo (Automuseum) ...103
Paderborn (Traktoren und Modellautomuseum) .132
Rheda-Wiedenbrück (Automuseum) ...146
Rheda-Wiedenbrück (Radiomuseum) ...147

Natur und Landschaft

▸ Höhlen
Bad Lippspringe (Salzgrotte) ...11
Borgentreich (Lourdres-Grotte) ...35

▸ Kanäle
Delbrück (Boker Kanal) ...48

▸ Lehrpfade
Bielefeld ...27
Borchen ...33
Brakel ...41
Löhne ...111
Lüdge ...116, 117
Rödlinghausen ...151
Salzkotten ...154
Schlangen ...161
Stemwede ...168
Vlotho ...174
Willebadessen ...182

▸ Naturdenkmäler
Nieheim (Flechthecken) ...127
Rahden (Großer Stein) ...143
Steinheim (Vulkan Sandebeck) ...167
Vlotho (Wittekindstein) ...174

▸ Naturschutzgebiete
Delbrück (Steinhorster Becken) ...49
Espelkamp (Moorlandschaft) ...62
Harsewinkel ...72
Hille (Großes Torfmoor) ...84
Rödinghausen ...152
Verl ...170

▸ Parkanlagen und Gärten
Bad Driburg (Gräflicher Park) ...6
Bad Driburg (Aboretum) ...6
Bad Driburg (Kurpark) ...6
Bad Lippspringe (Kurparks) ...11
Bad Oeynhausen (Kurpark) ...13
Beverungen (Schlosspark Wehrden) ...20
Gütersloh (Stadtpark) ...66
Gütersloh (Mohns Park) ...66
Horn-Bad Meinberg (Kurpark) ...92
Lichtenau (Arboretum) ...108
Rödinghausen ...152
Vlotho (Kupark) ...175
Warburg (Kurpark) ...178

▸ Quellen
Bad Lippspringe (Lippequelle) ...11

Bad Oeynhausen (Jordansprudel) 13
Brakel (Kaiserbrunnen) 41
Salzkotten (Unitas-Quelle) 154
Warburg (Franziskus-Quelle) 178

▸ Steinbrüche, Felsen und Klippen
Bad Wünnenberg (Düstertal) 18
Beverungen (Hannoversche Klippen) 20
Horn-Bad Meinberg (Externsteine) 93
Lage (Johannissteine) 98

▸ Talsperren
Bad Wünnenberg (Aabach-Talsperre) 18

▸ Tier- und Wildparks
Bünde (Wildgehege) 44
Delbrück 49
Detmold (Adlerwarte Berlebeck) 53
Detmold (Vogelpark Heiligenkirchen) 53
Dörentrup (Dorf der Tiere) 55
Kalletal (Tierpark) 96
Lüdge (Storchenstation) 117
Porta Westfalica
(Vogelparadies Hausberge) 139
Schloss Holte-Stukenbrock (Safari-Park) 162
Vlotho (Tierpark) 175
Warburg (Wisentgehege) 178
Willebadessen (Wildgehege) 182

▸ Wälder
Bad Lippspringe (Kurwald) 11
Warburg (Waldinformationszentrum) 177

Freizeit

▸ Angeln
Büren 47
Rietberg 149

▸ Bahnfahrten
Bad Oeynhausen (Wolkenschieber) 14
Bad Salzuflen (Paulinchen-Bahn) 17
Büren (Wildbahn) 46
Extertal (Draisine) 63
Extertal (Extertalbahn) 63
Gütersloh (Museumsbahn) 66
Hille (Museums-Eisenbahn) 84
Minden (Museums-Eisenbahn) 123
Preußisch Oldendorf (Museumseisenbahn) 142
Rahden (Museumseisenbahn) 144
Willebadessen (Alte Eisenbahn) 182

▸ Bogenschießen, Sportschießen
Spenge 162
Willebadessen 182

▸ Boule
Bad Lippspringe 12

▸ Eislaufen
Beverungen 23
Bielefeld 28
Herford 77

▸ Fahrradverleih
Bad Driburg 8
Bad Oeynhausen 14
Bad Salzuflen 16
Bünde 43
Hövelhof 86
Hüllhorst 94
Lübbecke 115
Nieheim 127
Steinheim 167

▸ Fliegen
Bielefeld 27
Blomberg 29
Hüllhorst 95
Oerlinghausen 129
Steinheim 167
Warburg 178
Werther 179

▸ Freilicht- und Naturbühnen
Brakel 41
Gütersloh 67
Horn-Bad Meinberg 94
Hüllhorst 95
Lübbecke 115
Porta Westfalica 138

▸ Freizeitparks, Erlebniszentren und -höfe
Bad Salzuflen (Hortus Vitalis) 16
Borchen 33
Detmold (Teuto-Kletterpark) 54
Kalletal 96
Minden (potts park) 123
Porta Westfalica (Großer Weserbogen) 138
Porta Westfalica (Wesertreff) 139
Rietberg (Gartenschaupark) 149
Schloss Holte-Stukenbrock (Hollywood-Park) . . 162
Stemwede (Erlebnishof Gummert) 168
Werther (Erlebnishof) 179

▸ Freizeitseen und Naherholungsgebiete
Bad Salzuflen (Kurparksee) 16
Beverungen (Axelsee) 23
Blomberg (Schiedersee) 30
Espelkamp (Große Aue) 62
Höxter 90
Lemgo (STAFF-Landschaftspark) 104

Löhne (Aqua Magica) 111
Marienmünster (Vörden) 120
Paderborn (Lippesee) 133
Rheda-Wiedenbrück (Flora Westfalica) 147
Schieder-Schwalenberg (Schieder See) 159
Stemwede (Dümmer See) 168
Vlotho (Borlefzen) 175

Geocaching
Paderborn 133

Golf
Bad Driburg 9
Bad Lippspringe 12
Bad Salzuflen 17
Bielefeld 28
Blomberg 29
Delbrück 49
Enger 60
Gütersloh 67
Halle/Westf. 69
Harsewinkel 73
Löhne 111
Rheda-Wiedenbrück 147
Rietberg 149
Salzkotten 155
Schloss Holte-Stukenbrock 162
Versmold 172
Vlotho 174

Gradierwerk
Bad Salzuflen 16
Salzkotten 155

Kneippen
Salzkotten 155

Kutsch- und Planwagenfahrten
Bad Salzuflen 17
Espelkamp 62
Harsewinkel 73
Hille 84
Höxter 91
Lemgo 104
Minden 123
Preußisch Oldendorf 142
Rheda-Wiedenbrück 147
Rietberg 149
Stemwede 169
Vlotho 175

Reiten
Bad Driburg 9
Beverungen 23
Bünde 43
Halle/Westf. 69
Herzebrock-Clarholz 79
Lage 99
Lübbecke 115
Lügde 117
Petershagen 137
Preußisch Oldendorf 142
Rietberg 149
Salzkotten 155
Schloss Holte-Stukenbrock 162
Verl 170
Vlotho 174

Rudern, Kanu und Kajak fahren
Bad Salzuflen 16, 17
Beverungen 23
Bielefeld 27
Löhne 111
Lübbecke 115
Rietberg 149
Salzkotten 155
Warburg 177

Schiffe, Boote, Dampfer, Fähren
Beverungen 23
Hille 84
Höxter 90
Kalletal 96
Minden 123
Petershagen 136
Preußisch Oldendorf 142
Vlotho 175

Schwimm- und Frei(zeit)bäder
Bad Driburg 9
Beverungen 23
Bielefeld 27
Borgentreich 35
Bünde 43
Detmold 54
Espelkamp 62
Halle/Westf. 69
Herford 76
Herzebrock-Clarholz 79
Hiddenhausen 80
Kirchlegern 97
Lage 99
Lemgo 104
Lichtenau 108
Lübbecke 115
Lügde 117
Marienmünster 119
Oerlinghausen 129
Paderborn 133
Petershagen 137
Porta Westfalica 138
Preußisch Oldendorf 142

Rödinghausen 152
Salzkotten 155
Schloss Holte-Stukenbrock 162
Steinhagen 165
Verl 170
Versmold 173
Vlotho 175
Warburg 177
Werther 179

Tennis

Lage 99
Rietberg 149
Spenge 162
Vlotho 175

Thermen

Bad Driburg (Driburg-Therme) 8
Bad Lippspringe (Westfalen-Therme) 11
Bad Oeynhausen (BaliTherme) 14
Bad Salzuflen (Vitasol) 16
Bielefeld (AquaWede) 27

Wandern und Rad fahren

Altenbeken 5
Bad Driburg (Fitness-Parcours) 9
Bad Lippspringe 12
Bad Oeynhausen (Radwanderrouten) 14
Bad Salzuflen 16
Barntrup (Wanderwege) 19
Beverungen 22
Bielefeld 27
Blomberg 29
Borchen 33
Borgentreich 35
Borgholzhausen 37
Brakel 41
Bünde 43
Büren 46
Detmold 52
Dörentrup (Wanderwege) 55
Enger 58
Espelkamp 62
Extertal (Wanderwege) 63
Gütersloh 67
Halle/Westf. 69
Herford 76
Herzebrock-Clarholz 78
Hiddenhausen 80
Hille 84
Hövelhof 86
Höxter 90
Horn-Bad Meinberg 94
Hüllhorst 95
Kalletal 96
Kirchlegern 97
Lage 99
Langenberg 101
Lemgo 104
Leopoldshöhe 105
Lichtenau 108
Löhne 111
Lübbecke 115
Lüdge 116
Marienmünster 119
Minden 123
Nieheim 126
Oerlinghausen 129
Paderborn 132
Petershagen 136
Porta Westfalica 138
Preußisch Oldendorf 141
Rahden 144
Rheda-Wiedenbrück 147
Rietberg 149
Rödinghausen 151
Salzkotten 154
Schieder-Schwalenberg 158
Schlangen 161
Schloss Holte-Stukenbrock 162
Spenge (Wanderwege) 163
Steinhagen (Wanderwege) 165
Steinheim 167
Stemwede 168
Verl 170
Versmold 172
Vlotho 174
Warburg 177
Willebadessen 181

Wintersport

Altenbeken 5
Bad Driburg 9
Extertal 64
Lüdge 117
Willebadessen 182

Veranstaltungen und Feste

Ganzjährig, regelmäßig, wiederkehrend

Beverungen 21
Bielefeld 24, 28
Borgholzhausen 38
Bünden 44
Dörentrup 55
Enger 60
Gütersloh 67
Harsewinkel 72
Höxter 91
Horn Bad-Meinberg 94
Kalletal 96

Lage ... 99
Löhne ... 111
Lüdge ... 117
Marienmünster ... 120
Minden ... 124
Paderborn ... 134
Petershagen ... 134
Rahden ... 143
Rheda-Wiedenbrück ... 147
Rödlinghausen ... 152
Schieder-Schwalenberg ... 159
Spenge ... 164
Verl ... 171
Werther ... 180

Januar
Enger (Timpkenfest) ... 60

Februar
Beverungen (Karneval) ... 23
Halle/Westf. (Bach-Tage) ... 69
Kalletal (Karneval) ... 96
Schloss Holte-Stukenbrock (Fastnacht) ... 162
Versmold (Sünne Peider) ... 173

März
Horn-Bad Meinberg (Frühjahrskirmes) ... 94

April
Enger (Kirschblütenfest) ... 60
Oerlinghausen (Hermannslauf) ... 129

Ostern
Lüdge (Osterräderlauf) ... 117
Salzkotten (Sälzerfest) ... 156

Himmelfahrt
Halle/Westf. (Stadtfest) ... 69

Pfingsten
Harsewinkel (Spökenkieker) ... 73
Porta Westfalica (Portafest) ... 139

Mai
Bad Salzuflen (Salzsiederfest) ... 17
Beverungen (Blütenfest) ... 23
Bielefeld (Leineweber-Markt) ... 28
Büren (Stadtfest) ... 47
Detmold (Straßentheater) ... 54
Höxter (Corveyer Musikwochen) ... 91
Leopoldshöhe (Schützenfest) ... 106
Löhne (Frühlingsfest) ... 111
Minden (Frühjahrsmesse) ... 124
Petershagen (Lahder Maile) ... 137
Stemwede (Spargelfest) ... 169
Versmold (Spargelmarkt) ... 173

Juni
Borgholzhausen (Sommerakademie) ... 38
Herford (Herforder Vision) ... 77
Höxter (Corveyer Musikwochen) ... 91
Hüllhorst (Freilichtbühne Kahle Wart) ... 95
Lemgo (Lemgoer Sommertreff) ... 104
Minden (Jazz Summer Night) ... 124
Vlotho (Stadtfest) ... 175
Willebadessen (Vituswoche) ... 182

Juli
Altenbeken (Eisenbahnaktionstag) ... 5
Bielefeld (Sparrenburgfest) ... 28
Borgholzhausen (Sommerakademie) ... 38
Hüllhorst (Freilichtbühne Kahle Wart) ... 95
Lemgo (Lemgoer Sommertreff) ... 104
Löhne (Sommerzauber) ... 112
Minden (Jazz Summer Night) ... 124
Oerlinghausen (Schützenfest) ... 129
Paderborn (Liborifest) ... 134
Schieder-Schwalenberg (Schiedersee in Flammen) ... 159

August
Bad Lippspringe (Parkbeleuchtung) ... 12
Bad Oeynhausen (Parklichter) ... 14
Bad Salzuflen (Weinfest) ... 17
Bielefeld (Wackelpeter) ... 28
Brakel (Annentag) ... 42
Gütersloh (Gütersloher Sommer) ... 67
Herford (Hoekerfest) ... 77
Hüllhorst (Freilichtbühne Kahle Wart) ... 95
Lemgo (Lemgoer Sommertreff) ... 104
Leopoldshöhe (Sonnenblumenfest) ... 106
Lichtenau (Dalheimer Sommer) ... 108
Lübbecke (Bierbrunnenfest) ... 115
Minden (Mindener Freischießen) ... 124
Rödinghausen (Kilver Markt) ... 152
Rödinghausen (Kurparkbeleuchtung) ... 152
Salzkotten (Hederauenfest) ... 156
Schieder-Schwalenberg (Trachten- und Folklorefest) ... 159
Stemwede (Stemweder Open Air) ... 169
Versmold (Stadtfest) ... 173
Warburg (Kälkenfest) ... 178

September
Bad Driburg (Glasbläser-Fest) ... 9
Borgentreich (Stadtfest) ... 35
Borgholzhausen (Sommererlebnis) ... 38
Borgholzhausen (Kartoffelmarkt) ... 38
Bünde (Zwiebelmarkt) ... 44
Büren (Oktobermarkt) ... 47
Detmold (Kunstmarkt) ... 54
Detmold (Winzerfest) ... 54
Espelkamp (Stadtfest) ... 63

Lübbecke (Blasheimer Markt) 115
Minden (Blaues Band der Weser) 123
Nieheim (Holztage) 127
Nieheim (Käsemarkt) 128
Petershagen (Altstadtfest) 137
Porta Westfalica (Stadtfest) 139
Rheda-Wiedenbrück (Altstadtfest) 147
Spenge (Spenger Stadtfest) 164
Stemwede (Bünselmarkt) 169
Verl (Kirmes) 171
Vlotho (Tag des Bauernbades) 175

▸ Oktober

Brakel (Michaelismarkt) 42
Espelkamp (Nacht der Komödianten) 63
Gütersloh (Schinkenmarkt) 67
Herzebrock-Clarholz 79
Horn-Bad Meinberg (Bauernmarkt) 94
Löhne (Oktoberfest) 112
Petershagen (Herbstmarkt) 137
Rahden (Rahden kocht über) 144
Schlangen (Schlänger Markt) 161
Schloss Holte-Stukenbrock (Pollhans-Markt) 162
Stemwede (Leverner Markt) 169
Warburg (Oktoberwoche) 178

▸ November

Leopoldshöhe (Martinsmarkt) 106
Minden (Herbstmesse) 124
Salzkotten (Martinimarkt) 156

▸ Dezember

Löhne (Weihnachtsmarkt) 112
Lemgo (Kläschenmarkt) 104
Rödinghausen (Weihnachtsmarkt) 152
Vlotho (Weihnachtsmarkt) 175

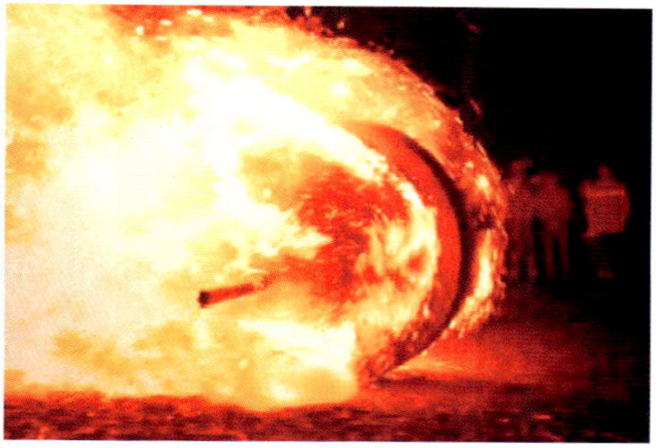

Eine von vielen attraktiven Veranstaltungen in der Region Ostwestfalen-Lippe: der historische Osterräderlauf in Lüdge.

Abbildungsnachweis

Delbrücker Marketinggemeinschaft e. V.: 47, 48, 49
Franz Ruhland: 7
Fremdenverkehrsamt Stemwede: 168, 169
Gemeinde Borgholzhausen: 38
Gemeinde Herzebrock-Clarholz: 78
Gemeinde Hille: 81, 83, 84
Gemeinde Kalletal: 96
Gemeinde Langenberg: 100
Gemeinde Schlangen: 160
Gütersloh Marketing GmbH: 65, 66, 67
Hubert Rösel: 176, 177
Jacqueline Kameier: 143, 144
Karl Heinz Schäfer: 130, 131, 133
Kultur- und Verkehrsamt Löhne: 110, 111
Kulturamt Nieheim: 125, 127
Landesmuseum für Klosterkultur/Axel Thünker: 107
Lemgo Stadtmarketing: 102, 103
Minden Marketing GmbH: 121, 122, 123, 124
Porta Westfalica: 139
Rheda-Wiedenbrück/Flora Westfalica: 145, 146
Robin Jähne: 1, 51
Staatsbad Salzuflen GmbH: 15, 16
Stadt Bad Driburg: 9
Stadt Beverungen: 21, 22
Stadt Bielefeld: 24, 25, 28
Stadt Borgentreich: 34, 35
Stadt Brakel/Matthias Groppe: 39
Stadt Brakel/Rudolf Fromme: 40
Stadt Büren: 45, 46
Stadt Detmold: Titel, 50, 53, 54
Stadt Enger/Harald Wurm: 56, 57, 58, 59, 60
Stadt Espelkamp: 62
Stadt Harsewinkel: 71, 72
Stadt Höxter: 87, 88, 90, 91, U4
Stadt Lübbecke Stadtmarketing: 112, 114
Stadt Marienmünster: 118
Stadt Petershagen: 135, 136
Stadt Preußisch-Oldendorf: 140, 141
Stadt Rietberg: 148, 149
Stadt Rödinghausen: 151
Stadt Salzkotten: 153, 155
Stadt Schieder-Schwalenberg: 157, 158
Stadt Spenge: 161
Stadt Versmold: 171
Stadtmarketing Horn-Bad Meinberg: 93
Stadtmarketing Lüdge: 116, 117
Stadtmarketing Steinheim: 165, 166
Thomas Finke: 30, 31, 32
Thorsten Gödecker/Pro Herford GmbH: 74, 75
Touristikzentrale Paderborner Land: 4, 10, 12, 18, 86
Verkehrsverein Willebadessen: 180, 181. 182
Westfälischer Mühlenkreis: 113